高等院校物流管理专业系列教材·物流企业岗位培训系列教材

冷链物流管理

王海文　杨　阳 ◎ 主　编
刘丽丽　郑强国 ◎ 副主编

清华大学出版社
北京

内 容 简 介

本书根据冷链物流产业发展的新特点,结合现代物流与供应链管理基本原理,具体介绍冷链物流系统、冷链物流设施与设备管理、冷链物流技术、冷链物流包装、冷链物流运输、冷链物流城市配送、常规品类的冷链物流管理、冷链物流企业运营与服务、冷链物流标准化建设和冷链物流新业态等相关专业知识,并通过就业能力训练,培养提高读者的应用能力。

本书具有知识系统、案例丰富、实用性强等特点,既可作为普通高等院校本科物流管理等专业的首选教材,同时兼顾高职高专及应用型大学的教学,也可用于物流企业从业者的在职培训,并为广大中小微物流企业、大学生创业提供有益的学习指导。

本书封面贴有清华大学出版社防伪标签,无标签者不得销售。
版权所有,侵权必究。举报:010-62782989,beiqinquan@tup.tsinghua.edu.cn。

图书在版编目(CIP)数据

冷链物流管理 / 王海文,杨阳主编. -- 北京:清华大学出版社,2025.2.
(高等院校物流管理专业系列教材). -- ISBN 978-7-302-68109-0
Ⅰ.F252.8
中国国家版本馆CIP数据核字第2025GX9211号

责任编辑:贺　岩
封面设计:汉风唐韵
责任校对:王荣静
责任印制:丛怀宇

出版发行:清华大学出版社
网　　址:https://www.tup.com.cn,https://www.wqxuetang.com
地　　址:北京清华大学学研大厦A座　　邮　编:100084
社 总 机:010-83470000　　邮　购:010-62786544
投稿与读者服务:010-62776969,c-service@tup.tsinghua.edu.cn
质量反馈:010-62772015,zhiliang@tup.tsinghua.edu.cn
印 装 者:北京联兴盛业印刷股份有限公司
经　　销:全国新华书店
开　　本:185mm×230mm　　印　张:19.25　　字　数:407千字
版　　次:2025年2月第1版　　印　次:2025年2月第1次印刷
定　　价:59.00元

产品编号:099668-01

高等院校物流管理专业系列教材·物流企业岗位培训系列教材

编审委员会

主　任
　　牟惟仲　　中国物流技术协会理事长、教授级高级工程师

副主任
　　翁心刚　　北京物资学院副院长、教授
　　冀俊杰　　中国物资信息中心原副主任、总工程师
　　张昌连　　中国商业信息中心原主任、总工程师
　　吴　明　　中国物流技术协会副理事长兼秘书长、高级工程师
　　李大军　　中国物流技术协会副秘书长、中国计算机协会理事

委　员
　　张建国　　王海文　　刘　华　　孙　旭　　刘徐方　　赵立群
　　孙　军　　田振中　　李耀华　　李爱华　　郑强国　　刘子玉
　　林玲玲　　王　艳　　刘丽艳　　袁　峰　　卢亚丽　　周　伟
　　张劲珊　　董　铁　　罗佩华　　吴青梅　　于汶艳　　郑秀恋
　　刘芳娜　　刘慧敏　　赵　迪　　刘阳威　　李秀华　　罗松涛

总　编
　　李大军

副总编
　　王海文　　刘徐方　　刘　华　　田振中　　郑强国

序言

物流是国民经济的重要组成部分，也是我国经济发展新的增长点。2020年10月，党的十九届五中全会审议通过《中共中央关于制定国民经济和社会发展第十四个五年规划和二〇三五年远景目标的建议》，为我国物流产业发展指明了前进方向，并对进一步加快我国现代物流发展、提高经济运行质量与效益、实现可持续发展战略、推进我国经济体制与经济增长方式的根本性转变，具有非常重要而深远的意义。

"一带一路"建设和我国与沿线国家互联互通的快速推进，以及全球电子商务的迅猛发展，不仅有力地促进了我国物流产业的国际化发展，而且使我国迅速融入全球经济一体化的进程，中国市场国际化的特征越发凸显。

物流不但涉及交通运输、仓储配送、通关报检等业务环节，同时也涉及国际贸易、国际商务活动等外向型经济领域。当前面对世界经济的迅猛发展和国际市场激烈竞争的压力，如何加强物流科技知识的推广应用、加快物流专业技能型应用人才的培养，已成为我国经济转型发展过程中亟待解决的问题。

针对我国高等职业教育院校物流教材陈旧和知识老化的问题，为了满足国家经济发展和就业需要，满足物流行业规模发展对操作技能型人才的需求，在中国物流技术协会的支持下，我们组织北京物资学院、大连工业大学、北京城市学院、吉林工程技术师范学院、北京财贸职业学院、郑州大学、哈尔滨理工大学、燕山大学、浙江工业大学、河北理工大学、华北水利水电大学、江西财经大学、山东外贸职业学院、吉林财经大学、广东理工大学等全国20多个省市应用型大学及高职高专院校物流管理专业的主讲教师和物流企业经理共同编写了此套教材，旨在提高高等院校物流管理专业学生和物流行业从业者的专业技术素质，更好地服务于我国物流产业和物流经济。

  作为普通高等院校物流管理专业的特色教材，本套教材融入了物流运营管理的最新教学理念，注重与时俱进，根据物流业发展的新形势和新特点，依照物流活动的基本过程和规律，全面贯彻国家"十四五"教育发展规划，按照物流企业对人才的需求模式，加强实践能力训练，注重校企结合、贴近物流企业业务实际，注重新设施设备操作技术的掌握，强化实践技能与岗位应用能力培训，并注重教学内容和教材结构的创新。

  本套教材根据高等院校物流管理专业教学大纲和课程设置，对帮助学生尽快熟悉物流操作规程与业务管理，毕业后顺利走上社会具有特殊意义，因而既可作为本科或高职院校物流管理专业的教材，也可作为物流、商务贸易等企业在职员工的培训用书。

中国物流技术协会理事长 牟惟仲
2022 年 10 月于北京

前言

物流是国民经济和社会发展的先导性、基础性、战略性产业，加快发展现代物流业对于促进产业结构调整和提高企业市场竞争力具有非常重要的作用。随着中国社会经济的发展和人民生活水平的提高，我国冷链物流也得到了迅速发展，特别是近年来，国家发展改革委于2010年发布《农产品冷链物流发展规划》，国务院于2014年发布《物流业发展中长期规划（2014—2020年）》、2021年发布《"十四五"冷链物流发展规划》、2022年发布《"十四五"现代物流发展规划》及其他系列相关政策，使冷链物流走上了快速发展的轨道。

在"互联网+"、电子商务和数字经济的推动下，冷链产品市场迅速扩展，社会对低温冷冻品的需求越来越大。随着消费水平和安全意识的提升，人们对生鲜食材提出了更高的要求，全程冷链运作成为新常态，冷链追溯成为新要求，冷链物流标准成为企业行为的必然准则。特别是现代信息技术(如大数据、物联网、5G、人工智能等)在冷链物流的广泛运用，使以生鲜农产品物流为代表的冷链物流的发展环境和条件不断改善。

冷链物流要求产品在生产、储藏、运输、销售和消费等过程中，为保障产品品质而采用相关技术设备进行全过程温度控制，是以冷冻工艺、物流制冷和保温技术为基础的物流过程。冷链物流是一个复杂的系统工程，无论是从事冷链物流运营管理，还是技术开发等，均需要掌握易腐物品的理化性质、制冷系统、冷链物流装备、冷链物流作业组织、冷链物流技术条件、冷链物流信息与安全风险管理、冷链配送等专业知识。基于此，我们编撰了此书，目的是让读者系统、全面地获取冷链物流的相关知识和实际运作经验，培养既懂物流管理，又懂食品科学和制冷技术的专业紧缺人才。加强冷链物流管理知识技能学习，既是物流企业可持续快速发展的战略选择，也是本书出版的意义。

本书由李大军筹划并具体组织，王海文和杨阳主编，王海文统改全稿，刘丽丽和郑强国为副主编，由刘华教授审定。作者分工如下：牟惟仲(序言)，刘丽丽(第一章、第四章、第七章)，王海文(第二章、第三章、第五章)，杨阳(第六章、第九章、第十一章)，郑强国(第八章、第十章)；李晓新(制作教学课件)。

在本书编著过程中，我们参阅了大量国内外冷链物流管理的最新书刊、网站资料及国家历年颁布实施的政策法规，并得到有关业界专家教授的具体指导，在此一并致谢。为配合教学提供电子课件，读者可以扫描书后二维码免费下载使用。因作者水平有限，书中难免有疏漏，恳请专家、同行和读者予以批评指正。

编　者

2024 年 4 月

目录

第一章 冷链物流概述 ... 1
- 第一节 冷链物流基础知识 ... 2
- 第二节 冷链物流供应链管理 ... 9
- 第三节 我国冷链物流行业现状与发展趋势 ... 18

第二章 冷链物流系统 ... 27
- 第一节 冷链物流系统概述 ... 29
- 第二节 冷链物流系统构成 ... 32

第三章 冷链物流设施与设备管理 ... 43
- 第一节 冷库管理 ... 45
- 第二节 冷库建设与发展 ... 61
- 第三节 冷链物流设备管理 ... 70

第四章 冷链物流技术 ... 81
- 第一节 冷藏保鲜技术 ... 82
- 第二节 冷冻保藏技术 ... 90
- 第三节 冷链信息技术 ... 99

第五章 冷链物流包装 ... 115
- 第一节 冷链物流包装概述 ... 116
- 第二节 冷链物流包装技术 ... 122
- 第三节 冷链物流包装管理 ... 129

第六章 冷链物流运输 ... 134
- 第一节 冷链物流运输概述 ... 135

第二节 陆上冷链运输 …… 143
第三节 水路冷链运输 …… 150
第四节 航空冷链运输 …… 153
第五节 多式联运冷链运输 …… 156

第七章 冷链物流城市配送 …… 161

第一节 冷链物流城市配送概述 …… 163
第二节 冷链物流城市配送体系 …… 171
第三节 城市冷链物流共同配送 …… 177

第八章 常规品类冷链物流管理 …… 184

第一节 肉制品冷链 …… 186
第二节 水产品冷链 …… 190
第三节 果蔬品冷链 …… 195
第四节 乳制品冷链 …… 202
第五节 医药用品冷链 …… 205

第九章 冷链物流企业运营与服务 …… 213

第一节 冷链物流企业的运营 …… 215
第二节 冷链物流产品运作服务模式 …… 223
第三节 冷链物流市场营销 …… 240

第十章 冷链物流标准化建设 …… 249

第一节 冷链物流标准化内容与特性分析 …… 251
第二节 冷链物流标准化构建与发展思路 …… 255
第三节 我国冷链物流标准化建设 …… 260

第十一章 冷链物流新业态 …… 272

第一节 冷链新业态的内涵与发展前景 …… 274
第二节 跨境冷链物流 …… 278
第三节 中央厨房冷链 …… 281
第四节 冷链承运新模式 …… 290

参考文献 …… 297

第一章

冷链物流概述

学习目标

1. 掌握冷链物流的含义与特征,了解冷链物流的对象与构成。
2. 了解冷链供应链管理的含义特点,掌握冷链物流供应链的结构。
3. 熟悉我国冷链物流行业现状,了解其中存在问题,明晰其发展趋势。

学习导航

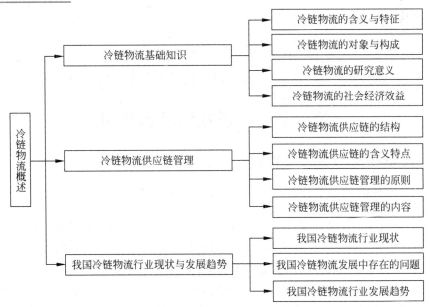

案例引导

打造区域性国际冷链物流中心

近日,《海南省"十四五"冷链物流发展规划》(简称《规划》)印发,提出打造区域性国际冷链物流中心,形成国际国内冷链贸易、物流服务和供应链动能转换核心。到2025年,海南全省将实现冷链食品进出岛和配送冷链运输率达85%,药品进出岛冷链运输率达100%,国际冷链中转服务产品冷链流通率达100%。

"十三五"规划期间,海南初步形成以海口市、澄迈县和三亚市为核心的冷链物流发展格局,其中,海口以日用生活消费品及农产品冷链物流业为主导,澄迈以水海产品冷链物流业为主导,三亚以农副产品冷链物流业为主导。为将海南建设成服务国内超大规模市场的"国家冷链大仓库",《规划》提出到2025年,全省将引进培育2～3家核心竞争力强的大型冷链物流企业,培育2～3家冷链物流第三方供应商,打造2～3个食品冷链品牌。

预计到2035年,海南将建成覆盖全球主要贸易伙伴和联通国内消费市场的冷链供应链服务网络体系;建成完善的冷链设施体系,形成"全链条、网络化、标准化、可追溯、新模式、高效率"的现代化冷链物流体系;建成与国际标准对接的食品安全标准和食品安全品牌;打造冷链资源要素高度聚集、数字供应链引领的国际冷链物流中心。

资料来源:中国物流与采购联合会,http://www.chinawuliu.com.cn/zixun/202108/06/556402.shtml。

案例思考

1. 海南省为什么要打造区域性国际冷链物流中心?
2. 国际冷链物流中心的建设对海南省经济社会发展带来怎样的积极影响?

第一节 冷链物流基础知识

一、冷链物流的含义与特征

(一)冷链物流的含义

冷链物流指从产地收购或捕捞之后,在产品加工、贮藏、运输、分销和零售直到消费者手中,其各个环节始终处于产品所必需的低温环境下,以保证食品质量安全,减少损耗,防止污染的特殊供应链系统。它是随着科学技术的进步、制冷技术的发展而建立起来的,以冷冻工艺学为基础、以制冷技术为手段的低温物流过程。冷链的最终目的是保证在供应链的各个环节始终能安全、持续地提供所要求的适宜温度,以保证货物的品质。

冷链物流是一个生产流通过程,如图 1-1 所示,包括以下内容。

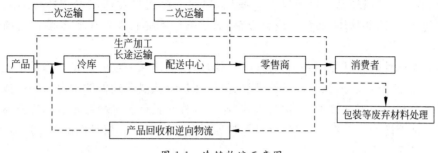

图 1-1　冷链物流示意图

(1) 易腐食品从生产到销售经历了一系列的商品流通过程,冷链是连接供应与需求之间的桥梁。

(2) 冷链物流同时也是一个商品服务的过程,一切以最大限度保持商品的品质并减少其消耗为目的。

(3) 冷链物流在制冷技术与电子控制系统的基础上进行流通,满足供需双方的最大利益。

(4) 冷链物流流通过程不同于常温流通体系,它强调流通的全程温度控制。

制冷技术是冷链的基础,在整条冷链的设计、管理和维护中,对制冷系统设计和工作基本原理的理解是至关重要的,因为在冷链的各个环节中,如流通加工、运输、包装、配送、零售展示中都需要将产品维持在最适宜的温度。制冷就是把空间或物体变冷,日常生活中常说的物体"热"或"冷"指温度高低的相对概念,把物体变冷实际上是使它的温度降低。工程热力学中指出,温度是标志物体内部分子热运动强烈程度的一个物理参数。温度高就表明物体内部分子热运动强烈;反之,温度低就表明物体内部分子热运动弱。要把物体或空间的温度降低,就必须从物体或空间中转移出热量,使它们内部的分子热运动减弱。

如何从物体或空间中取出热量呢？最简单的办法是,利用温度较低的介质与被冷却物体或空间进行热交换,使热量由被冷却的物体或空间转移到温度较低的介质中去。例如,利用冰来冷却物体或空间,即把热量由被冷却的物体或空间转移到温度较低的冰中;又如,利用温度较低的地下水来冷却房间,目前在空调工程中还时有应用。这种自然界存在的温度较低的物质,我们称为"天然冷源"。利用天然冷源制冷是一种古老、简单的制冷方法,但天然冷源不可多得,受地理、气候等条件的限制,如冰只有寒冷地区的冬季才有。虽然自然界中存在着大量的空气、河水,但它们只可以用来冷却温度较高的物体,如用来冷却电机,以避免电机温度太高而损坏,但它们无法用来冷却温度低于环境温度的物体或空间。

现代人类的生活、生产经常需要某个物体或空间的温度低于环境温度,甚至低很多。

例如,储藏食品需要把食品冷却至 0℃ 左右或 -15℃ 左右,以防止其变质,这就要求有人工制冷,即人造低温技术。热力学告诉我们,热量不可自发从低温物体传递到高温物体。也就是说,这些物体(如食品或合金钢)的热量绝不能自发传递到温度比它高的周围环境(如空气或水)中去。

要实现这种传递过程,必须有另外的补偿过程,如消耗一定的热量作为补偿过程。这种利用一种专门装置,消耗一定量的外界能量,使热量从温度较低的被冷却物体或空间转移到温度较高的周围环境中去,称为人工制冷,这种装置称为制冷装置或制冷机械。

制冷是冷链的一项要素,如何全程保持通过制冷所获得的相对低温才是冷链的目的,因此制冷贯穿了冷链的整个过程。

(二)冷链物流的特征

冷链物流是以保证低温物品品质为目的,以保持低温环境为核心要求的供应链系统。与一般常温物流相比,冷链物流需要特殊装置,且必须控制好时间、运行过程方式的选择等,所以它比一般常温物流系统的要求更高,也更加复杂。

1. 冷链物流是一项复杂的系统工程

食品变质不可逆,冷链必须是无缝链接。冷链中产品对热量的累积情况决定了其腐坏的速率。如果冷链中一点的缺陷导致产品发生腐坏或者不能进入正常销售,那么冷链中的其他环节也不能弥补或者改变其造成的破坏。因此,冷链物流是一个复杂的系统工程,涉及多个方面,如图 1-2 所示。

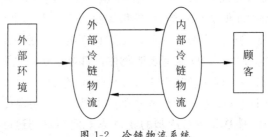

图 1-2 冷链物流系统

整个冷链物流过程中,冷链需要复杂的制冷技术、保温技术、产品制冷变化机理、温度控制及监控等技术的支撑。为了最大限度保证产品原来的品质,冷链物流中的产品在生产、储存和运输等环节始终处于低温条件下,而产品最终质量不仅取决于温度,还取决于在冷链中储藏和流通的时间及产品的耐藏性。

2. 投资规模大,资产专用性高

冷库建造和冷藏车购置成本是一般库房和货车的 3~5 倍,其中冷藏车的购置和冷库

的建设占冷链物流成本的大部分。其次,冷链物流的运营成本高,维持冷环境需要较多的资源投入,主要是因为储存、运输各环节为了保持合适的温度和湿度环境都需要耗费更多的资源。因此,冷链物流的运作首先要考虑的是能耗成本问题,有效控制运作成本与冷链物流的发展密切相关。

与常温物流相比,冷链物流系统的建设投资要大很多,而且很多设备都是专用的,容易产生沉淀成本。

3. 技术含量高

冷链物流是一个附加值较高的物流领域,冷链物流的运作管理具有科学性、技术性和安全性的专业特性。制冷技术、保温技术、产品质量变化机理、温度控制及监测等技术是冷链物流的技术基础。冷链物流技术如图1-3所示。

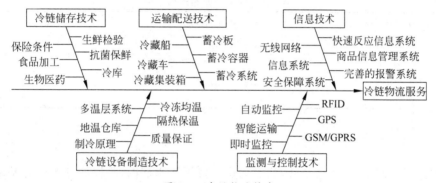

图1-3 冷链物流技术

冷链物流具有精益性和敏捷性的双重特征,参与主体多,要求安全实时监控。因此,冷链物流需要高度信息技术支撑才能安全可靠完成冷链物流服务。

4. 需要高度组织协调性

冷链物流系统在运营中,对时间要求非常高。冷链物流包含从原材料采购、加工、流通、配送,直至零售和消费的全过程,如果某环节脱节,将造成巨大损失。冷链物流要求各部门互相协调、紧密配合。

5. 具有链条宽而短的内在要求

根据冷链物流的内在特性,要求其具有更宽广的物流空间、尽量少的交易次数,这对冷链物流运营才有利。

6. 全程温控

为保证物流品质并降低运输过程中的损耗,冷链物流中的每个环节都需要进行温度控制。冷链物流全过程都需要监控,这需要冷链物流企业有严格的管理制度和高素质的操作人员。如果某个环节没有进行温控,就会形成"断链"。全程温控是实现冷链的关键要求。

二、冷链物流的对象与构成

(一)冷链物流的适用对象

冷链物流的适用对象主要以食品为主,如表1-1所示,其适用范围如下。

(1) 初级农产品:水果、蔬菜、肉、禽、蛋、水产品、花卉产品。

(2) 加工食品:速冻食品,禽、肉、水产等包装熟食,冰激凌和奶制品,快餐原料。

(3) 特殊商品:药品、化工品。

表1-1 冷链物流的适用范围

初级农产品	加工食品	特殊商品
水果、蔬菜	速冻食品	药品
肉、禽、蛋	禽、肉、水产等包装熟食	化工品
水产品	冰激凌和奶制品	
花卉产品	快餐原料	

(二)冷链物流的构成

冷链是随着制冷技术的进步、物流的快速发展而兴起的,是以冷冻工艺为基础,制冷技术为手段的低温物流过程。冷链物流的构成如图1-4所示,绝大多数的冷链物流由低温产品加工、低温贮藏、冷藏运输及配送和低温销售4个环节构成。

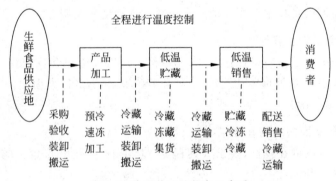

图1-4 冷链物流的构成示意图

1. 低温产品加工

低温产品加工包括肉禽类、蛋类和鱼类的冷却与冻结,以及它们在低温状态下的加工作业过程；同时也包括果蔬的预冷、各种速冻食品和乳制品的低温加工等。这个环节主要使用的冷链装备有冷却设备、冻结设备和速冻设备。

2. 低温贮藏

低温贮藏包括冷冻食品的冷却储藏（简称"冷藏"）和冻结储藏（简称"冻藏"），以及水果、蔬菜等食品的气调储藏。低温贮藏是为了保证食品在储存和加工过程中的低温保鲜环境。低温贮藏的主体有冷藏库、加工间、冷藏柜、冻结柜及家用冰箱等。

3. 冷藏运输及配送

冷藏运输是冷冻、冷藏物品通过铁路冷藏车、冷藏汽车、冷藏集装箱、冷藏船等低温运输工具从一个节点移动到另一个节点的状态，包括中长途运输及短途配送等物流环节。温度波动是在冷藏运输过程中引起食品品质下降的主要原因之一，所以在运输过程中要注意保持规定的温度，而且运输工具也要保持良好的性能。

4. 低温销售

低温销售是由生产厂家、批发商和零售商共同完成的，包括各种冷链食品进入批发零售环节的冷冻储藏和销售。冷链食品发展迅速也要依靠现代连锁行业的飞速发展。低温销售是指在冷冻、冷藏陈列柜、冷藏柜、储存库的冷冻储存和销售，在大中城市连锁超市中非常普遍，是完整的冷链环节中不可或缺的重要一环。

三、冷链物流的研究意义

冷链物流是当前我国经济发展的必然趋势，随着当前物流的快速增长和发展，相对于普通常温物流而言，冷链物流对人类的需要更具有独特的意义。

从微观角度看，实现冷链物流的共同配送，能够提高冷链物流作业的效率，降低企业营运成本，可以节省大量资金、设备、土地、人力等。企业可以集中精力经营核心业务，促进企业的成长与扩展，扩大市场范围，消除有封闭性的销售网络，共建共存共享的环境。

从宏观角度来讲，实现冷链物流的共同配送可以减少社会车流总量，减少城市卸货妨碍交通的现象，改善交通运输状况；通过冷链物流集中化处理，可以有效提高冷链车辆的装载率，节省冷链物流处理空间和人力资源，提升冷链商业物流环境，进而改善整体社会生活品质。

1. 保障食品安全，减少营养流失

一般而言，食品过了一定时期就会产生质变，因此，食品都有保质期。食品质量的好坏、变质的快慢与所处环境的温度、湿度及食品的周转时间长短都有密切关系。从营养学角度来讲，食品存放时间越短越新鲜，其营养价值和可利用程度就越高。但在现实生活中，要想更好地保持食物的新鲜度和延长保鲜时间，只能通过全程实现冷链冷藏技术来保障食品安全和减少食品营养成分的流失。

2. 解决产供销不一致的矛盾

食物的生产周期和大众的消费需求常常是不一致的,人们不可能一下子把所有新鲜的食物在第一时间内全吃完。因此,食物需要冷链来解决供销的不平衡性。当前,我国由于"冷链"的缺乏和经常出现的"断链",生鲜农产品集中上市后,农产品"卖难"和价格季节性波动矛盾突出,"菜贵伤民、菜贱伤农"时有发生。这些年出现的"豆你玩""蒜你狠"等现象,一方面是流通环节过多,另一方面凸显了冷链物流体系的缺失。

3. 减少食物腐烂损失造成的浪费

我国每年食物因变质而造成大量浪费现象。2014 年全国冷库总容量目前虽已超过 2000 万吨,果蔬冷藏库却不足总量的 20%。在整个物流链条上,每年未经加工的大量新鲜果蔬产品,因缺乏冷冻冷藏设备和专业技术造成的腐损率高达 30%～40%,经济损失达 1000 亿元以上,这几乎可满足 2 亿人口的果蔬基本需求,损耗量居世界首位。通过冷链物流能减少食物腐烂的损失,减少社会资源的浪费。

四、冷链物流的社会经济效益

经济发展水平的进一步提高、城市化进程的加快、消费者自我安全保护意识和健康意识的提升、国家食品药品安全法规的实施等,都是冷链行业发展的主要推动力。

1. 经济增长是冷链物流发展的基础

美、日等国冷链物流发展经验表明,冷链物流发展和人均可支配收入具有很强的正相关性,当人均可支配收入超过 4000 美元时,冷冻冷藏食品消费和冷链物流建设将进入快速发展期。我国城镇居民家庭人均可支配收入于 2012 年首次超越 4000 美元大关,奠定了我国冷链物流建设快速发展的经济基础。伴随着消费水平的不断提高和现代生活节奏的加快,我国消费者的食品安全意识也逐步提高,超过 80% 的消费者愿意为新鲜安全的食品支付更高的溢价,进一步推动冷链物流升级和发展。

2. 城市化进程是冷链物流发展的重要动力

2014 年 3 月出台的《国家新型城镇化规划(2014—2020 年)》成为了指导全国城镇化健康有序发展的宏观性、战略性、基础性规划。在今后一段时期,新型城镇化战略不断推进,城镇消费群体将不断扩大、消费结构将不断升级、消费潜力也将不断被释放,消费拉动内需增长,同时也带动商品流通在数量和范围上的增长。

研究表明,从需求角度看,由于城镇人口食品消费结构中生鲜食品比例高于农村人口,因此,生鲜食品的需求将随着城镇化率的提高大幅上升,这对冷链物流提出更高要求,也将给冷链物流创造更为广阔的市场空间。

3. 国家政策为冷链物流发展提供契机

根据国际经验,冷链发展初期需要政策法规的引导。近年来,随着冷链物流升温,国家相继颁布了许多支持冷链物流行业的政策法规,2010年中华人民共和国国家发展和改革委员会(以下简称国家发展改革委)颁布《农产品冷链物流发展规划》,2012年农业部、商务部相继出台多项政策推动农产品冷链物流发展。其中,影响较大的《农产品冷链物流发展规划》提出,未来几年建成一批运转高效、规模化、现代化的跨区域冷链物流配送中心,2013年国家发展改革委在《关于2013年深化经济体制改革重点工作意见》中首次将冷库用电价格由商业电价调整为工业电价,极大缓解了当前冷链物流企业的成本压力,再加上各地不断出台的农产品冷链扶持政策,有力地推动了冷链物流行业的快速发展。

2021年12月12日,国务院办公厅正式印发《"十四五"冷链物流发展规划》,冷链物流被提升到国家战略高度,冷链基础设施已经成为物流新基建的重要内核,规划提出2025年要基本建成基于"衔接产地销地、覆盖城市乡村、联通国内国际"的国家骨干冷链物流网络的冷链物流体系,2035年全面建成现代冷链物流体系。

4. 新兴产业为冷链物流发展提供新机遇

电商的爆发或为冷链物流提供又一增长动力。按照生鲜电商未来达到中国电子商务预期渗透率10%来估算,生鲜电商的潜在市场空间将达到2500亿元。理想情况下,冷链宅配的成本约占销售额的15%,因此,可以测算出,仅生鲜宅配这一块的冷链物流(包括仓储和运输)市场规模将达到375亿元。"电商+冷链宅配"将开启家庭零售市场的二次成长,中小型冷库增长井喷在即。"电商+冷链宅配"将打破冷链食品家庭市场的"渗透率"天花板,使冷链物流从企业对企业(business-to-business,B2B)之间的营销关系升级为商对客电子商务模式(business-to-consumer,B2C),家庭终端需求有望呈现几何级数增长。

第二节 冷链物流供应链管理

一、冷链物流供应链的结构

根据国内外学者的研究,在冷链系统复杂且多主体参与的条件下,供应链主体间的协调障碍更需要得到有效控制。在冷链供应链系统中,节点之间是相对独立且封闭、保守的,每个节点企业更倾向于独立完成自己的任务,往往只注重自我评价和自我管理。显然,传统的供应链结构对供应链的管理有一定限制,而供应链管理思想便是打破节点企业的这种独立性与整体功能和效益等之间的界限。

由于在现有的冷链供应链体系中,部分节点企业过分关注自己的利益和损失,同时受追逐利润最大化的驱使,不自觉且不同程度地忽视了供应链的整体利益。例如,在追求更大利润的情况下忽视了对生鲜产品的生产和加工质量,降低了原材料的质量和价格,降低冷链运输质量控制成本等。这种对自身利益最大化的追求行为如果继续下去,将会影响市场的健康发展,最终阻碍了它们的盈利渠道。

总之,要提高冷链供应链的灵活性,必须建立一个高效、集成的供应链结构,从而使供应链成员及节点企业间建立起相互信任、开放合作的组织结构,同时在这种冷链供应链层次结构下获得整体利益的最大化。

冷链供应链的链式结构一般由以下几个环节组成。

1. 原材料的获取及冷却冷藏环节

作为冷链供应链的第一个环节,可以说这个环节的质量高低在很大程度上决定了整个冷链供应链的运作质量。低温储存可以有效地控制对时效性要求高的食品药品在储存过程中因受到温度影响而对产品造成的损失。但低温储存的首要前提是保鲜保质,如果产品在储存之前没有经过任何有效的特殊处理,即使立即进行低温储存也是没有意义的。快速、及时地对产品进行冷却冷藏和保鲜,对于确保产品从加工到销售整个流程的原有品质具有非常重要的影响与意义。

2. 低温冷藏加工环节

包括肉禽类、果蔬、药品、疫苗等产品的预冷和各类速冻食品药品的加工等。在加工过程中对于温度的有效控制是非常不易的,但是这个环节却又是整个冷链供应链中相当重要的一环。因此,在这个环节中温度的控制至关重要。在这个过程中通常会涉及如冷藏库、冷藏柜及终端消费者所持有的制冷设备。

3. 冷冻冷藏环节

冷链供应链涉及的产品都具有易腐性的特点,究其根本原因主要有两个:第一,这类产品本身所含有的活性酶与周围环境中的风险因素相结合所导致的物理变化和化学变化;第二,产品所附带的微生物或周围环境中的微生物所导致产生的病毒和腐烂的发生。针对这样的情况,目前我国的储藏方式基本可以分为 4 种:减压储藏技术、冰温储藏技术、气调储藏技术和气调包装(modified atmosphere packaging,MAP)储藏技术。

4. 低温冷藏运输环节

对于这个环节来说,其最大不同之处就在于它贯穿了整个冷链供应链,同时也衔接了冷链供应链的不同节点环节,它把其他各环节串联起来,从而形成一个完整的冷链供应链。冷链运输存在多种形式,如公路冷藏运输、铁路冷藏运输、水路冷藏运输和航空冷藏运输等,而其使用的运输工具则主要包括冷藏车、冷藏集装箱及其他的低温冷藏运输工具。在低温冷藏运输环节中,任何一个环节温度的细微变化都很容易对产品质量造成不良影响。因此,一条效果精良的冷链供应链对于冷藏运输工具的要求就非常高:它必须具备良好的专业性能,而对于易腐食品或保鲜药品,不仅要始终保持在规定的恒定温度,且不能有明显的温度波动,长距离的运输对此要求更高。

5. 冷藏销售环节

产品从配送中心发出后,便进入批发零售环节,一般在各零售店面进行销售。这个流程是由生产商、批发商和零售商一起完成的。随着各个城市连锁超市的快速发展,连锁超市已经成为冷链供应链产成品的主要销售渠道。在这样的冷链供应链销售终端,冷藏库、冷冻陈列柜及储藏库已经成为冷链供应链中越来越重要且不可或缺的环节。

二、冷链物流供应链的含义特点

(一)冷链供应链的含义

冷链供应链是一项系统性工程,各类易腐食品和易变质药品对于收获期与温度的要求都各不相同。此外,对于整个供应链来说,其流通中所要涉及的企业较多从农户或原料地开始直到交付最终消费者,整个过程便是一条漫长的供应链。

冷链供应链要求整个链条运作过程都是在低温条件下进行控制的。因此,各个环节之间必须严格按照前期制定的操作规范统一进行作业,厂内各部门之间、链上各企业之间相互协调与配合,以保证整条冷链供应链的安全与高效。如若其中任何一个环节出现风险甚至错误,那么整条供应链的运作便会失败。将物流、资金流、信息流进行有效的整合就是在这样一个高速运转的链条当中实现的。

冷链是伴随着社会科技水平的不断进步,以及制冷及低温冷藏技术的快速发展而建立起来的,以冷冻冷藏工艺作为基础,以制冷及低温冷藏技术为手段,最终实现能够在低温条件下进行物流活动的现象。目前,由于冷链工程所服务的产品多为食品或药品,这类产品要求保持在恒定的低温环境,与此同时也要求其具有极强的时效性。因此,对于冷链供应链的建设,就要求管理者将其业务流程所涉及的生产、运输、营销、经济与技术可行性等各种复杂多变的问题集中起来进行权衡与考虑,协调各种因素之间的关系,最终实现确保易腐食品或药品在加工、配送和营销过程中全方位的安全度,因此它也是具有很强的科技水准的一项低温系统化工程。

我们由冷链的一般链式结构可以发现,食品、药品从收获、加工、配送到最终的营销直至交付都由很多的环节组成,可以说任何一个环节都是决定食品药品品质的重要因素。因此,在冷藏品的加工、仓储、配送直到零售商店的各个流程节点都需要特殊且具有专业水准的冷藏设施,冷藏供应链各环节、各节点都需要特定的冷藏技术予以支持。

(二)冷链供应链管理的特点

1. 冷链供应链管理是一种集成化管理

冷链供应链管理跨越了企业的界限,注重上下游企业之间的合作,从供应商到用户所有的节点企业都集成起来,从而实现原材料的采购、产品制造、仓储、配送、分销与零售的一体化，由此提高供应链的整体效率，而不仅仅是节点企业的简单连接。冷链供应链领导者是集成化管理的具体实施者，其职责在于分析系统所具备的功能，确保每个功能都由效率最高的节点企业承担，管理和协调节点企业，使其成为一个统一体，降低由于功能重复而产生的成本。

2. 冷链供应链管理是一种战略管理

冷链供应链管理是通过节点企业之间的功能分工与协作组成一个供需链，核心企业作为供应链的管理者，要从战略的高度对整个供应链的资源进行整合，加以有效利用，并与节点企业建立战略联盟关系，以增强整个供应链的竞争能力。供应链节点企业间的协作能够给整个供应链带来收益，但可能会给个别企业带来伤害，为了最大限度降低供应链成本，需要供应链的利益相关主体之间充分协作。

3. 计算机信息技术是冷链供应链管理的基本手段

冷链供应链管理以信息为纽带，实现节点企业之间的有效沟通。依靠现代信息技术达到供应链节点企业之间的数据交换和信息沟通是供应链管理的显著特征。

冷链供应链管理主要使用的信息技术包括条码技术、电子数据交换、互联网、电子订货系统等，通过计算机技术的使用，供应链中的商流、物流、资金流的运行更加流畅，提高了供应链的运作效率，信息技术对降低供应链的成本、提高整体盈利水平尤为重要。

4. 冷链供应链管理以顾客需求为导向

冷链供应链是以顾客需求为运行起点和动力的，供应链管理的最终目标是将适当的产品按照合适的数量，在合适的时间送到合适的地点以满足顾客的需求。它提倡每一个节点企业都与供应链中其他企业通过积极合作与一致性经营来赢得利润，因此企业首先要了解顾客需求，并对此做出快速反应，是一种"有效顾客反应"的管理模式。

在冷链供应链管理中，顾客的范围不仅是最终消费者，还包括供应链中所有位于相对下游位置的节点企业。

三、冷链物流供应链管理的原则

1. 快速反应（responsiveness）

能够以较短的时间窗（time window）响应客户需求是一项重要能力。客户希望的不仅是较短的前置时间，还包括弹性的和优化的客户解决方案，供应商必须能够在较短的时间里准确满足客户需求。供应商在激烈的竞争环境中需要快速反应，这意味着要快速行动和即刻满足客户需求。在快速变化的市场上，快速反应其实比传统商务上认为的"长期战略"更为重要，因为未来需求是不确定的。未来企业必须以需求推动生产而不是依靠预测进行生产，即应依靠快速反应来进行交易。要做到这一点，需要努力的就不只是公司自身，而是整条供应链。

2. 可靠性（reliability）

未来的需求不确定，供应商履行配送的能力不确定，原材料和配件的质量不确定，所以可靠性只能依靠重新设计那些影响操作的过程来获得。供应链物流获得可靠性最好的办法是做好过程管理。而提高物流可靠性的要点之一是提高供应链可视性，要提高供应链最末端的下游客户的需求可视性。

3. 弹性（resilience）

当今市场的特点之一是多变，导致供应链容易中断，商业的连续性受到威胁。以往，供应链设计的主要出发点是成本最小或服务最优，即"弹性"。弹性涉及供应链处理不确定干扰的能力。许多公司因为利润上的压力都倾向于寻找降低成本的方案，结果却使得供应链更加脆弱。富有弹性的供应链也许不是成本最低的，但一定具有更好应对不确定环境的能力。富有弹性的供应链有许多特征，其中最主要的是在它最易受到伤害的地方投入更多的关注。富有弹性的供应链还有另外一些特征，如认识到战略性库存的重要性、有选择地利用闲置力量处理突发事件。

4. 相互性（relationships）

客户倾向于减少供应商基数。"单一资源"的现象普遍可见，一般认为这样可带来的利益包括提高质量、共享新理念、降低成本和共同制订销售及配送计划。"购买者和供应商的关系应该是合作伙伴关系"这一说法可以概括这些内容。企业已经发现，竞争优势可以来自一种双赢的模式，即同供应商建立长期合作的良好关系。从供应商的角度出发，这种关系能够自动给竞争者的介入设置障碍。供应商和客户之间的相互依存度越高，竞争者就越难打破它们的链条。

四、冷链物流供应链管理的内容

供应链管理主要涉及 4 个领域：供应、生产计划、物流、需求，如图 1-5 所示。供应链管理是以同步化、集成化生产计划为指导，以各种技术为支持，尤其以 Internet/Intranet 为依托，围绕供应、生产作业、物流（主要指制造过程）、满足需求来实施的。供应链管理的目标在于提高用户服务水平和降低总的交易成本，并且寻求两个目标之间的平衡。

在以上 4 个领域的基础上，可将供应链管理细分为职能领域和辅助领域。职能领域主要包括产品工程、产品技术保证、采购、生产控制、库存控制、仓储管理、分销管理，而辅助领域主要包括客户服务、制造、设计工程、会计核算、人力资源、市场营销。

由此可见，供应链管理关心的并不仅仅是物料实体在供应链中的流动，除了企业内部与企业之间的运输问题和实物分销以外，供应链管理还包括：战略性供应商和用户合作伙伴关系管理，供应链产品需求预测和计划，供应链的设计（全球节点企业、资源、设备等

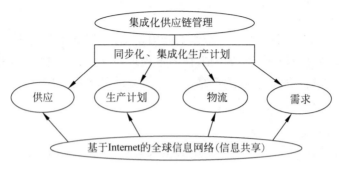

图 1-5　供应链管理涉及的领域

的评价、选择和定位），企业内部和企业之间物料供应与需求管理，基于供应链管理的产品设计与制造管理，生产集成化计划、跟踪和控制，基于供应链的用户服务和物流（运输、库存、包装等）管理，企业间资金流管理（汇率、成本等问题），基于 Internet/Intranet 的供应链交互信息管理，等等。

供应链管理注重总的物流成本（从原材料到最终产成品的费用）与用户服务水平之间的关系，为此要把供应链各个职能部门有机地结合在一起，从而最大限度地发挥供应链整体的力量，达到供应链企业群体获益的目的。

（一）需求管理

1. 需求管理的概念

需求管理指以用户为中心，以用户的需求为出发点，集中精力来估计和管理用户需求，并试图利用该信息制定生产决策，以实现用户效益最大化的一种活动。

2. 需求管理的特点

（1）在时间上重新规划企业的供应流程以充分满足客户的需求。推迟制造（postponed manufacturing）是供应链管理中实现客户化的重要形式，其核心理念就是改变传统的制造流程，将最体现客户个性化的部分推迟进行。在整个供应系统的设计中，应该对整个生产制造和供应流程进行重构，使产品的差异点尽量在靠近最终客户的时间完成，从而充分满足客户的需要。这种对传统的制造流程进行重构的做法实际上与当前流行的企业经营过程重构（business process reengineering，BPR）是一致的。

（2）在地理上重新规划企业的供销厂家分布以满足客户的需求并降低经营成本。这里要考虑的是供应和销售厂家的合理布局，因为它们对生产体系快速准确地满足客户的需求，加强企业与供应和销售厂家的沟通与协作，降低运输及储存费用等起着重要的作用。例如，传统的美国公司生产打印机时，是在美国本土生产主机部分，考虑到各国电源和插头样式的不同而将插头部分放在别国生产，然后将插头运回美国，在美国本土装配储存,最后运往其他国家销售,这样做降低了在美国设计各种插头规格的开发成本。

(3) 在生产上对所有供应厂家的资源进行统一集成和协调以满足客户的需求。企业往往有很多供应厂家,为了满足一个具体的用户目标,必须对所有供应厂家的生产资源进行统一集成和协调,使它们能成为一个整体运行,这是供应链管理中的重要方法。

(二) 采购管理

1. 采购管理的概念

采购管理包括选择采购员、选择供应商、采购、洽谈价格和采购量及合同管理等。采购资金在总成本中占很大比重,使得采购在企业经营活动中占重要地位。

2. 供应链环境下采购管理的特点

(1) 供应链采购是一种基于需求的采购。供应链采购需要多少采购多少,什么时候需要就什么时候采购,采购回来的货物直接送需求点进入消费。供应链采购在这一点上与准时化(just in time,JIT)采购相同,而与传统采购迥然不同。传统采购是基于库存的采购,采购回来的货物直接进入库存,等待消费。

(2) 供应链采购是一种供应商主动型采购。由于供应链的需求者的需求信息随时都能传送给供应商,所以供应商能够及时掌握用户的需求信息,根据需求状况、变化趋势及时调整生产计划,及时补充货物,主动跟踪用户需求,主动适时适量地满足用户需要。双方是一种友好合作的利益共同体,如果需求方的产品质量不好、销售不出去的话,供应商自己也会遭受损失,所以,供应商会主动关心产品质量,自觉把好质量关,保证需求方的产品质量。

(3) 供应链采购是一种合作型采购。供需双方为了产品能在市场上占有一席之地,获得更大的经济效益,分别从不同的角度相互配合、各尽其力,所以在采购上也是互相协调配合,提高采购工作的效率,最大限度地降低成本,保证供应。

因此,供应链采购与传统采购相比,在观念上、做法上都有很大区别,有革命性的变化,供应链采购具有显著的优越性。

(三) 供应商管理

供应商管理是供应链采购管理中一个很重要的环节,主要包括供应商的评估与选择、供应商关系管理等。

供应商选择是供应链管理中的一个重要决策,好的供应商拥有制造高质量产品的加工技术,拥有足够的生产能力,以及能够在获得利润的同时提高竞争力的产品。同一产品在市场上的供应商数目越来越多,供应商的选择变得复杂,这就需要一个规范的程序来操作。供应商选择的步骤如下。

(1) 成立供应商评估和选择小组。供应商的选择涉及企业的生产、技术、计划、财务、物流、市场部门等。供应商选择小组应由各部门有关人员组成,包括研究与开发部、技术支持部、采购部、物流管理部、市场部、计划部等。

(2) 确定全部的供应商名单。通过供应商信息数据库,以及采购人员、销售人员或行业杂志、网站等媒介渠道了解市场上能提供所需物品的供应商。

(3) 列出评估指标并确定权重。确定代表供应商服务水平的有关因素,据此提出评估指标。评估指标和权重对于不同的行业与产品的供应商是不尽相同的。

(4) 逐项评估每个供应商的履行能力。为了保证评估的可靠,应该对供应商进行调查。在调查时,一方面听取供应商提供的情况;另一方面尽量对供应商进行实地考察。考察小组应由技术、生产、财务等各部门有关人员组成。

(5) 综合评分并确定供应商。在综合考虑多方面的重要因素之后,就可以给每个供应商打出综合评分,选择出合格的供应商。

(四) 库存管理

1. 库存的概念

狭义的观点认为,库存指静态库存,即仓库中暂时处于储存状态的商品,是储存的表观形态。从广义的观点来看,库存是动态的,是为了用于将来目的、暂时处于闲置状态的资源。库存可以是主动的各种物品的储备,被动的各种形态的超储或积压的物品,而资源停滞的位置,可以是在仓库、生产线或车间里,也可以在汽车站、火车站及机场码头等流通节点上,甚至在运输途中。

库存以原材料、在制品、半成品、成品的形式存在于供应链的各个环节。由于库存费用占到库存物品价值的 20%~40%,各企业也非常重视库存管理和库存量,库存管理日益成为企业降低成本和提高服务水平的重点。

2. 供应链环境下的库存管理模式

(1) 产销一体化的库存管理模式。供应链管理强调企业间的协作与系统优化。要取得供应链运作效果的整体最优,就必须通过企业合作实现供应链上下游企业的物流活动的统一。这意味着物流活动必须在一个地点协调起来。基于这种思想,产生了产销一体化的库存管理模式。

这种库存管理模式实际上是一种建立在企业协作与统一决策基础之上的产、销大联合。企业在做库存控制决策的时候,将不再仅仅依靠其相邻企业传递信息,同时还可以从供应链中的其他企业那里获取共享信息。这也意味着供应链中的任何一个企业,都可以快速、准确地掌握最终市场需求状况。信息共享的实现,有效地提高了供应链的透明度,需求预测的准确性得到了革命性提高,并且通过供应链成员企业之间的协调运作,实现了统一决策、统一运作,使供应链的库存管理活动趋于一致性和整体化。

(2) 供应商管理库存模式。供应商管理库存(vendor managed inventory,VMI)是一种在用户和供应商之间的合作性策略，对双方来说都是用最低的成本改善产品的可获得性，在一个相互同意的目标框架下由供应商管理库存。此外，为了达到持续改善的目的，还要经常性地监督和修正该目标框架。

（3）联合库存管理模式。供应商管理库存是一种供应链集成化运作的代理模式，它将用户的库存决策权交给供应商，由供应商代替分销商来承担库存决策的功能。

联合库存管理则是一种基于协调中心、风险分担的管理模式，它体现了战略供应商联盟的新型企业合作关系。与 VMI 不同，联合库存管理强调双方同时参加，共同制订库存计划，使供应链相邻节点之间保持信息与需求预测的一致性，从而消除需求变异放大现象。在这种管理方式下，任何相邻节点需求的确定都是供需双方协调的结果，库存控制成了连接供需的纽带和协调中心。

（五）客户管理

1. 客户服务的概念

客户服务指物流企业为促进其产品或服务的销售，发生在客户与物流企业之间的相互活动，包括以下三个方面的内容。

（1）客户服务活动内容。其包括订单处理、技术培训、处理客户投诉和客户咨询。

（2）物流客户服务是一整套业绩评价。其包括存货的百分比、仓库备货时间、仓库收到订单到发货的时间、订货的方便和灵活性、特快发货或延迟发货的可能性及服务系统的灵活性评价等。

（3）客户服务是一种观念。客户服务是企业对客户的一种承诺，是企业战略的一个主要组成部分，不能将客户服务狭隘地理解为只是一种活动或者是一套业绩评价，而应该把为客户服务的思想、意识渗透到整个企业，并使其各项活动制度化。

2. 新型的客户管理

随着现代客户管理向客户关系管理方向的推进，物流客户管理推行关系至上的新型客户管理。

（1）4P＋4C 的营销策略

市场营销策略 4P——产品（product）、价格（price）、渠道（place）、促销（promotion），是与大规模生产、销售、采购及被动消费的经济特征相适应的。但现代高新技术往往创造出市场上从来没有见过的新产品，而生产者对于新产品的市场需求极难预测和把握，这就要求企业必须更新市场营销观念。

市场营销正在从传统的 4P 策略转向围绕客户的 4C——客户需求（customers needs and wants）、客户购买产品的代价（cost to customers）、方便程度（convenience）、客户交流（communication）策略。

企业的市场营销策略必须围绕它对于市场变量的认识进行设计。无疑，基于 4P＋4C

的市场营销策略,将营销管理从客户端入手(从客户定位与客户的需求出发)来确定市场营销的策略。

(2)关系营销

关系营销指在企业朝"虚拟组织"方向发展的同时,市场变量扩展为4P+4C的基础上,营销将是一种网络的互动关系。关系是不同个体之间的接触与联系,网络就是某个主体的全部关系总和,互动则是各种主体在关系与网络中进行的活动。关系营销将其注意力特别集中在合作上,这意味着所有主体都要积极地承担责任并使关系与网络发挥功能。它为企业营销提供了新的分析框架,认为市场营销的成功不仅仅依赖营销部门的努力,更需要整个企业的紧密合作,以及与外部相关机构建立长期的客户关系。

(3)一对一营销

网络技术的迅猛发展带来的最大变革之一就是使消费者的地位空前提高。其重要特征是,消费者在享受产品或服务时可以要求一对一,即量身定做。产品或服务的提供从规模生产向批量定制转变,这从根本上对产业结构的优化与调整和企业经营管理提出了极其巨大的挑战,而且直接对企业的市场营销策略造成冲击。

第三节 我国冷链物流行业现状与发展趋势

一、我国冷链物流行业现状

当前,我国冷链物流行业总体现状呈现以下发展特征。

(一)冷链发展蓝图绘就

中共十九届六中全会强调"立足新发展阶段、贯彻新发展理念、构建新发展格局、推动高质量发展"。冷链物流已经逐渐向智能化、科技化、自动化方向转型升级,企业开始加大冷链物流技术方面的资源投入。据中国物流与采购联合会冷链物流专业委员会(中物联冷链委)不完全统计,2021年国家层面出台冷链相关政策规划超过68项,地方层面出台冷链相关政策超过581项。

《"十四五"冷链物流发展规划》是首次由国务院办公厅发文公布的冷链物流发展规划,也是指导我国"十四五"时期冷链物流发展的顶层设计,充分彰显了党和国家在新时代背景下对冷链物流的高度重视,是冷链物流政策环境持续优化的重要标志,推动我国冷链物流行业迈入高质量发展阶段。

通过系统梳理可以发现,2021年冷链政策存在以下几个比较明显的趋势。

(1)政府支持力度加大。作为"十四五"规划开局之年,2021年国家对冷链行业的政策关注度持续提升,行业发展政策红利进一步释放,尤其是国务院办公厅发布《"十四五"

冷链物流发展规划》，更是将冷链物流建设上升到了国家层面。

（2）冷链基础设施建设支持力度加大。2021年，国家冷链政策对冷库、冷藏车、仓储保鲜设施等基础设施高度关注，超过31项政策强调冷链基础设施建设。

（3）冷链绿色环保发展。2021年，国家陆续发布冷链环保相关政策8项，尤其是倡导建立可循环物流周转箱体系和完善粮食绿色仓储体系。

（4）产地端冷链体系建设。2021年，冷链政策对农产品产地基础设施建设提出了更高的要求，尤其是将农村冷链物流体系建设作为巩固脱贫攻坚成果、推动乡村振兴的重要举措之一。

（5）严把疫情防控关。面临全球新冠疫情的复杂形势，国家政策对进出口冷链食品安全和疫情防控提出了更高的要求，国家市场监管总局等部门推动建设冷链食品信息追溯平台。

（6）区域冷链物流建设。多地陆续出台相关政策，依托国家骨干冷链物流基地建设等重大发展战略打造区域性冷链物流集散中心。

（二）国际标准中国起航

为了打造温控冷藏配送服务的国际标准，国际标准化组织（International Organization for Standardization，ISO）于2018年1月批准成立ISO/PC315，开展《间接温控冷藏配送服务：具有中间转移的冷藏包裹陆上运输》国际标准的研制工作。中物联冷链委代表中国参与了标准的起草，并多次参加世界性研讨会，分享我国冷链物流标准化现状。此项标准已于2020年5月由ISO正式发布，其标准号为ISO23412：2020，由中国、日本、英国、法国、德国等20个国家共同参与起草。

借此契机，ISO于2021年1月，正式成立"国际标准化组织冷链物流技术委员会（ISO/TC315）"（简称"ISO/TC315"），负责冷链物流国际标准化工作。中国物流与采购联合会已于5月成为其国内技术对口单位，并推动首个我国主导制定的《无接触式冷链物流服务要求》国际标准的成功立项。

同时，中物联冷链委秘书长秦玉鸣担任ISO/TC315/AHC2召集人，推动冷链物流术语的研究工作，自2021年7月起，连续召开10余次线上会议，此任务组计划于2022年年初提出冷链物流术语国际标准提案。冷链物流国际标准化水平不断提升，从参与《间接温控冷藏配送服务：具有中间转移的冷藏包裹陆上运输》国际标准的制定，再到ISO/TC315的建立，我国在冷链国际标准制定中发挥着越来越重要的作用，在国际上展现中国冷链物流领域内的技术能力和标准化水平。

（三）行业发展热潮不减

伴随着社会经济的不断发展和居民生活水平的持续提升，生鲜食品市场规模持续稳步增长。2021年,我国社会消费品零售总额达到440 823亿元,比上年同期增长12.5%。其中,在实物商品网上零售额中,吃类和用类商品零售额增速较快,分别增长17.8%和12.5%,居民消费需求得到持续释放。

随着城乡居民消费水平和消费能力不断提高,冷链物流的需求持续旺盛。自2010年起,我国冷链物流市场需求开始逐步扩大,冷链物流总体呈现健康、快速、稳定的发展态势,基础设施规模进一步增加,设施建设更趋理性,冷链物流体系不断完善,行业发展模式日趋多元化。

2021年,经初步测算我国食品冷链物流需求总量达3.02亿吨,比2020年增长3727万吨,同比增长13.96%。十年间,我国食品冷链物流需求总量增幅超过了300%。2021年,冷链物流市场规模突破4586亿元,同比增长19.65%。伴随着国家陆续出台支持冷链物流发展的相关政策,包括冷藏车、冷库在内的冷链物流基础设施得到完善,冷链产业成为健全城乡双向流通体系、推动乡村振兴和共同富裕的重要抓手。2021年,国内冷库总容量突破1.96亿 m^3,冷藏车保有量超过34万辆。

在冷链新基建政策逐步深入的发展背景下,冷链物流两端及流通环节的各类基础设施及服务体系进一步完善,未来冷链基建的投资建设还需谨慎考虑,避免出现建设过热等现象,造成资源浪费。

(四)冷链物流需求增幅加快

随着人民生活水平的提高及生活节奏的加快,冷冻冷藏食品需求迅猛增长,食品冷链物流行业迎来了较大的发展空间,以肉制品、速冻食品、乳制品等为代表的冷链食品发展较快,消费群体迅速壮大,肉制品加工品近年来产量和销售额都增长迅速。

未来一个阶段,肉类食品除在城市增长外,在农村有着更大的增长动力。另外,速冻食品市场需求增长迅猛,由于人们的生活节奏加快,在家自己动手做饭的家庭在减少,许多人在工作之余以速冻食品为主,从而缓减工作压力。近年来我国速冻食品产量每年以20%的增幅快速增长,年产量接近1000万吨。我国现有各类速冻食品生产厂家2000多家,年销售额近100亿元。

(五)冷链物流信息技术发展迅速

随着现代科技的不断发展,先进的信息技术也不断在我国的冷链物流产业中应用。例如,深圳市敏捷和冷链物流有限公司使用了"易流GPS"车载定位系统。通过利用多点智能温度仪与冷藏车载GPS系统实现了冷链物流的无缝对接,能够迅速准确地记录和回传冷藏车厢体内的多点温度,使冷藏运输温度监控借助GPS系统在Internet和移动通信系统中实现。

RFID监测技术也是当前冷链物流信息技术发展的趋势之一。利用RFID技术,将温度变化记录在"带温度传感器的 RFID 标签"上，对产品的生鲜度、品质进行细致、实时的管理。另外，RFID 还可扩展为覆盖全冷链流程的冷链监测中心数据平台，实现对冷链全程、实时监控和预警，同时向消费者提供方便的查询手段，向社会提供可追溯信息。

（六）绿色冷链未来可期

2020 年 9 月，在第七十五届联合国大会一般性辩论上的讲话中，习近平总书记首次提出要在 2030 年前实现碳达峰，2060 年前实现碳中和的目标与承诺。2021 年 10 月 14—16 日，第二届联合国全球可持续交通大会在北京召开。会上习近平总书记强调，要大力发展智慧交通和智慧物流，推动大数据、互联网、人工智能、区块链等新技术与交通行业深度融合，使人享其行、物畅其流。

中国交通把推动绿色低碳转型作为可持续交通发展的战略性任务，追求以最少资源投入、最小环境代价，最大限度满足社会经济发展和人民出行需要，为建设美丽中国贡献力量。绿色冷链不仅是经济与社会发展的客观要求，也是物流发展的必然选择。

2021 年，更多的冷链物流企业将绿色环保作为自身发展的核心战略之一，并在此领域进一步深耕和探索。例如，在产品的低温储藏、配送、运输过程中采用共同配送、科学管理等方式提高运输效率，降低环境污染；通过新技术降低冷库、冷藏车的能量消耗、噪声污染，提高周转率、装载率等。绿色冷链是绿色物流的一部分，是未来冷链技术的新趋势。绿色冷链对企业来讲，关键的一点是采用先进的技术和设备，提高核心竞争力。社会进步进一步推动了绿色冷链的发展。世界各国普及环境教育和人民环保意识的不断提高，为实现绿色冷链创造了发展基本条件。

拓展阅读 1.1　冷链物流驶入氢时代，最大规模氢燃料冷藏车在京落地运营

二、我国冷链物流发展中存在的问题

冷链物流贯穿第一、第二、第三产业，连接生产端与消费端，发展潜力及空间巨大。但长期以来，国内冷链物流仍然面临诸多困境，具体问题体现如下所示。

（一）疫情风暴依旧严峻

我国新冠疫情防控常态化背景下，冷链物流行业将会持续遭遇疫情冲击。冷链信息溯源、冷链消杀、进口集中监管等问题热度持续，储运成本上升、管理复杂度提高等正在影响冷链物流行业的发展路径，这也意味着在未来较长一段时期内，更加严格的标准规范、符合防控要求的技术装备和精细化的管理手段会成为冷链物流行业转型升级的必然要

求。冷链产品安全保障和疫情防控强化是对于冷链物流提出的新要求，冷链产品的交付品质直接关系着人民群众的身体健康和生命安全。

2021年，由于进入疫情防控的常态化阶段，部分企业对于防控管理意识逐步淡化，最终造成了疫情触发及大范围扩散传播事故，给国家的疫情防控工作带来了不良影响。当前，我国冷链物流"断链""伪冷链"等问题突出，与此相关的产品质量安全隐患较多，特别是新冠疫情发生以来，冷链物流承担着保障疫苗安全配送和食品稳定供应的艰巨任务。这就要求提高冷链物流专业服务和应急处置能力，规范市场运行秩序，完善全程追溯体系，更好地满足城乡居民消费安全需要。

（二）实施政策翘首"企"盼

2021年，诸多冷链物流发展规划及管控等政策、标准文件相继出台，进一步推动行业正轨发展，同时也让冷链物流企业看到了未来发展的希望。但与此同时，面对行业发展的顶层设计，企业更加关注各项政策、标准如何实际落地执行。对于此问题，具体体现在以下三个方面。

（1）各项规划文件是否有配套的行动计划作为支持。行动计划作为规划文件的重要实现路径，直接影响着业务一线的执行与操作。如果缺乏有效的行动计划支持，规划文件则更像是"空中楼阁"。

（2）行动计划是否符合规划文件及当地发展实际情况。脱离了实际业务场景及规划目标导向，不仅无法实现预期成果，还会造成资源浪费，不利于行业的良性发展。

（3）行动计划是否可以切实落地执行。应确保有效的行动计划真正落地执行，各环节及各单位应切实按照要求操作，保证实际实施效用。因此，在顶层设计逐步完善的同时，有效的行动计划能否及时跟进和落实，将是未来发展需要重视的关键问题。

（三）技术应用需要从"口头"变为"手头"

随着科技的不断进步，新技术将为冷链物流赋予更高价值。伴随着"新基建"等相关政策落地实施，互联网、大数据、区块链等在物流专业领域逐步渗透，冷链物流全链条进一步实现技术赋能，逐步构建智能化冷链物流体系。面对冷链行业存在的痛点难点，企业转变发展理念，强化质量意识，依托智慧冷链、绿色冷链，助推冷链行业高质量发展。但在此过程中，部分投机者看到了冷链物流发展火热下的机遇，将冷链"智能化"发展作为一种企业发展的口号，却并未将真正的技术应用到实处。

所谓技术赋能，并非简单地搭建系统或是单纯地使用自动化设备。其发展的根本，是将合适的技术应用在恰当的环节，通过技术手段，实现提升全链运作效率、降低全链运作成本的核心目标。就目前而言，多数冷链企业没有建设冷链物流资源交易运营平台或者管理系统，冷链数据的动态采集、处理及决策分析功能缺失。冷库、冷藏车等基础设施的自动化、智能化程度不高，冷链物流企业对技术研发的投入力度有待增强。

（四）支持体系底气不足

我国冷链物流市场发展时间较短，虽然近年来保持14％以上的增速，但市场标准化及企业合规经营尚不规范，尤其是冷链运输市场的"劣币驱逐良币"现象依然存在，给企业经营带来较大困扰。国家层面的逐步深化介入，也在进一步提升行业规划及管理水平，树立行业标杆，建立行业规范，推动冷链物流行业逐步趋于正轨。同时，目前冷链物流行业人才缺口较大，一线操作员工、中层管理人员、专业技术人员及高级管理人员均存在缺口。受新冠肺炎疫情影响，冷链物流的疫情防控始终是社会关注的热点问题之一。

目前，冷链物流从业人员存在一定的工作压力，一线操作岗位尤其是运输司机出现招工困难等问题。此外，随着冷链物流信息化和自动化水平的不断提高，国内冷链物流专业人才储备不足的问题也日益凸显。

据不完全统计，目前全国开设"冷链物流技术与管理专业"的院校仅有10所，大数据分析显示，2019—2020年，以上10所高校冷链物流技术与管理专业毕业生人数与头部冷链物流企业冷链岗位招聘量的供需比为1∶4，具备全链设计能力的专业人才更是严重匮乏，冷链相关领域的创新活力呈现回落趋势。

三、我国冷链物流行业发展趋势

（一）"实施指南"成为2022年度政策主线

伴随着《"十四五"冷链物流发展规划》的正式发布，2022年成为明确行动方向及方式的关键之年。明确将国家骨干冷链物流基地和产销冷链集配中心建设作为现代冷链物流体系的重要支撑。加快形成高效衔接的三级冷链物流节点设施网络，发挥国家骨干冷链物流基地、产销冷链集配中心的基础性作用，打造"三级节点、两大系统、一体化网络"融合联动的"321"冷链物流运行体系，构建起连接各城市群与重要主产区的"四横四纵"国家冷链物流骨干通道网络。

在此背景下，2022年整体政策内容围绕各板块具体实施及管控指南等重点领域展开。同时，各区域也围绕国家整体规划，确定各地方发展方向及实施路径。

综上所述，推动《"十四五"冷链物流发展规划》落地的具体举措（以下简称实施指南）将成为冷链物流行业政策主线，各地如何落地推动，也将在未来进一步清晰。伴随着国家相关政策、标准的相继出台，行业发展标准及监管要求日益提升，加之"国家队"及"行业大鳄"的入局，也将进一步推动冷链物流行业的正规化发展，"劣币驱除良币"的情况也将逐步得到缓解。在未来，正规化经营的企业将会得到更为广阔的发展空间，而反之，不符合行业标准的企业也将逐步被市场所淘汰。

(二)技术赋能继续深化延展

互联网时代的科技创新日新月异,5G、大数据、云计算、区块链、人工智能等新技术正在深刻地改变着冷链物流行业,在"十三五"规划时期,数字化、标准化、绿色化的冷链物流基础设施装备研发应用加快推进,新型保鲜制冷、节能环保等技术加速应用。冷链物流追溯监管平台功能持续完善,冷链快递、冷链共同配送、"生鲜电商+冷链宅配""中央厨房+食材冷链配送"等新业态新模式日益普及,冷链物流跨界整合和集成创新能力显著提升。

科技创新的力量正在推动冷链物流摆脱传统的运行方式,向智能化、科技化、自动化方向转型升级,智慧化、无人化催生"新基建"热潮方兴未艾,冷链物流全链条进一步实现科技赋能,将强力推动行业驶入高质量发展快车道。随着科技的不断进步,新技术将为冷链物流赋予更高价值。应加强智能分拣、智能温控等冷链智慧技术装备应用,推动物联网、区块链等技术在冷链物流领域的广泛应用。

鼓励冷链企业加大绿色装备研发投入和基础设施改造,为实现我国"碳达峰、碳中和"目标做出重要贡献。同时,"粗犷式"的管理模式在竞争压力日趋激烈的当下已成为过去式,越来越多的冷链物流企业开始进行精益化管理转型。从企业自身运营及管理模式,再到各类资源及技术的投入应用等,都在向高质量发展迈进。"科学化""技术化""高效化"已成为现代冷链物流企业精益化管理的核心要点。同时,增强供应链管理能力,也将进一步提升企业的核心竞争力。

拓展阅读1.2 推动区块链、物联网等技术与冷链物流深度融合

(三)冷链物流进入细分场景化发展阶段

近年来,生鲜电商、社区团购等新消费场景出现。这些新场景、新业态对冷链行业的格局将会带来全新的变化。我国已转向高质量发展阶段,产业加快迈向全球价值链中高端,现代农业、食品工业、医药产业、服务业全面升级,对高品质、精细化、个性化的冷链物流服务需求日益增长。

"十四五"规划时期,随着城乡居民消费结构不断升级,超大规模市场潜力将加速释放,为冷链物流提高供给水平、适配新型消费、加快规模扩张奠定坚实基础,创造广阔空间。坚持实施更大范围、更宽领域、更深层次对外开放,特别是深入推进共建"一带一路"和推动构建面向全球的高标准自由贸易区网络,将进一步优化区域供应链环境,有效发挥我国超大规模市场优势,深化与相关国家贸易往来,扩大食品进出口规模,推动国内国际冷链物流标准接轨,借鉴推广先进冷链物流技术和管理经验,促进冷链物流高质量发展。

围绕冷链物流形成"冷链+"产业集聚新格局。依托"冷链+智能装备""冷链+大数据""冷链+智慧生活",推进冷链物流产业走廊建设。鼓励冷链物流企业创新业态模式,优化供应链,延伸产业链,提升价值链。充分发挥冷链物流在服务经济发展和便利人民生活中的积极作用。

(四)疫情防控仍是行业管控红线

冷链物流衔接生产消费、服务社会民生、保障消费安全的能力属性,对调节农产品跨季节供需、稳定市场供应、平抑价格波动、减少流通损耗等方面的作用越来越重要。特别是在抗击新冠疫情中,冷链物流对保障疫苗等医药产品的流通安全做出重要贡献,这些均证明了冷链物流的基础支撑作用会越来越显著。但是由于冷链物流操作的特殊性,对于疫情防控及消毒消杀工作的重要程度更为关键。

虽然国内疫情逐步得到控制,但是国外疫情依旧严峻,并且国内疫情时有发生。因此,在未来的实际运营过程中,针对冷链货品的疫情防控工作依旧不可放松警惕。强化冷链食品(进口和国内)全链路追溯和监管,建立全链抽检监察机制,确保全链可控,针对重点品类及环节,实施重点监控,如一品一码等;明确冷链货品接收过程查验标准,确认各类所需材料及操作,保证货品均由正规渠道进入市场,且货品质量可以得到保障;加强规范各冷库企业和市场内的冷链消毒消杀工作,完善管理制度,必要时可引入专业公司托管;针对可疑或异常货品,应建立完备的隔离及处理流程,同时打造及时的信息传递通道,确保问题可在第一时间发现并得到有效控制;建立人员防疫监察制度,对于进出市场及长期在市场内工作的人员,需做好定期检测、日常监测及流调监控等,降低人员传播扩散风险。

本章小结

本章主要介绍冷链物流的基础知识,其中包括冷链物流的含义与特征、对象与构成、冷链物流的研究意义及社会经济效益,介绍了冷链供应链管理的相关知识,并对我国冷链物流行业的发展现状、存在的问题及未来发展趋势进行详细阐述。

课后复习题

一、填空题

1. 绝大多数的冷链物流由(   )、(   )、(   )和(   )4个环节构成。
2. (   )是冷链的基础,在整条冷链的设计、管理和维护中,对制冷系统设计和工作基本原理的理解是至关重要的
3. 冷链供应链大致由5个环节组成,分别是(   )、(   )、(   )、(   )、(   )。

二、名词解释

1. 冷链。
2. 冷链物流。
3. 冷藏运输。

三、简答题

1. 简答冷链物流的特征。
2. 简答冷链物流的适用对象。
3. 简答冷链供应链管理的特点。

四、论述题

详述我国冷链物流行业现状发展趋势。

拓展阅读1.3 提高规模化和网络化运作水平 冷链物流驶上发展快车道

第二章

冷链物流系统

学习目标

1. 了解冷链物流系统的基本理论,熟悉冷链物流系统设计步骤。
2. 掌握冷链物流各系统的构成状况及在冷链物流领域中的应用。

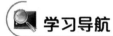 学习导航

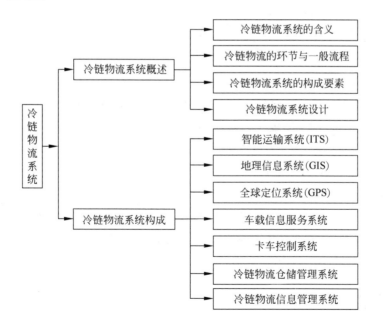

案例引导

智慧让冷链物流运输更简单

山东乐速信息技术有限公司是一家集物流管理咨询、软件定制开发与实施、系统运维、系统集成等于一体的专业IT服务提供商,专注于物流信息化解决方案。现拥有五大开发平台,八大系列产品,行业内遥遥领先。经过几年的快速发展,乐速科技已在第三方物流、冷链物流、医药、电器、直销、快消品等行业积累了丰富的开发经验,获得社会的广泛认可。

乐速科技以"智慧让物流更简单"为使命,以"物流领域科技服务的领航者,专业人士的梦想舞台"为愿景,为冷链物流领域客户提供专业的物流运输信息化解决方案。产生的运营效益如下。

1. 加速了企业用户信息化进程

冷链物流运输系统的应用加速了企业用户从传统工作模式向冷链物流信息化的转变,促进冷链物流产业的健康发展,减少物品运输过程中产生的损失。

2. 增加冷链物流企业的市场竞争力

冷链物流运输管理系统,满足第三方冷链物流企业运输过程中对信息化的要求,减少人力追踪货物信息带来的人力浪费情况,提高了工作效率,对人员数量要求降低,从而降低了人力成本,促进业务增长,增加了冷链物流企业在市场的竞争力。

3. 冷链物流运输业务流程更加规范

由于冷链运输过程中缺少有效的管理,冷链物流运输过程中会出现运作流程混乱等现象,造成信息传递延迟、信息不准确等。冷链物流运输管理系统提供了有力的帮助,使运输业务流程更加规范,信息传递更加实时有效。

4. 货物信息查询、管控便利

冷链物流运输管理系统能精确追踪货物,使货物信息的准确性和及时性得到提升,货物运输全程温度监控,实时查询货物温控情况,避免温度变化造成货物损失,为客户货物的信息查询提供便利,提升了客户满意度,提高了服务质量。

资料来源:中国物流与采购网,http://www.chinawuliu.com.cn/xsyj/201608/22/314581.shtml。

案例思考

1. 请思考系统化管理在冷链物流发展中的重要性。
2. 冷链物流运输管理系统能够为冷链企业运营带来哪些积极影响?

第一节　冷链物流系统概述

一、冷链物流系统的含义

冷链物流系统又称为低温物流系统,主要指食品冷链物流系统。广义的冷链物流系统包含原材料的供应物流、生产物流和销售物流,在整个供产销的过程中需要比较充分的冷冻、冷藏设备的低温支持,使温度维持在适合的状态,保持物品的品质和安全。

在冷链物流中每一个环节都是至关重要的,任何疏漏都会使冷链物流前功尽弃。而狭义的冷链物流系统只是销售物流,指物品在低温的状态下,通过流通加工、运输、储存、装卸搬运、信息等有机结合,以创造价值、提高物流服务水平、满足社会需求为目标的一个有机整体。目前大多数的冷链物流主要指狭义的冷链物流。

二、冷链物流的环节与一般流程

(一)冷链物流的环节

以农产品为例,农产品冷链物流泛指水果、蔬菜、肉类等物品在生产、储藏、运输、销售,到消费前的各个环节中始终处于规定的低温环境下,以保证物品质量和性能的一项系统工程。它由冷冻加工、冷冻储藏、冷藏运输和冷冻销售4个环节构成。

1. 冷冻加工

冷冻加工包括有机肉类、鱼类的冷却与加工,有机蔬果的预冷与加工等,主要涉及冷却和冷冻装置。任何冻制食品最后的品质及耐藏性都决定于下列各种因素。

(1)冻制用原料的成分和性质。

(2)冻制用原料的严格选用、处理和加工。

(3)储藏情况。

(4)冻结方法。

2. 冷冻储藏

冷冻储藏包括生鲜农产品的冷藏和冻藏,也包括果蔬的气调储藏。主要涉及各类冷藏车、冷藏库、冷藏柜、冻结柜及家用冰箱等。

3. 冷藏运输

冷藏运输包括生鲜农产品的中长途运输及短途送货等。主要涉及铁路冷藏车、冷藏汽车、冷藏集装箱等低温运输工具。食品冷藏冷冻的温度应分别符合冷藏冷冻的温度范围要求,做到原料、半成品严格分开存放。在冷藏运输过程中,要保证产品的质量,控制好温度是极其重要的一个环节,运输工具必须具备良好的性能,保持适宜的温度。

4. 冷冻销售

冷冻销售包括生鲜农产品的批发和零售及低温配送等,由生产企业、批发商和零售商共同完成。植物性食品、动物性食品和水产品应分类摆放,冷藏、冷冻柜(库)应有明显区分标志,存放温度应控制在规定的范围内。

(二)冷链物流的一般流程

按照一般农产品冷链物流服务活动的过程,可将冷链物流的整个流程分解为原材料获取、冷却、冷藏加工、冷藏运输、冷藏销售和消费,具体流程为原材料基地、捕捞、种植(或养殖、冷链物流信息)、采购(或进口、冷链物流信息)—初加工、屠宰、分割(流通加工、冷链物流信息)—成品、深加工(流通加工、储存、运输、冷链物流信息)—配送中心(配送、冷链物流信息)—批发商、零售商(销售、冷链物流信息)—最终消费者。

这种简单的流程设置能够非常简洁地表现出冷链物流过程的基本步骤,为冷链物流的流程分析提供了依据。从各个活动流程来看,冷链物流的过程比传统制造业物流的流程要复杂很多,而且每一个流程都还可以继续细分。我们从供应链层面上按照物流七大要素原则对冷链的各个环节进行分解,并以此为基础了解冷链物流流程的基本状况,可借助这个流程的分析找到关键问题,并提出应对措施。

三、冷链物流系统的构成要素

构成冷链物流系统的要素可以分为主体要素、客体要素和设备设施要素。

(1) 主体要素:包括原材料供应商、生产加工商、零售商、物流供应商、消费者、相关的监管部门等,主体要素以冷链系统物流运作的主体作为研究对象并提供相关的资金支持。

(2) 客体要素:主要指需要冷链运输的各种易腐产品。

(3) 设备设施要素:既包括冷藏冷冻仓库、制冷间、冷藏运输的场站、配送集货的冷链中心等设施;也包括冷藏运输设备、存储设备、包装设备、装卸设备等。设备设施要素为冷链物流系统提供硬件支持。

四、冷链物流系统设计

(一)冷链物流系统设计的含义

冷链物流系统设计指经过对冷链物流系统分析,完成冷链物流系统硬件结构和软件结构体系的构想,形成冷链物流系统组织设计和技术方案的过程。而冷链物流系统组织设计是技术设计的前提,它确定了技术设计的纲领和基本要求,系统的状态根据市场地位和竞争实力进行评价。冷链物流组织结构有分散和集中、纵向和横向、正式和非正式等多种结构模式。每个企业所选择的结构模式一般是企业内部经营管理的演化。

(二)冷链物流系统设计的特征

(1)冷链物流系统设计是一项复杂的工作。系统中有许多含有不确定因素的问题,而系统设计就是针对不确定的情形,设计解决这种问题的方案,研究可能产生的结果。

(2)冷链物流系统设计多采用定量的方法。对系统分析的资料多是数据资料,并做出有科学依据的决策,如果在复杂的情况下,不能有效获得数据资料或者难以建立数学模型,就要借助计算机的仿真技术进行模拟。

(3)冷链物流设计的目标是整体最优。每个冷链物流系统都含有多个不同功能层次,需要各个层次进行合理的分工协作,使冷链物流系统实现整体最优。

(三)冷链物流系统分析的步骤

在进行冷链物流系统设计时,首先应该对冷链物流系统进行分析,而整个冷链物流系统分析的一般步骤如下。

(1)确定冷链系统分析的对象,研究具体分析对象的特征及要求。

(2)收集资料。需要收集的资料主要有对产品的审查、设备设施审查、客户需求审查及竞争对手审查。

(3)确定冷链物流系统分析的流程图,有程序地进行。

(4)选择冷链系统分析的工具及方法,如短期(静态)分析法、长期(动态)分析法、因果分析法、投入产出分析法、相关性分析法等。

(5)对冷链物流系统进行分析,根据系统的实际情况灵活使用分析工具及方法。

(6)根据分析结果对冷链物流系统进行优化。

(四)冷链物流系统设计的步骤

冷链物流系统设计一般遵循以下步骤。

(1)确定冷链物流系统所处的内外部环境。

(2)确定冷链物流系统设计的目标。

(3)收集冷链物流系统的相关资料并加以整理。

(4)根据收集的资料提出各种可供选择的方案。

(5)根据实际情况,明确冷链物流系统方案中的可控因素及不可控因素。

(6)调整可控因素,预防不可控因素,使之有利于系统目标的实现。

(7)进行方案的优劣势比较,并选出切实可行的方案。

第二节 冷链物流系统构成

一、智能运输系统（ITS）

智能运输系统（intelligent transportation system，ITS）是将先进的技术（计算机科学、远程信息技术、传感器技术、控制技术自动控制系统、运筹学、人工智能等），有效地综合运用于交通运输、服务控制和车辆制造，加强车辆、道路、使用者三者之间的联系，从而形成一种保障安全、提高效率、改善环境、节约能源的综合运输系统。

ITS 由基础技术平台、整体管理平台和智能交通系统三大模块组成。基础技术平台主要由 GPS、GIS、RFID、网络系统等构成；管理平台则涵盖道路法规、道路建设等；智能运输系统主要包括 5 个子系统，即交通通信系统、管理系统、车辆系统、公共运输系统及商用车辆运营系统。

目前，我们对 ITS 的研究和利用主要集中在提供交通信息服务、提供车辆安全控制服务、提供优化的商用车管理服务、提供优化的公交管理服务、提供电子收付费服务、提供交通援助服务、提供灾难解决方案服务、提供交通数据服务等，主要用于物流运输优化这个功能上。智能物流运输信息系统构成如图 2-1 所示。

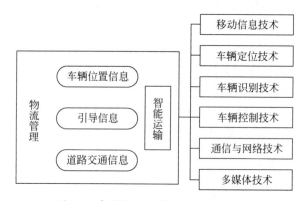

图 2-1 智能物流运输信息系统构成图

拓展阅读 2.1 射频识别（RFID）技术

二、地理信息系统（GIS）

地理信息系统（geographic information system，GIS）可以为用户提供不同的动态的和空间的地理位置信息,基于地理空间数据的地理模型分析方法,为地理研究和地理定位服务的计算机技术系统。其主要功能是将图形数据(直接输入数据库、电子文档或程序)转换为地理图形,然后进行操作、分析。在洲际地图上可以得到非常详细的距离地图,包括人口、销售情况、运输路线等内容。

(一) GIS 的构成与功能

GIS 由硬件、软件、数据、人员和方法 5 部分组成。硬件是 GIS 必不可少的一部分,是一定被需要的计算机资源,包括计算机、数字化仪、扫描仪、绘图仪、磁带机等。GIS 具备 5 种主要功能,即数据输入、数据显示、数据分析、数据操作、数据管理。图 2-2 是对 GIS 工作的简单描述。

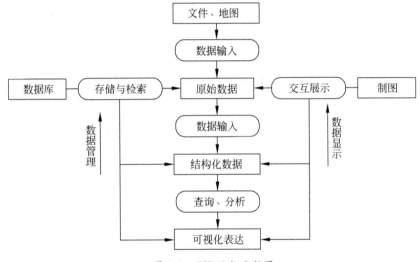

图 2-2　GIS 运行流程图

GIS 技术的发展,主要体现在技术的综合和软件技术分化,并在物流领域得到了广泛的应用,还体现在 GIS 与其他信息技术的综合上:GIS 与 CAD 的结合;GIS 与遥感的结合;GIS 与 CPS 的结合;CIS 与 Internet 的结合;GIS 与现实技术的结合。

(二) GIS 在物流领域中的应用

GIS 被认为是通过使用 GIS 强大的地理数据能力来补充物流分析技术,主要用于物流的信息分析,80% 以上用于决策的信息与空间的地理位置有一定关系,并发挥着重要作用。一些海外公司利用 GIS 开发专门从事物流分析的程序。

1. GIS 物流分析软件

(1) 车辆路线模型。其中，出发点和终点的数量，如何降低物流成本，如何保证服务质量都将通过这个模型来解决。

(2) 网络物流模型。它能够找到最优的货物配送路线，即物流网络的配送问题。货物从 N 个低温仓库运输到 M 个商店的情况下，每个商店都有一个固定的需求量。

(3) 分配集合模型。依据不同的元素之间的相似点，可以将同一楼层的所有元素或部分划分为若干个片段，确定服务范围和销售的市场范围。

如果一个公司想要设立 X 个分销点，则要做到这些分销点都能覆盖某一地区，而且使每个分销点的顾客数量基本相等。

(4) 设施定位模型。用以确定一个或多个设施的位置。物流系统领域中，低温仓库和运输线路构成了物流网络，低温仓库处于网络的节点上，而节点却决定着线路，根据供求实际的需要设定低温仓库的规模、位置以及物流关系是十分重要的，同时也要兼顾经济效益，这些因素都能够通过此模型成功地解决。

2. GIS 在冷链物流中的应用

GIS 在冷链物流中的应用主要包括运输路线、仓库位置的选择、投递路线的选择、仓库容量的设置、合理装卸策略、运输车辆的调用等方面的决策。图 2-3 是基于 GIS 的配送管理系统结构，将各种配送要求简化为订单，配送目的地简化为第二客户，系统集成了运输管理（包括冷链运输装备跟踪）模块、配送、装载及路线规划模型，客户配送排序模型等。

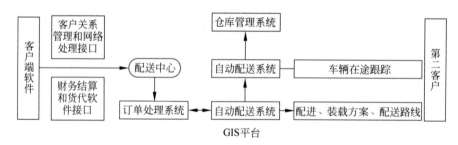

图 2-3 基于 GIS 的配送管理系统结构图

三、全球定位系统（GPS）

（一）GPS 介绍

全球定位系统（global position system，GPS）由美国国防部研制建成。该系统是新一代精密卫星导航和定位系统，包含地面监控、空间卫星、用户接收三大系统，它利用分布在距离地面大约 2 万 km 高空的多个卫星对地面情况进行精准的定位和导航。

1. GPS 适用于冷链运输领域的功能与优点

（1）GPS 定位确定速度快、功能多、精度高、覆盖面广，具有全球性、全天性、实时性、连续性、精准度高的三维导航、测速与定位、授时能力，以及优异的保密性和抗干扰性。在全球任何一个地点均能进行车辆的移动监控工作，以保障网络上的用户需求能实现。此外，GPS 提高了冷链物流运输企业的业务运作效率，降低了车辆空驶率和作业成本，满足客户需求。

（2）GPS 具有车辆动态定位功能。GPS 能实时反馈车辆运输途中的动态信息，从而能够提高运作效率，降低成本，提高对司机和货物的实时监控，有利于顾客随时获知货物的运输进展，加强物流企业与顾客的交互行为；有利于对突发事件的有效处理。

（3）即时监控功能。使用者可以在任何时刻通过发出指令查找运输工具所在的地理位置，包括经纬、速度等信息，且能在电子地图上形象地显示出来。

（4）实现在途透明化管理。GPS 能按客户要求，以系统定时自动信息提醒、人工电话、网络查询等时刻掌握货物情况。

（5）双向通信功能。网络 GPS 的用户利用 GMS 的语音功能与司机对话，也可以利用本系统安装在运输工具上的移动设备——汉字液晶显示终端，收发文字消息。驾驶操作人员按下对应的服务控制键，给网络 GPS 信息反馈，质检员就能在网络 GPS 工作站的显示屏上检查工作，掌握整个运输作业的准确程度（如卸货、发车返回时间等）。

（6）动态调度功能。调度人员在调度中心可以随时发文字指令，并收到确认的回复信息。

（7）路线规划功能。不同的货物做不同处理，不同的种类、运送地对于运送的时间有不同的需要，CPS 技术能对于货物的特点选择最优的运送路线，已达到最佳的速度将货物运达。对路线进行精准的规划后，通过 GPS 的导航系统功能，按显示器规划的路线进行货物运输。

（8）数据存储、分析功能。即路线计划，车辆运输路线、区域、什么时间应到何地都事先确定好，并把信息记录在库，以备日后查用。

2. 网络 GPS 系统工作流程

货物由物流公司运输后，把提货单和密码给收货人，在网络平台中上传货单信息，同时上传货单与货物载运车辆信息。载运车辆（装有 GPS 接收机）工作流程途中实时接收 GPS 卫星定位数据，且系统自动计算所在地坐标，用全球移动通信系统（global system for mobile communications，GSM）通信机上传到公用数字移动通信网，并通过数字数据网（digital data network，DDN）专线，上传至 GPS 监控平台，中心处理器接收到坐标信息后还原它，与 GIS 系统中的电子地图相匹配，地图上直观看到车辆的坐标位置。

每个 GPS 用户都有自己的用户权限，能通过互联网了解掌握货物所在车辆的信息收发情况,在电子坐标地图上简捷地了解车辆运输动态(位置、速度、状态),当车辆有意外情况时,可以远程遥控操作。网络 GPS 系统如图 2-4 所示。

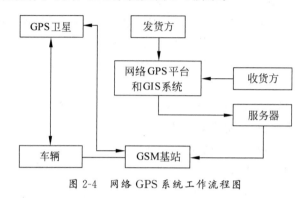

图 2-4　网络 GPS 系统工作流程图

(二) GPS 应用

1. 冷藏运输车辆定位管理系统

很多车载信息服务设备使用 GPS 测算位置、速度、行动方向。GPS 是美国国防部管辖的 24 颗卫星组成的以卫星为基础的导航系统。GPS 是当下业内货物温度监控的最佳选择,可采集记录车厢内温度数据以及超限报警,对此,"RFID 冷链温度管理系统"及"GPS+温度监控冷链管理系统"按照企业的具体要求被研发出来。

把领先的 RFID 技术、GPS 技术、无线通信技术及温度传感技术结合,在运输过程中,为了确保生鲜食品和药品质量,需要进行温度管理,在"带温度传感器的 RFID 标签"记下变化的温度,又或者实时在企业管理平台通过"具有 GPS 及温度传感功能的终端结合无线通信技术"上传,精细化管理产品的生鲜度、品质,而食品流通过程中出现的质监问题也会被解决。

2. GPS 易腐货物跟踪系统

冷链运输企业服务能力可以通过易腐货物跟踪系统提升。从客户的方面看,只要发送发票号码,即可获得查询的易腐货物信息。从收货人的方面看,能掌握易腐货物运送状态,可提前做准备。从冷链运输企业的方面看,能够依据信息,确定货物能否及时送到,服务能力能随之提高。所以,赢得竞争力的重要方法就是 GPS 易腐货物跟踪系统的运用。

3. GPS 冷链运输车辆温度实时采集系统

利用车载的 GPS 终端无线通信模块,把冷藏车内多个不同温区的温度传感器收集的数据传递到 GPS 服务器上。在冷链运输中,对方只要连接网络,即可根据对应监控平台得到冷藏车内准确的温度信息,还能将其以报表形式输出,运价按冷藏(冷冻)车内的温度等计算。

(三) GPS 与 GIS 的结合应用

GIS 在物流分析领域的应用,主要指通过 GIS 物流分析技术的缺点能被其地理数据填补。物流中运用 GPS 可以实时监控目标地点,观察道路交通状况,随时命令移动目标调整。而 GIS 结合无线通信技术和车辆路线模型、最短路径模型、网络物流模型、分配集合模型和设施定位模型等,能够建造拥有完整功能的物流信息系统。

物流企业利用无线通信、GIS/GPS 设备可以及时了解物流运输车辆的确切位置信息,然后让企业工作的内部人员和企业的客户通过互联网进行访问,简单明了的物流操作过程可以为以后的合作奠定基础。

拓展阅读 2.2　GPS 技术在冷链物流运输中的设计内容

四、车载信息服务系统

车载信息服务是一个终端,含有计算机技术、移动通信技术。其中,车载信息服务应用有冷藏车和拖车的远程通信设备。冷藏车的车载信息服务系统提供了完备的方案,对冷藏车货物进行把控,与传统的卡车数据记录器或移动数据记录器相比较而言,更有优势。每一拖车安装车载终端后随时都能了解自己应该去哪去、做什么,不再需要人工指挥。当参与车辆多的堆场上架(装船、移箱)作业等情况时,每辆车能确定自己是否清楚命令。

指挥人员和拖车司机不用因为某一车次在计算机上进行输入,最多只需要确定作业场地(堆场机械仍需登记车号)。因作业的缘故,场位可能会发生变化,拖车司机了解后不会盲目地跟着堆场机械,在恰当的地点停住就可以,因为作业的原因,改变到另一条作业线上,或者跨过作业线,连续作业的情况都是有可能的。

特殊缘故,拖车也许会难以确定作业时长,作业的顺序与预定的顺序肯定不同,系统会根据具体情况将指令自动分配到时间空闲的拖车上。可以单装单卸,也可以一边装一边卸,同一条船不同的桥吊混装卸,不同的船混着装卸,会提高效率和减少成本。码头自己管理拖车时,若要成本减少,可以开启自由模式,系统自动控制,那么空车行程会减少。每条作业线上的拖车动态(空闲或多余)都能观察到,计算机上预先设置好的模式也能改变,甚至在尽力保证装卸速度的前提下,让系统自己做出调整,减少整体作业时间或拖车使用量。

第三方车载信息服务系统能够掌握冷藏车的参数。设置点(set point)、排风、回风、运行模式、临界报警、温度、时间表、电池电压、剩余燃料和货物感应器等都包含在内。

五、卡车控制系统

现代的卡车或者拖车的冷冻/冷藏单元装载的计算机控制系统，既能改善卡车和冷冻/冷藏单元的能源消耗问题，也能根据产品和消费者的需要，调控冷冻或冷藏单元的温度。在产品的温度管理中，10种易腐食品的运输要求条件可以提前设定，保证货物运输的环境与运输者或者客户要求没有出入。

一种可选的控制系统是FreshTM，它能在途中有效管理产品品质。该系统与一个高性能的数据采集系统可以同一时间工作，也能记录运输途中的参数，如温度、设定点、运行模式和外在事件等。

六、冷链物流仓储管理系统

物流领域中应用的仓储管理及仓储作业管理系统通常被叫作仓储管理系统（warehouse management system，WMS）。客户需要的易腐产品的类别数量增多，产品的结构也越发复杂，市场对其非同质化要求也越来越高。又因为这类货物自身的特点，需要确定易腐货物的存储计划，做到可追溯，库存也要合适恰当，充分利用库房容积，确定冷库与冷库、产地与销售点接洽过程中的装卸作业怎么安排，如何让冷链"不断链"。

（一）易腐货物及其管理

1. 易腐货物的属性与分类管理

一种方法是通过建立一个易腐烂货物的属性分类，采用代码继承式技术分类，对代码分段。国际物品编码协会的国际物品编码协会（Uniform Code Council，UCC）代码、联合国标准产品和服务分类代码（United Nations Standard Products and Services Code，UNSPSC）等都是主要的代表性编码方案。优点是将属性相同的货物排列，容易管理；缺点是货物变多代码压力会大，管理不便，浪费资源。

另一种办法是定义物料属性时，选择属性结构表。物料先进行定义分类属性，然后是属性值。Nato Auslang是比较典型的方法。金字塔形结构分类能使物料代码的编撰独立于物料属性，不同属性类别在统一数据库系统中表达，不会发生字段多的现象。

2. 易腐货物的存储描述

存储描述包括存储地区、低温仓库、低温仓库内的存储区域及货架储位，易腐货物的存储信息有物料的存储库存及在途库存。

（二）仓储配置管理

易腐货物的存储要求能识别管理仓储资源，要配置的信息主要包含仓储编号、储位编号和存储规格等众多信息。领先的仓储管理能够对仓储实体进行配置,利用仓储配置,能够根据现实情况需要设计出好的作业计划,充分利用现有的场地、有限的人力和物力。

（三）仓储作业计划

仓储作业计划是在特定设置的时间之内,结合已经存在于系统之中的设定,收集易腐货物订单,并且依据系统中仓储配置的数据,进行易腐货物的收货、上架、拣货等作业。同时,配送要及时、畅通、保质。达标需要有连续补货的计划、管理库存等现代物流管理技术。连续补货计划指根据准确的销售信息,基于零售商的库存数据和提前设置好的补货程序,安排补多少货,什么时间补,用小批量多额率的方法运输,加速库存周转。供应商库存管理是冷链生产由企业对零售商等下游企业的流通库存进行管理和控制的供应链管理方法。根据供应商库存管理,使冷库利用率变高,总成本减少。

（四）仓储作业执行控制

仓储作业执行控制是对易腐货物冷链作业计划生成后执行情况如何的一种管理。仓储作业的执行方面,许多的 WMS 拥有比较先进的解决方案和产品,如 EXE 的 Exceed、ES/LAWM 等系统,其中为了匹配自动化水平较低的仓储作业环境,ES/LAWM 提供了以打印工作指令为基础的执行管理系统。

（五）仓储资源管理

仓储资源管理的主要功能就是对于结构的合理配置,尽可能地提高资源的利用率,促进工作人员和程序的有序化,最大限度提高效率。除了工作人员、仓储设备之外,还有易腐货物的管理。仓储设备的调动要合适,设备检修计划可以提高完好率。

（六）异常处理

实操中,因为易腐货物的特性和客户小批量、多品种的需求,冷链物流对于仓储管理要求繁复。在仓储的管理过程中,经常会出现突发情况和异常作业的现象,这就要求有一个完备的 WMI 系统进行统筹管理。

（七）作业成本管理

优化仓储作业管理是易腐货物的冷链物流仓储管理信息系统的主要目的,成本变低、效率到最大。WMS 主要管理易腐货物,成本通过仓储作业活动来调控。而一般企业里采用的企业资源计划(enterprise resource planning,ERP)系统是一种控制成本的活动,围绕物料成本展开,二者有不一样的应用方法。

七、冷链物流信息管理系统

(一)冷链物流信息管理系统相关模块

1. 冷链运输线路管理

建造冷链运输服务区域数据库是管理冷链的运输线路的原因,其分类有三种,即区域型、线路型、混合型运输线路管理。优化线路,保证途中畅通是基本,还需要考虑站点之间车流量、高峰期、站点之间事故频率及运输工具等因素。

2. 操作人员管理

运输易腐货物中容易发生意外,所以要综合考量驾驶员的技能、操作经验与人力资源成本三者的关系,选择合适的人员。

3. 客户管理

冷链运输管理主要合作的对象是物流公司,物流公司的货物运输、厂家货物配发和客户提取货物都需要冷链运输。第三方的合作物流公司就是冷链物流公司,货代企业也是。不同用户有不同需要,据此冷链运输管理系统提供运输服务也要不同。

4. 冷链运输订单管理

冷链运输管理中,不同订单来源于不同用户需求,提供最合理、成本最低的最佳运输方案是最终目的。按订单运输组合作业时要结合实际,运输的效率会得以提高。最后决定的计划,要尽最大可能保证时效性、经济性及安全性。

5. 冷链运输成本核算

路径长度、道路通畅能力、驾驶员操作技术及气候原因等,是可变成本中影响能源耗费的因素,是冷链运输管理主要对象。

6. 作业跟踪冷链

实际运输中,作业跟踪指通过收集运输订单的回单、手机短信、GPS,合理制订运输计划,减少运输中的空车、提高异常事件的应对能力。

(二)应用冷链物流信息管理系统

应用冷链物流信息管理系统是基于易腐货物的监控设备和网络服务的软件管理系统,对冷链所监测的数据进行存储、查询和实时显示,对提高冷链运营质量有极大的帮助。

Procuro公司的PIMM服务,专门监控冷链的各个环节。它可以与不同的硬件对接,接收温度、GPS、能量消耗等数据并报警。这项服务不仅仅测量温度,同时引入了温度变化率(Temperature-Minutes)的概念,评估不同产品在不同情况下所受到的温度的损害。

不同的企业根据其权限共享数据,提高了整个冷链的可视性。

比利时的 Rmoni 公司建立了自己的数据中心为其客户服务,这套系统叫作 Sensor2Web。客户不需要建立自己的服务器就可集中查看下辖所有冷库、配送中心甚至车队的温度,可以看到温度监控设备是否有故障。例如,温度超出许可范围可立即通过电子邮件、SMS 发出警报,同时客户可以通过各种手提终端查看温度和接收系统警报,还可以在浏览器上生成 PDF 格式的各种管理报表。

总部位于德国的 Euro Scan 公司的 Euro Base 系统也是较为先进的冷链信息管理系统,客户可选择自置服务器并安装 Euro Base 系统,对旗下车队进行全面监察。采集数据方式有手动上载、回到基地后通过蓝牙或 Wi-Fi 上载和 GPRS 实时上载。客户可通过浏览器或 Euro Base 特有的软件查看管理报表,也可通过 Euro Trace 插件实时查看车队位置和状态,同时客户可以自己定义规则根据不同的情况生成警报。

NOLVATEK 有一个非常全面的环境监控软件,可以帮助客户满足最严格的国际环境及安全验证标准。它不仅监测温度,同时可以收集所有环境数据,根据其趋势预测任何可能发生意外的情况并发出警报,其全面的报表可以满足国际标准的认证要求。有一些源代码开放的中央监控软件也可以实现冷链监控。这些软件可以提取数据采集硬件中的数据,并绘图显示。通常它们会被用来监控数据中心的数据流量,利用它们的功能进行温度监控的实时显示有很好的效果。

美国的 Freshdirect 公司,主要服务内容是新鲜食品的供应链服务,其食物从农场、牧场和渔场直接购买,严格监管质量,价格优惠,可通过电话、互联网两种不同的订货方式,不同渠道进行选购订货,公司则通过第三方直接、快速地将所需货物送到客户的指定地点。

PIM-MTM 冷(冻)链管理系统的目标是最大限度保证出口和本地分销的食品品质,其像 QQ 一样容易使用,平时只占一个图标的位置,用浏览器便可设置所有参数,也可在智能手机浏览器上使用。食品处理流程涉及许多不同单位,可同时监测原料包装、原料运送、加工处理、成品运送、冷冻低温仓库、分销商等所有单位是否保持冷链标准。还可以进行冷冻仓库温度监测,生成冷链合格等级综合报表,保证分销商及客户即时收到通知。在公路/铁路物流、集装箱出口物流运输温度监测中,有车队管理、运输记录、PIMM 数据分析、PIMM 温度损害评估,促进各单位全面保全冷链。

本章小结

本章在冷链物流系统概述的基础上,对冷链物流信息系统的构成做了进一步的分析,分别对智能运输系统、地理信息系统、全球定位系统、车载信息服务系统和卡车控制系统的功能和应用等进行介绍,之后对仓储管理系统、运输信息管理系统和信息管理系统等进行了详细描述。

 课后复习题

一、单选题

1. 冷链物流的环节不包括（　　）。
   A. 冷冻加工　　　　B. 冷冻销售　　　　C. 冷藏运输　　　　D. 制冷技术
2. 下面哪个是仓储管理系统的简写。（　　）
   A. RFID　　　　　　B. GPS　　　　　　C. WMS　　　　　　D. GIS
3. 智能运输系统的子系统不包括（　　）。
   A. 交通通信系统　　　　　　　　　　B. 运输系统设计
   C. 车辆系统　　　　　　　　　　　　D. 公共运输系统

二、名词解释

1. 冷链物流系统。
2. 地理信息系统。
3. 冷链物流信息管理系统。

三、思考题

1. 冷链物流系统的构成要素有哪些？
2. 简述 GPS 与 GIS 在物流实践中怎样进行结合应用。
3. 简述易腐货物的属性与分类管理的两种方法。

拓展阅读 2.3　苏州点通冷藏物流

第三章

冷链物流设施与设备管理

学习目标

1. 熟悉冷库的基本常识；掌握冷库的运作流程。
2. 了解冷链物流设备的相关知识。
3. 能够根据实际需要合理规划冷库。

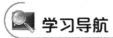 学习导航

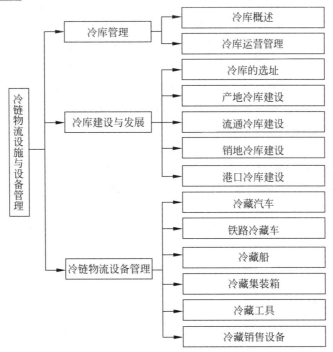

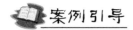

案例引导

生鲜食品冷链物流火热 冷库出租或临新变革

夏季本就是冷库使用率、出租率高的季节,随着生鲜电商的大热,行业人士据目前数据分析,今夏租赁冷库的入驻比率较往年还有更高的增长空间,其中冷链物流型的低温冷库的租赁率较高。

1. 传统仓储型冷库转型潮

随着低温食品的装卸、分拣、打包、配送管理等的多样化,传统的单纯性仓储冷库已难以满足这些花样繁多的需求:"过去的冷库出租,大货车往冷库门口一停,冷库门一开,几个工人便开始忙活着卸货,几个人形成一条小型的流水线,将货物一件件往冷库内搬,人工效率相对缓慢,而冷库门敞开或间歇性敞开、关闭,会导致冷库冷量流失,造成冷库电量增加,且会造成库内结霜严重等情况,这种传统式的冷库已经无法满足当下冷库租赁用户的需求了。"冰度仓储运营部的陈经理说。

由于当下货品品质及冷链物流模式的改变,单纯的仓储型冷库早已不能胜任多变的管理需求,尤其租赁冷库,物流、装卸、管理等模式的变革,传统仓储型冷库向冷链物流基地转型已是大势所趋。

2. 分割式冷库租赁新模式

陈经理来到冰度仓储二期的三号楼前,几辆5m长的冷藏车停在卸货平台,叉车有序地往来于冷库间,进入冷库后一阵寒气袭来,虽然穿着专业的入冷库防护服,但还是能感受到库内的凉意。仔细看来,货架错落有致,货品用钢丝网分隔开,"这主要是根据用户储货量不同而进行的分隔,同一间冷库,同样的温湿度需求,针对需求量的不同进行体积分割,非常适合高峰期货品进出量不同、储存量不同而造成的差异,可以灵活地解决由于场地、体积等不同造成的冷库体积浪费,或不分割导致的货品错拿、丢失等问题。"陈经理说着,叉车已经将货品全部运输至库内:280箱阿根廷牛肉。

据冰度招商负责人讲,进入夏季来,冷冻肉制品、冰激凌、水果等是冷库入驻"常客";与此同时,疫苗、医药制品的储存量也较往年有大幅增长,这种微妙的变化也无疑是医药制品安全意识提高的一个缩影。

在生鲜食品、物流配送行业变化无穷的冷链环境下,租赁型冷库只有不断地升级改造,结合并抓住市场、用户需求,才能更高质量地满足用户低温仓储及冷链体验。

资料来源:中国物流与采购联合会,http://www.chinawuliu.com.cn/zixun/201606/06/312670.shtml。

案例思考

1. 冷库的运营方式有什么变化?

2. 分割式冷库租赁新模式具有哪些主要特征？

第一节　冷库管理

冷库是冷链物流的基础设施，也是在低温条件下储藏货物的建筑群。通过案例学习，食品保鲜主要以食品冷藏链为主，将易腐畜禽、水产、果蔬、速冻食品通过预冷、加工、储存和冷藏运输，有效地保持食品的外观、色泽、营养成分及风味物质，达到食品保质保鲜、延长食品保存期的目的，起到调剂淡、旺季市场的需求，并减少生产与销售过程中经济损耗的作用。因而，冷库的重要性显而易见。

一、冷库概述

冷库是保证各种农产品、水产品与乳制品等长期供应市场和调节产品随季节变化而产生的不平衡，不断提高人民生活水平不可缺少的设施。做好冷库的规划与运行，进行良好的管理工作，对保证冷链物流环节的实际运行和提高企业的经济效益非常重要。

（一）冷库的概念

冷库是在低温条件下保藏货物的建筑群，是以人工制冷的方法，对易腐物品进行冷加工和冷藏的建筑物，用以最大限度地保持食品原有质量，供调节淡旺季节、保障市场供应、执行出口任务和长期储存之用。

目前，我国的冷库分布在不同的行业，种类比较繁多。为了更好地开发、利用和管理冷库，有必要对各种冷藏库进行分类。冷库分类的方法很多，不同的分类方法可以从不同的角度反映出冷库的特性。

1. 按冷库使用性质分类

（1）生产性冷库

生产性冷库主要建在食品产地附近、货源较集中的地区和渔业基地，通常是作为鱼品加工厂、肉类联合加工厂、禽蛋加工厂、乳品加工厂、蔬菜加工厂、各类食品加工厂等企业的一个重要组成部分。这类冷库配有相应的屠宰车间、理鱼间、整理间，有较大的冷却、冻结能力和一定的冷藏容量，食品在此进行冷加工后经过短期储存即运往销售地区，直接出口或运至分配性冷藏库做较长期的储藏。

由于它的生产方式是从事大批量、连续性的冷加工，加工后的物品必须尽快运出，故要求建在交通便利的地方。为了便于冻品外运，商业系统对 1500 吨以上的生产性冷库均要求配备适当的制冰能力和冰库；水产冷库为了供应渔船用冰，需设有较大的制冰能力和冰库。表 3-1 提供了冷库生产能力配套示例。

表 3-1　3000 吨生产性冷库配套能力示例

生产能力	水产冷库	商业冷库
冷藏/t	3000	3000
冻结/(t/d)	120~180	45~60
制冰/(t/d)	120~130	15
储冰/t	3000	300

（2）零售性冷库

零售性冷库一般建在工矿企业或城市的大型副食店、菜场内，供临时储存零售食品之用，其特点是库容量小、储存期短，其库温则随使用要求不同而异。在库体结构上，大多采用装配式组合冷库。随着生活水平提高，其占有量将越来越多。

（3）中转性冷库

中转性冷库主要是指建在渔业基地的水产冷库，它能进行大批量的冷加工，并可在冷藏车、船的配合下起中间转运作用，向外地调拨或提供出口。比较大的中转型冷库可发展成冷藏配送中心。

（4）分配性冷库

分配性冷库主要建在大中城市、人口较多的工矿区和水陆交通枢纽，专门储藏经过冷加工的食品，以供调节淡旺季节、保证市场供应、提供外贸出口和用作长期储备。它的特点是冷藏容量大并考虑多品种食品的储藏，其冻结能力较小，仅用于长距离调入冻结食品在运输过程中软化部分的再冻结及当地小批量生鲜食品的冻结。由于这类冷库的冷藏容量大，进出货比较集中（整进零出或整进整出），因此要求库区能与铁路、主要公路、码头相通，做到运输流畅，吞吐迅速。

（5）综合性冷库

综合性冷库设有较大的库容量，有一定的冷却和冻结能力，它能起到生产性冷库和分配性冷库的双重作用，是我国普遍应用的一种冷库类型。

2. 按结构类别分类

（1）土建冷库

土建冷库的建筑物主体一般为钢筋混凝土框架结构或混合结构。土建冷库的维护结构属重体形结构，热惰性较大，库温易于稳定。土建冷库是目前我国冷库的主要类型。

（2）装配冷库

装配冷库一般为单层库，其库体为钢框架轻质预制隔热板装配结构，其承重构件多为薄壁型钢材制作。由于除地面外所有构件是按统一标准在专业工厂预制，在工地现场组装，所以施工速度快，建设周期短。装配冷库目前的发展速度很快。

(3) 覆土冷库

覆土冷库的洞体多为拱形结构，有单洞体或连续拱形形式。一般为砖石砌体，并以一定厚度的黄土覆盖层作为隔热层。由于它具有因地制宜、就地取材、施工简单、造价较低、坚固耐用等优点，在我国西北地区得到较大发展。

(4) 山洞冷库

山洞冷库的洞体岩层覆盖厚度一般不小于20m，连续使用时间越长，隔热效果越佳，热稳定性能越好。

3. 按规模大小分类

(1) 大型冷库

大型冷库的冷藏容量在10 000t以上，生产性冷库的冻结能力每天为120～160t，分配性冷库的冻结能力每天为40～80t。

(2) 中型冷库

中型冷库的冷藏容量1000～10 000t，生产性冷库的冻结能力每天为40～120t，分配性冷库的冻结能力每天为20～60t。

(3) 小型冷库

小型冷库的冷藏容量在1000t以下，生产性冷库的冻结能力每天为20～40t，分配性冷库的冻结能力每天在20t以下。

4. 按使用库温要求分类

(1) 冷却库

冷却库又称高温库或保鲜库，库温一般控制在不低于食品汁液的冻结温度。冷却库主要用来储藏果蔬、种子培育、乳制品、饮料、蛋类、茶叶、烟草加工、药材、医药化工储藏等。冷却库或冷却间的保持温度通常在0℃左右，并以冷风机进行吹风冷却。

(2) 冻结库

冻结库又称低温冷库，一般库温在−20℃以下，通过冷风机或专用冻结装置来实现对肉类食品的冻结。

(3) 冷藏库

冷藏库是冷却或冻结后食品的储藏库。它把不同温度的冷却食品和冻结食品在不同温度的冷藏间和冻结间内进行短期或长期的储存。通常冷却食品的冷藏间保持库温2～4℃，主要用于储存果蔬和乳蛋等食品；冻结食品的冷藏间保持库温−25～−18℃，用于储存肉、鱼及家禽肉等。

5. 其他冷库分类方法

(1) 按冷库的建筑层数分类

冷库按建筑层数分为单层冷库和多层冷库。这可以反映冷库的建筑结构，多层冷库需考虑垂直运输问题。

(2) 按储藏的商品分类

按储藏的商品分为畜肉类冷库、蛋品冷库、水产冷库、果蔬冷库、冷饮品冷库、茶叶及花卉冷库等。

(3) 按冷库制冷设备选用工质分类

按冷库制冷设备选用工质分为氨冷库和氟利昂冷库,其中氨冷库制冷系统使用氨作为制冷剂,而氟利昂冷库制冷系统使用氟利昂作为制冷剂。

对冷库的分类方法还有很多,除上述分类外,还有根据冷库的建筑物、投资额、使用期限、防火性等来区分的。

(二) 冷库的组成

冷库,特别是大中型冷库是一个建筑群,这个建筑群的主体称为主库,除主库之外,还有其他生产设施和附属建筑。

1. 主库

作为冷库的重要组成部分,主库主要由以下几个单元组成。

(1) 冷却间

冷却间用于对进库冷藏或需先经预冷后冻结的常温食品进行冷却或预冷。水果、蔬菜在进行冷藏前,为除去田间热,防止某些生理病害,应及时逐步降温冷却。鲜蛋在冷藏前也应进行冷却,以免骤然遇冷时,内容物收缩,蛋内压力降低,空气中微生物随空气从蛋壳气孔进入蛋内而使鲜蛋变坏。此外,肉类屠宰后也可加工为冷却肉(中心温度0~4℃),能作短期储藏,肉味较冻肉鲜美。

对于采用二次冻结工艺来说,也需将屠宰处理后的家畜送入冷却间冷却,使品温由35℃降至4℃,再进行冻结。冷却间的室温为-2~0℃,当食品达到冷却要求的温度后称为"冷却物",即可转入冷却物冷藏间。当果蔬、鲜蛋的一次进货量小于冷藏间容量的5%时,也可不经冷却直接进入冷藏间。

(2) 冻结间

需长期储藏的食品由常温或冷却状态迅速降至-18~-15℃的冻结状态,达到冻结终温的食品称为"冻结物"。冻结间是借助冷风机或专用冻结装置用以冻结食品的冷间,它的室温为-30~28℃(国外有采用-40℃或更低温度)。冻结间也可移出主库而单独建造。

(3) 再冻间

再冻间设于分配性冷库中,供外地调入冻结食品中品温超过-8℃的部分在入库前再冻之用。再冻间分配设备的选用与冻结间相同。

(4) 冷却物冷藏间

冷却物冷藏间又称高温冷藏间,室温为-2~4℃,相对湿度为85%~95%,根据储藏食品的不同而异,主要用于储藏经过冷却的鲜蛋、果蔬。由于果蔬在储藏中仍有呼吸作用,库内除保持合适的温、湿度条件外,还要引进适量的新鲜空气。如储藏冷却肉,储藏时间不宜超过 14～20d。

(5) 冻结物冷藏间

冻结物冷藏间又称低温冷藏间,室温在 -25～$-18℃$,相对湿度在 95%～98%,用于较长期的储藏冻结食品。在国外,有的冻结物冷藏间温度有降至 -30～$-28℃$ 的趋势,日本对冻金枪鱼还采用了 -50～$-40℃$ 的所谓超低温的冷藏间。

以上 5 类冷间的温度和相对湿度,应根据各类食品冷加工或冷藏工艺要求确定,一般按冷藏库设计规范推荐的值选取。

(6) 两用间(通用间)

两用间可兼作冷却物或冻结物的冷藏间,较灵活,是通过改变冷间内冷却面积来调节室温的。但鉴于使用条件经常变化容易造成建筑物的破坏,故目前国内已很少设置。这种变温冷藏间采用装配式组合冷库较适合。

(7) 气调保鲜间

气调保鲜主要是针对水果、蔬菜的储藏而言。果蔬采摘后,仍然保持着旺盛的生命活动能力,呼吸作用就是这种生命活动最明显的表现。在一定范围内,温度越高,呼吸作用越强,衰老越快,所以多年来一直采用降温的办法来延长果蔬的储藏期。目前,国内外正在发展控制气体成分的储藏,简称"CA"储藏,即在果蔬储藏环境中适当降低氧的含量和提高二氧化碳的浓度,来抑制果蔬的呼吸强度,延缓成熟,达到延长储藏的目的。

(8) 制冰间

制冰间宜靠近设备间,常设于多层冷库的顶层,以便于冰块入库或输出的方便。制冰间应有较好的采光和通风条件,室内高度要考虑到提冰设备运行的方便,并要求排水畅通,以免室内积水和过分潮湿。

(9) 冰库

冰库一般设于主库靠制冰间和出冰站台的部位,也有与制冰间一起单独建造的。若制冰间位于主库顶层,冰库可设在它的下层。冰库的库温为 $-4℃$(盐水制冰)或 $-10℃$(快速制冰)。冰库内壁敷设竹料或木料护壁,以保护墙壁不受冰块的撞击。

(10) 穿堂

穿堂是食品进出的通道,并起到沟通各冷间、便于装卸周转的作用。库内穿堂有低温穿堂和中温穿堂两种,分属高、低温库房使用。目前,冷库中较多采用库外常温穿堂,将穿堂布置在常温环境中,通风条件好,改善了工人的操作条件,也能延长穿堂使用年限。常温穿堂的建筑结构一般与库房结构分开。

(11) 电梯间

电梯间设置于多层冷库,作为库内垂直运输之用,其大小数量及设置位置视吞吐量及工艺要求而定,一般按每千吨冷藏量配 0.9~1.2t 电梯容量设置,同时应考虑检修。通常小于 5000t 的冷藏库配 3t 货梯 2 台,5000~9000t 的冷藏库配 3t 货梯 2~4 台,10 000t 冷藏库配 3t 货梯 3~4 台。在电梯间上部设有电梯机器间,内装电梯的电动机及滑轮组。

(12) 冷库站台

冷库站台供装卸货物之用。有铁路专用线的大中型生产性和分配性冷库均应分别设置铁路站台和公路站台。铁路站台最普通的形式是置棚式,在气温高或多风沙地区宜建封闭式站台。铁路站台应高出轨面 1.1m,其宽度和长度如表 3-2 所示。

表 3-2 冷库铁路站台的宽度和长度

冷藏库规模/t	站台宽度/m	站台长度/m
大型(10 000)	9	220
大中型(5000)	7~9	220
中小型(1500~4500)	7	128

公路站台是汽车用的装卸站台,它可布置在冷库与铁路站台相对的另一面,或与铁路站台连接。公路站台应高出路面 0.9~1.1m,与进出最多的汽车类型高度相一致。它的长度按每 1000t 冷藏容量 7~10m 设置,其宽度由货物周转量的大小、搬运方法不同而定。一般公称容积小于或等于 4500m³ 的冷库的站台宽度为 4~6m,公称容积大于 4500m³ 的冷库的站台宽度为 6~8m,用手推车作业时取 4~6m,用电动叉车作业时 6~8m。

(13) 其他

其他生产设施包括挑选间、包装间、分发间、副产品冷藏间、饮品冷藏间、楼梯间等。

2. 制冷压缩机房及设备间

(1) 制冷压缩机房

制冷压缩机房是冷库主要的动力车间,安装有制冷压缩机、中间冷却器、调节站、仪表屏及配用设备等。目前,国内大多将制冷压缩机房设置在主库邻近单独建造,一般采用单层建筑。国外的大型冷库常把制冷压缩机房布置在底层,以提高底层利用率。对于单层冷库,也有在每个库房外分设制冷机组,采用分散供液方法,而不设置集中供冷的压缩机房。

(2) 设备间

设备间安装有卧式壳管式冷凝器、储氨器、气液分离器、低压循环储液桶、氨泵等制冷设备,其位置紧靠制冷压缩机房。在小型冷库中,因机器设备不多,压缩机房与设备间可合为一间,水泵房也包括在设备间内。

(3) 变、配电间

变、配电间包括变压器间、高压配电间、低压配电间(大型冷库还设有电容器间)。

变、配电间应尽量靠近负荷大的机房间,当机房间为单层建筑时,一般多设在机房间的一端。变压器间也可单独建筑,高度不得小于5m,要求通风条件良好。在小型冷库中,也可将变压器放在室外架空搁置。变、配电间内的具体布置视电器工艺要求而定。

(4) 锅炉房

锅炉房应设置在全年主导风向的下风向,并尽可能接近用气负荷中心。它的容量应根据生产和生活的用气量(并考虑到同期使用系数、管网热损失等)确定。锅炉房属于丁类生产厂房,其建筑耐火等级不低于二级。

3. 生产厂房

(1) 屠宰车间

屠宰车间建设规模按照宰杀能力分为四级,是根据建库地区正常资源和产销情况来确定的。根据冷库加工对象的不同,还可设清真车间(或大牲畜车间)、宰鸡、宰兔车间。

(2) 理鱼间或整理间

理鱼间是供水产品冻结前进行清洗、分类、分级、处理、装盘、过磅、包装等工序的场所,一般按每吨冻鱼配 $10\sim15m^2$ 操作面积计算,处理虾、贝类则根据具体操作方式适当扩大。果篮、鲜蛋在冷加工前先在整理间进行挑选、分级、整理、过磅、包装,以保证产品的质量。理鱼间或整理间都要求有良好的采光和通风条件,地面要便于冲洗和排水。

(3) 加工车间

商业冷库常设有食用油加工间、腌腊肉加工间、熟食加工间、副产品加工间、肠衣加工间、制药车间等。水产冷库常设有腌制车间、鱼粉车间等。

(4) 其他

其他生产厂房包括化验室、冷却塔、水塔、水泵房、一般仓库、汽车库、污水处理场、铁路专用线、修理间等。

4. 办公、生活用房

办公、生活用房主要包括办公楼、医务室、职工宿舍、俱乐部、托儿所、厕所、浴室、食堂等。

5. 其他

危险品仓库是单独建筑的专储汽油、酒精、丙酮、制冷剂等易燃、易爆物品的库房,它应距其他建筑20m以上。另外还有传达室、围墙、出入口、绿化设施等。

(三) 冷库的功能

冷库的功能是对需要储藏的物品(主要指食品)进行一定的生产加工,然后在适宜于存放的低温环境中储藏。也可以说,冷库的功能就是在低温环境中储藏物品。为了能够在低温环境下储藏物品,必须在储藏前进行冷却、冻结加工,还要在进库前进行检验、过磅,出库前过磅等一系列工序。下面根据冷藏物品的货流路线,做出各类冷库的功能分析图,以表示各生产工序的相互关系、物品入口和出口的相互关系,为冷库建筑的平面设计提供明确的功能要求。

1. 生产性冷库功能分析

(1) 禽类生产性冷库功能

根据禽类生产性冷库的工艺流程,按其各工序的作用,依照货流路线,做出功能分析图,如图 3-1 所示。

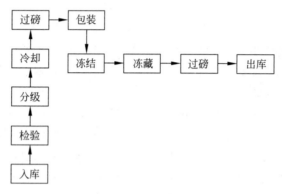

图 3-1　禽类生产性冷库功能分析图

由图 3-1 可见,食品入库后经过检验、分级后进行冷却加工,在常温下进行过磅、包装,再运入冻结间,冻结结束后将食品转入冻结物冷藏间储藏,最后过磅出库。在整个加工过程中,除冷却后的过磅、包装工序是在常温下进行的之外,其他工序(冷却、冻结、冻藏)都是在低温下进行的,这样在平面设计时就比较容易处理冷热分区的问题。

中小型禽类生产性冷库的出入口可布置在一个方向,只要站台够长,不会出现货流交叉。对于大型冷库,进出口可布置成 90°方位。

(2) 肉类生产性冷库功能

如图 3-2 所示为肉类生产性冷库功能分析图。大部分食品经过检验、分级、过磅后进入冷却间,成为冷却品后又转入冻结间冻结,冻结品再经脱钩(钩、轮等返回屠宰间)、过磅,进入冻结物冷藏间,最后过磅、出库。一部分食品冷却后经冷却物冷藏间冷藏,而后过磅、出库,或冷却后直接出库。一次冻结的食品不经冷却直接进入冻结工序。

冻结间和冻结物冷藏间联系密切,且库温都较低,这部分算作低温区;冷却间和冷却物冷藏间关系密切,且库温相同(近),相对前者而言,可称为高温区;检验、分级和过磅部分称为常温区。这 3 个区之间用穿堂联系。在平面设计时,要注意低、高、常温区的隔离问题。

为避免进出货物路线交叉,较大型冷库或进出货物频繁的冷库,进出货物口至少应保持90°的方向差。

(3) 鱼虾生产性冷库功能

如图3-3所示为鱼、虾生产性冷库功能分析图。鱼虾处理工序比较简单,水产品在理鱼间清洗、分级、装盘、过磅后直接进入冻结间冻结,再经脱盘、包装(也有不包装的)运入冻结物冷藏间储藏,最后过磅、出库。脱盘后有一回盘(笼)工序返回理鱼间。

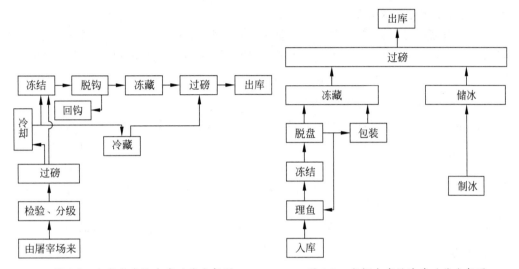

图3-2 肉类生产性冷库功能分析图　　图3-3 鱼虾生产性冷库功能分析图

2. 分配性冷库功能分析

分配性冷库的主要任务是接受来自生产性、中转性冷库运来的食品进行冷藏。根据货流路线做出的功能分析图,如图3-4所示。

由图3-4可以看出,运来的食品经检验、过磅后大部分直接送入冻结物冷藏间储藏,其中温度高于-8℃的食品进入再冻间冻结,然后再进冻结物冷藏间。这类冷库工序简单,进出口一般都在一个方向。

(四)冷库的特点

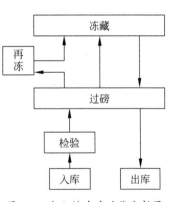

图3-4 分配性冷库功能分析图

冷库建筑不同于一般的工业与民用建筑,主要表现在不仅受生产工艺的制约,更主要的是受冷库内外温度差和水蒸气分压力差的制约,以及由此引发的温度应力、水蒸气渗透和热量传递的制约。它要为易腐食品在低温条件下"冷却—保鲜—冻结—冷藏",为保持食品的色泽、味道和营养价值提供必要条件——"冷"。

按冷库使用性质的不同,库房温度一般相对稳定在$-40\sim0℃$的某一温度,使建筑物内部经常处于低温条件下,而建筑物外部则随室外环境温度的变化经常处于周期性波动之中,加之冷库生产作业所需经常开门导致库内外的热湿交换等,促使冷库建筑必须采取相应的技术措施,以适应冷库的特点。这也是冷库建筑有别于普通建筑的特点所在,具体体现在以下几个方面。

1. 冷库既是仓库又是工厂

冷库是仓库,要有仓储的功能,且载货量、吞吐量大,库温低。冷库又是工厂,必须要满足各种不同食品冷加工生产工艺流程的合理要求,受生产工艺流程的制约。它与库内外运输条件、包装规格、托板尺寸、货物堆装方式、设备布置等有关。

2. 冷库在门、窗、洞方面的特殊性

为了减少库内外温度和湿度变化的影响,冷库库房一般不开窗。孔洞尽量少开,工艺、水、电等设备管道尽量集中使用孔洞。库门是库房货物进出的必要通道,但也是库内外空气热湿交换量最显著的地方,由于热湿交换使门的周围产生凝结水及冰霜,多次冻融交替作用,将使门附近的建筑结构材料受破坏。所以,在满足正常使用的情况下,门的数量也应尽量少。《冷库设计规范》规定,面积在$1000m^2$以下的冷藏间可只设一个门,在$1000m^2$以上可最多设两个门。同时,在门的周围应采取措施,如加设空气幕、电热丝等。

3. 冷库需要减少冷桥现象

冷桥是传递热量的桥梁。在相邻库温不同的库房或库内与库外之间,由于建筑结构的联系构件或隔热层中断等都会形成冷桥。例如,在冷库围护结构的隔热层中,有热导率比隔热材料的热导率大得多的构件(如梁、板、柱、管道、支架等)穿过或嵌入其中,以及管道穿墙处松散隔热材料下沉脱空等,都是比较典型的冷桥。

由于冷桥的形成,在冷桥处容易出现结冰、霜、露现象,如不及时处理,该现象逐渐加重,将导致冷桥附近隔热层和构件的损坏。所以,冷桥是冷库土建工程破坏的主要原因之一。为防止热量传递影响库房温度和防止建筑结构的损坏,在设计、施工和使用时应注意尽量减少冷桥的形成,出现冷桥的地方,必须及时处理。这也是冷库与普通建筑不同的地方。

4. 冷库需要有隔热、隔气和防潮的结构

隔热冷库库房温度一般较库外环境温度低(北方高温库在冬季除外),而且受外界环境温度波动的影响,导致库内温度产生波动。这时,需用制冷的方法来补充库房所需冷量,维持冷加工和储藏所需的低温功能。为减少冷量的损耗,减少或阻止外界热量通过库房的围护结构进入库内,需在冷库建筑的围护结构上设置具有隔热性能的隔热层,且要有一定的厚度和连续性。

围护结构设置隔热层可以减少热量的传递,但水蒸气的渗透和水分的直接浸入将导致隔热材料受潮,使材料的热导率大幅增加,隔热性能降低。为此,在冷库围护结构中应增设隔气层以减少蒸汽的渗透,增设防潮层以防止屋面水、地下水、地面水、使用水浸入隔热层。

5. 冷库需要有防热辐射的结构

为减少太阳辐射热的影响,冷库表面的颜色要浅,表面光滑平整,尽量避免大面积日晒。层顶可采取措施,如架设通风层,来减少太阳辐射热直接通过屋面传入库内影响库温。

6. 冷库需要有地坪防冻的措施

冷库地坪虽然铺设了与库温相适应的隔热层,但它并不能完全隔绝热量的传递,只能降低其传递的速度。当冷库降温后,库温与地坪下土层之间产生较大的温差,土层中的热量就会缓慢地通过隔热层或冷桥传至库内,也可以说冷量由库内传至土层,使土层温度降低。低温库房的温度常年在0℃以下,若地坪下土层得不到热量的补充,将使0℃等温线(冰点等温线)逐渐移至土层中,使土层中的水分受冻成冰。因此,低温冷库的地坪除了设置隔热层、隔气层和防潮层之外,还要采取地坪防冻措施,使地坪下的土层温度保持在0℃以上。

拓展阅读3.1 冷库

二、冷库运营管理

(一)冷库的仓储管理

1. 冷货出入库

(1) 入库前的准备工作

① 对库房的要求如下。

a. 冷库应具备可供食品随时进出的条件,并具备经常清洁、消毒、晾干的条件。

b. 冷库的室外、走廊、列车或汽车的月台、附属车间等场所,都要符合卫生要求。

c. 冷库要具有通风设备,可随时除去库内异味。

d. 库内的运输设备及所有衡器如地秤、吊秤等都要经有关单位检查,保证完好、准确。

e. 冷库中应有完备的消防设施。

f. 将库房温度降到所要求的温度。
　② 对库内运输工具的要求如下。
　　a. 冷藏室中的一切运输工具和其他一切用具都要符合卫生要求。
　　b. 所有手推车都要保持干净,并将运输肉和鱼的手推车区分开来。
　　c. 运输工具要定期消毒。
　③ 对入库食品的要求如下。
　　凡进入冷库保藏的食品,必须新鲜、清洁、经检验合格。例如:鱼类要冲洗干净,按种类和大小装盘;肉类及副产品要求清洁干净、无毛、无血、无污染。食品冻结前必须进行冷却和冻结处理工序,在冻结中不得有热货进库。

(2) 冷货出入库作业

　　货物出库时应认真核对。由于冷库内储存的货物大都相同,所以要核对货物的货主、进出库时间、凭证号码、品种、数量、等级、质量、包装和生产日期,要按垛挂牌,定期核对账目,出一批清理一批,做到账、货、卡相符。对于出库时需要做升温处理的货物,应按照作业规程进行加热升温,不得自然升温。

　　货物入库时,除了仓储通常所进行的查验、点数外,还要对送达货物的温度进行测定,查验货物内部状态,并详细记录,对于已霉变的货物不接收入库。货物入库前要进行预冷,保证货物均匀地降到需要的温度。未经预冷冻结的货物不得直接进入冷冻库,以免高温货物大量吸冷造成库内温度升高,影响库内其他冻货。

　　在冷货到达前,应当做好一切准备工作。冷货到达后必须根据发货单和卫生检查证,双方在冷库的月台上交接验收后,立即组织入库。在入库过程中,对有强烈挥发性气味和腥味的食品、要求不同储藏温度的食品、须经高温处理的食品应用专库储藏,不得混放,以免相互污染、串味。

　　为了减少冷耗,货物出入库作业应选择在气温较低的时间段进行,如早晨、傍晚、夜间。出入库作业时集中仓库内的作业力量,尽可能缩短作业时间。要使装运车辆离库门距离最近,缩短货物露天搬运距离,防止隔车搬运。若货物出入库时库温升高,应停止作业,封库降温。出入库搬运应用推车、铲车、输送带等机械搬运,用托盘等成组作业,提高作业速度。作业中不得将货物散放在地坪,避免货物和货盘冲击地坪、内墙、冷管等,吊机悬挂质量不得超过设计负荷。

2. 冷货保管

(1) 冷货堆垛

　　库内堆垛严格按照仓库规章进行,合理选择货位。将存期长的货物存放在库里端,存期短的货物存放在库门附近,易升温的货物存放在接近冷风口或排管附近。根据货物或包装形状合理采用垂直叠垛或交叉叠垛,如冻光猪要肉皮向下,头尾交错、腹背相连、长短对弯、码平码紧。货垛要求堆码整齐、货垛稳固、间距合适。货垛不能堵塞或者影响冷风的流动,避免出现冷风短路。堆垛完毕应在垛头上悬挂货垛牌。

堆垛间距要求如下。

① 低温冷冻库货垛距顶棚 0.2m。

② 高温冷藏库货垛距顶棚 0.3m。

③ 距顶排水管下侧 0.3m。

④ 距顶排水管横侧 0.3m。

⑤ 距未装设墙冷排管的墙壁 0.2m。

⑥ 距冷风机周围 1.5m。

拆垛作业时应从上往下取货,禁止从垛中抽取。取货时要防止因货物冻结粘连强行取货而扯坏包装。

(2) 库房的温湿度

根据食品的自然属性和所需要的温度、湿度选择库房,力求保持库房温度、湿度的稳定。对冻结物,冻藏间的温度要保持在 $-18℃$ 以下,库温只允许在进、出货时短时间内波动,正常情况下温度波动不得超过 $1℃$;在大批冻藏食品进、出库过程中,一昼夜升温不得超过 $4℃$。冷却物冷藏间在通常情况下,库房温度升降幅度不得超过 $0.5℃$,在进、出库时,库温升高不得超过 $3℃$。

对运来的温度不合要求的冷却或冻结食品,允许少量进入冷藏间储藏,但应保持库内正常储藏温度。如温度高于 $-8℃$,应当在冻结间中进行再冻后方能进入冷库储藏。

为了减少食品的干耗,保持原有食品的色泽,对易于镀冰衣的食品,如水产品、禽类等最好镀冰衣后再储藏。

(3) 冷库的通风换气

按照货物所需要的通风要求,进行通风换气。其目的是保持库内合适的氧气和湿度。冷库一般采用机械通风,要根据货物保管的需要控制通风次数和通风时间,如冷藏库每天 $2\sim4$ 次,每次换气量为冷藏间体积的 $1\sim2$ 倍,或者使库内二氧化碳含量达到适合的范围,如表 3-3 所示。通风将外部的空气带入库内,也将空气中的热量、水汽带入库内,因而要选择合适的时间通风换气。

表 3-3 冷藏货物二氧化碳含量控制表

品 名	梨	青香蕉	柑橘	苹果	柿子	西红柿
二氧化碳容积百分比/%	$0.2\sim2$	1.6	$2\sim3$	$8\sim10$	$5\sim10$	$5\sim10$

(4) 储藏安全期限

对冷藏食品要认真掌握其储藏安全期限,执行先进先出制度,并经常进行定期或不定期的食品质量检查。如果食品将要超过储藏期,或发现有变质现象时,应及时处理。根据我国商业系统的冷库使用和维修管理试行办法,对各种不同食品的保质期规定如表 3-4 所示。

表 3-4　冷藏商品保质期

品　　名	库温/℃	保持期/月
冻猪白条肉	－18	12
冻分割肉	－18	12
冻牛羊肉	－18	11
冻禽、冻兔	－18	8
冻鱼	－18	9
鲜蛋	－1	3～9
冰蛋(听装)	－18	15
冻畜禽副产品	－18	10
苹果	0	3～8
大白菜	1.5	3
蒜苗	0	2
冰激凌	－20	5～6

注：保质期自商品生产日起计算

(二)冷库的安全管理

安全管理包括设备安全管理、水电防火安全管理、库体安全管理和人身安全管理等诸多方面，这里特别强调的是库体安全和人身安全管理。气调库操作是一种危险性较高的工艺操作，气调库工作人员必须参加有关安全规则的学习，切实掌握安全操作技术。

1．库体安全

由于气调库是一种对气密性有特殊要求的建筑物，库内、外温度的变化及在气调过程中，都可能使围护结构两侧产生压差，虽然在气调库中安装了如安全阀、储气袋等安全装置，但若不加强管理，就可能影响气调库的使用，甚至造成围护结构的破坏。在气调库的运行过程中，安全阀内应始终保持一定水柱的液面。

考虑到冬季运行时库外温度降到 0℃ 以下，应采取防冻措施，可以在水中加入盐类物质，有条件时，也可以加入汽车用的防冻液，避免安全阀里的水冻结成冰。除防水、防冻、防火之外，重点是防止温变效应。在库体进行降温试运转期间绝对不允许关门封库，因为过早封库，库内温压骤降，必然增大内外压差，当这种压差达到一定限度之后将会导致库体崩裂，使储藏无法进行。正确的做法是当库温稳定在额定范围之后再封闭库门，进行正常的气调操作。

2．人身安全

人身安全指出入气调库的安全操作。操作维修人员必须了解气调库内的气体不能维持人的生命。当人们无任何保护措施进入气调库工作时，会导致窒息而死，因而要了解窒息的症状，懂得不同症状的危险程度。

（三）冷库的卫生管理

食品进行冷加工，并不能改善和提高食品的质量，仅是通过低温处理，抑制微生物的活动，达到较长时间保藏的目的。因此，在冷库使用中，冷库的卫生管理是一项重要工作。要严格执行国家颁发的卫生条例，尽可能减少微生物污染食品的机会，以保证食品质量，延长保藏期限。

1. 冷库的环境卫生

食品进出冷库时，都需要与外界接触，如果环境卫生不良，就会增加微生物污染食品的机会，因而冷库周围的环境卫生是十分重要的。冷库四周不应有污水和垃圾。冷库周围的场地和走道应经常清扫，定期消毒。垃圾箱和厕所应离库房有一定距离，并保持清洁。运输货物用的车辆在装货前应进行清洗、消毒。

2. 库房和工具设备的卫生

冷库的库房是进行食品冷加工和长期存放食品的地方，库房的卫生管理工作是整个冷库卫生管理的中心环节。在库房内，霉菌较细菌繁殖得更快，并极易侵害食品。因此，库房应进行不定期的消毒工作。运货用的手推车及其他载货设备也会成为微生物污染食品的媒介，应经常进行清洗和消毒。库内冷藏的食品，不论是否有包装，都要堆放在垫木上。垫木应刨光，并经常保持清洁。

垫木、手推车及其他设备，要定期在库外冲洗、消毒。加工用的一切设备，如秤盘、挂钩、工作台等，在使用前后都应用清水冲洗干净，必要时还应用热碱水消毒。冷库内的走道和楼梯要经常清扫，特别是在出入库时，对地坪上的碎肉等残留物要及时清扫，以免污染环境。

3. 冷库工作人员的个人卫生

冷库工作人员经常接触多种食品，如不注意卫生，本身患有传染病，就会成为微生物和病原菌的传播者。因此对冷库工作人员的个人卫生应有严格的要求。冷库作业人员要勤理发、勤洗澡、勤洗工作服，工作前后要洗手，保持个人卫生。同时必须定期检查身体，如发现患传染病，应立即进行治疗并调换工作，未痊愈时，不能进入库房与食品接触。库房工作人员不应将工作服穿到食堂、厕所和冷库以外的场所。

（四）冷库的节能管理

节能是食品加工业和冷冻机械制造业共同追求的目标，也是产品提高市场竞争力和企业走可持续发展道路的必然选择，发展食品冷藏链必须注意节能。

1. 冷库耗能现状

冷库是消耗电能比较大的部门，据有关部门统计，仅商业系统的食品冷藏业，总耗能折合用电量约为17.3亿 kW·h，占全国耗能的1.8%。若单以耗电而言，约为5.7亿 kW·h，占全国发电量的1.6%。而冷库又是冷藏业中的主要用电部门(位),因此,对于冷藏业来说,节能的核心部门就是冷库。

目前,据不完全统计折算,冷库的制冷系统所耗能源。每冻结1t白条肉平均耗电量约为110kW·h(其中耗电指标有的高达180kW·h/t,耗电指标低的也达到70kW·h/t);对于冻结物冷藏间冷藏1t冷冻食品,平均耗电量为0.4kW·h/天(其中耗电指标每吨有的高达1.4kW·h/天,耗电指标低的每吨也达0.2kW·h/天);对于冷却物冷藏间冷藏1t食品,平均耗电为0.5kW·h/天(其中耗电指标有的高达1kW·h/天,耗电低的也达0.3kW·h/天)。

由此可见,在冷库内冻结和冷藏食品各种情况下的能源消耗随着地区之间、企业之间、冷库的设计状况和管理水平等不同,存在着较大的差别。因而,冷库制冷系统通过技术改造和科学管理达到节能的目的,有很大的潜力。

2. 冷库节能措施

(1) 及时进行冷藏食品的结构改革

主要从市场推广销售冷却肉,将肉胴体进行分割剔骨,加强冷藏肉食品包装等几个方面改善冷藏食品结构,达到节能效果。

(2) 采用新工艺、新技术、新设备的设计方案

① 缩小制冷剂蒸发温度与冷库内温度的温差。

② 根据不同的冷藏食品和不同的储藏期,确定相应的储藏温度值。

③ 冻结间配用双速或变速风机。

④ 在冷库设计中减少冷库结构单位热流量的指标。

(3) 加强科学管理

① 填写工作日记。要坚持填写设备运行日记,以便检查各种设备的工作状态和工作效率。

② 制定单位冷量耗电量定额。即按库房设计温度要求达到的蒸发温度来计算的单位冷量耗电量。

③ 制定单位产品耗电量定额。每座冷库的单位产品耗电量是不同的,应根据各自不同的情况制定单位产品耗电量定额。

(4) 及时进行技术改造,淘汰能耗大的设备

科学技术在不断地发展,各种能耗低、效益高的设备会不断出现。要及时进行技术改造,用新技术、新设备替代老技术、旧设备。

(5) 合理堆垛,提高库房利用率

对商品进行合理堆垛,正确安排,能使库房增加装载量,提高库房的利用率。

① 改进堆垛方式或提高堆垛技术可提高商品堆垛密度。

② 充分利用有效容积。由于商品质量、批次、数量、级别等不同,虽在货源充足的情

况下也会有部分容积利用不足。因此，在使用中应采取勤整理、巧安排等办法，减少零星货堆，缩小货堆的间隙，适当扩大货堆容量，提高库房有效容积利用率。

（6）其他措施

其他措施包括节约用水，采取食品冷加工（冷却、冻结）工程中的节能措施，提高冷藏库操作的节能效率。

第二节　冷库建设与发展

一、冷库的选址

（一）冷库选址的基本原则

冷库建设的第一步是冷库选址。有时候，新建一个冷库项目，在做可行性分析报告之前就要考虑到冷库选址。库址选择是否合理，关系到工程的建设速度、基建投资和投产后的管理及经济效益。因此，选择库址要根据冷库的性质、规模、建设投资、发展规划等条件，结合拟选地点的具体情况，审慎从事、择优确定。

按使用性质，冷库可分为分配性冷库、零售性冷库、生产性冷库3类。生产性冷库建于货源较集中的产区，还要考虑交通便利、与市场的联系等因素。冷库以建在没有阳光照射和热风频繁的阴凉处为佳，小型冷库最好建造在室内。冷库四周应有良好的排水条件，地下水位要低，冷库底下最好有隔层，且保持通风良好，保持干燥对冷库很重要。

（二）冷库选址的具体条件

为了正确地选择库址，一般应考虑以下几个具体条件。

1. 经济依据

首先要考虑当地在原料、材料、能源、用水和其他资源的供应方面，以及在生产协作、货运、销售市场等方面是否具备建库的有利条件。冷库应根据其使用性质，在产地、货源集中地区或主要消费区选址，力求符合商品的合理流向。在总体布局上，不应布置在城镇中心区及其饮用水源的上游，应尽量选在城镇附近。

2. 地形地质

选址时应对库址的地形、地质、洪水位、地下水位等情况进行认真调查或必要的勘测分析。选址应本着节约用地、少占农田、不占良田的原则，尽可能利用荒地、瘠地和坡地，不应片面强调库址的平坦。基地面积以能满足使用要求并适当考虑今后扩展余地为原则，不宜圈地过多，避免多征少用或早征迟用。同时还应注意少拆迁或不拆迁民房，力求用地紧凑。库址外形简单，库址要有良好的地质条件，要求土质均匀。

多层冷库库址的地耐力应不小于 $15t/m^2$；并不得在崩塌、滑坡层、淤泥层、流沙层、断层、沼泽、溶洞、有开采价值的矿藏上、古坟、采石场旧址等地选址。地下水位要低，其最高水位应尽可能在拟建冷库的地下室地坪以下，且必须在冻结线以下。库址的标高应高出附近河流的最高洪水位 0.5m，以便生产废水、生活污水、地面雨水等能自流排放。

选址时还应注意与城镇规划及现有的公路标高相适应，与铁路、河流、码头的标高相适应，避免大填大挖，尽量减少土方工程量。多层冷库不宜选在烈度 9°以上的地震区，如必须在地震区建库，应以中小型为主，分散设置，尽量选在对抗震有利的地段，并做好基础处理，采取相应的抗震设防措施。

3. 水源

冷库用水较多，水源是确定库址的重要条件之一。故库址附近必须保证有充裕的水源。水源一般取用江河水或深井水（应掌握其水量、水质情况），如库址的水源充沛，冷却水可采用一次用水，但大多数情况还是采用循环用水。小型冷库在无天然水源时可采用自来水循环使用。屠宰和生产加工用水必须符合饮用水标准。沿海地区的冷库在缺乏淡水的情况下也可用海水作为冷却水，但应注意解决设备防腐蚀和管道寄生贝藻类问题。

4. 区域环境

冷库库址周围应有良好的卫生环境，故选址时应考虑当地城市建设的远期发展规划，了解库址周围环境的卫生情况及今后污染的可能趋势。库址应远离产生有害气体、烟雾、放射物质、粉尘、臭气或对地下水有严重污染的厂矿企业，尽量选择在工业区的上风地带，并宜位于污水处理场排出口的上游。库址还不应设在受污染河流的下游和传染病院附近。冷库的卫生防护距离，必须符合我国《工业企业设计卫生标准》(GBZ 1—2010)的规定。此外还需了解本地区的水利规划，避免选在大型水库（包括拟建者）的下游及受山洪、内涝或海潮严重威胁的地段。

5. 电源

冷库供电属于第二类负荷，需要有一个可靠的、电压较稳定的电源。应力求缩短新建高压输电线路至电源接头点的距离。如果附近没有电源，一般应另选库址，不考虑自设发电设备供电（边远地区除外）。因此，选址时应对当地电源及其线路供电量进行详细了解，并应与当地电业部门联系，取得供电证明。

6. 交通运输

必须考虑选址附近具有便利的水陆交通运输条件，以利于货源调入和调出。对于大中型冷库要求附近有船舶码头或有铁路通过，而且接轨方便或可与附近企业接轨。力求缩短铁路专用线的长度。选址时应向有关部门了解修建专用线的可能性，并取得可以接轨的证明。中小型冷库主要以公路运输为主，故选址应尽量靠近公路，以缩短库外新建道路的长度。应尽量避免修建桥梁和隧道。

此外，还要了解附近有无热电厂和其他热源可以利用，附近有无居民点、公用生活设施、中小学，工人上下班交通是否方便等。

库址选定后，要尽快取得城建部门同意征地建设和卫生部门同意污水排放的文件，铁道部门同意接轨及水运部门同意建设码头的文件，水电及热源供应部门同意供给水、电、热能的文件，并完成技术勘测，取得水文地质、工程地质、钻探等资料，作出 1：500 比例的库址地形图，以便完成报批手续及开展设计工作。

二、产地冷库建设

（一）产地冷库建设意义

产地冷库是冷链源头的网络基点，根据不同的农产品冷藏储存需求，分区、分片整合各地域资源，依托县、区布局相应的产地冷库，可以有效改善公共冷库设施条件，强化产地预冷、仓储保鲜等农产品商品化处理前端工艺。

围绕特色农产品优势产区，可以通过产地冷库拓展冷链物流基地的仓储、分拣、加工、产地直销等功能，建立交易展示、安全检测、溯源查询、统仓统配等功能，增强农产品品控能力，完善绿色食品、有机农产品、地理标志农产品等认证配套，着力打造地域性特色鲜明、品质一流的农产品品牌。

1. 产地冷库发展有助于补齐我国冷链物流短板

目前，我国产地冷链物流设施建设不充分、不平衡问题比较突出，田间地头预冷、冷链加工、冷藏设施普遍不足，机械化、自动化程度低，农产品出村进城渠道不畅、效率低，"最先一公里"成本高，产地冷链物流是我国冷链物流的短板和痛点。

《"十四五"冷链物流发展规划》还提出了产地冷链物流设施布局、产地冷链服务网络、产地冷链物流组织模式等方面的具体工作，并规划了产地保鲜设施建设工程、移动冷库推广应用工程等产地冷链物流设施补短板工程。发展产地冷库有助于解决我国冷链物流的短板和痛点，也符合我国冷链物流体系总体布局方向。

2. 产地冷库发展助力乡村振兴，促进农民增收

我国农产品产后耗损严重。据专家测算，我国农户储粮、马铃薯、水果、蔬菜的产后损失率分别为 7%～11%、15%～20%、15%～20% 和 20%～25%，远高于发达国家的平均损失率。折算经济损失在 3000 亿元以上。而在发达国家，果蔬损失率一般控制在 5% 以下，其中，美国的农产品全产业链以冷链物流为支撑，果蔬从田间到餐桌过程中的损失率仅有 1%～2%。同时，生鲜农产品在成熟旺季集中上市，受保鲜储运能力制约，"卖难"和价格季节性波动的问题突出，农民增产不增收的情况时有发生。

发展产地冷库，既可以有效降低损失率，减少产后耗损，又可以实现错峰错季上市，延长销售期,促进农民稳定增收。

3. 产地冷库发展有助于建立冷藏储备和应急保供机制,保障重要农产品有效供给

市场失灵常导致部分农产品出现短期供需失衡、价格大幅波动,依托产地建立冷藏储备和应急保供等机制,有效调节市场供给,缓解供需矛盾,稳市场、惠民生。发展农产品冷链物流,带动农产品跨季节均衡销售,解决农产品供给周期性和消费连续性之间的矛盾;降低农产品产后损耗,保障市场有效供应量,稳定价格,避免出现"菜贱伤农、菜贵伤民"的情况。

4. 形成农产品流通产业集聚效应,推动相关产业联动发展

农产品冷链与农业生产种植、食品加工业、零售餐饮业、交通运输业、设备制造业等具有极强的关联性。产地冷库的建设能够带动上下游相关产业的发展,通过产业集群、协同效应等产生大于甚至数倍于冷链投入的整体经济效益。

发展产地冷库,有利于构建从田间到餐桌的全程服务体系。有助于推动农产品生产、加工及服务环节的纵向一体化,形成以城带乡、以销促产、城乡融合的农产品生产和经营格局,促进产销对接、团购直配等新流通服务方式发展。另外,产地冷库的建设还可以指引农业产业发展,衍生与农产品交易相关的金融行业,可以有效解决农产品交易双方信息不流通的问题,促成生产商与批发商的商品交易,保障双方利益,解决农产品丰产不丰收等问题。

(二) 产地冷库建设困局

目前我国产地冷库的容量严重不足、规模小、功能单一,在建设中还面临土地、资金、人才、管理等因素的制约,存在缺少建设用地、资金和运营所需的人才等方面的问题。

1. 缺少冷库建设用地

中大型冷库建设需要占用大面积的土地,这些土地还必须具备交通、电力、给排水、通信等基础设施,同时既要接近生产基地,还要远离污染、低洼、疏松等地区,其性质还属于工业或商业用地。在农村要同时满足这些条件的大块土地极度稀缺,即使有,其地价可能也是农业企业或合作社难以承受的。

2. 相关冷链物流设备短缺

虽然我国已经在扩建冷库,但是较为偏远的农村地区极为缺乏相关冷链物流设备。另外,购买设备的资金额较大,导致冷链设备分布不均衡。有的地方拥有整套的全新设备,有的地方却是设备老旧甚至没有,因此在运输过程中农产品就会经历极冷和极热的交替环境,缩短了农产品变质腐烂的周期。

3. 缺少运营与操作的专业技术人才

冷库使用的专业设备较多,技术性要求高。平时除了要专门人员负责看护和操作冷库控制系统之外，还要配备专门的技术人员进行设备的维护与保养；同时，还需要熟练掌握库内堆放的操作员和能制定安全制度并进行安全监督的管理人员。目前，我国大多数农村留守人员老龄化严重，劳动力有所缺乏，熟悉冷库运营与操作的专业技术人才更为稀缺。

4. 库容利用率和周转率低

目前，我国建设的大部分冷库都是平房库，有些冷库内由于未使用货架，直接堆垛码放，受堆放层数限制，造成库容的上半部分空闲。有些库内规划不合理，巷道、理货区、设备区占用面积过大造成了空间浪费等，从而降低了库容利用率。另外，对于只存放一种农产品的冷库，每年农产品收获时，就会满仓收储，然后全年逐渐出库，到下一年收储时正好库存清空。这样的仓库，1年只周转1次，平均库存量只有满库容的一半，一年之中有一半的库容是闲置的。

5. 自动化、信息化程度不足

在当前气调技术应用更为广泛的欧洲，冷库系统早已突破常规自控运行体系，已于前些年逐步开始向工业4.0升级，在已有的机械及自动化控制工艺下，通过逐年储存过程中汇总积累的不同地域、不同产品、不同季节的大数据资源池进行各项对比，可以在最短的时间内提供当前产品最佳的数据参考，我国在此方面存在一定不足。

（三）产地冷库建设趋势

为了满足我国农产品对冷链物流的需求，未来产地冷库的容量必将有大规模增长。同时，随着科技的发展，冷库本身也将会有很大的变化，如更加自动化、智能化、低能耗等。随着农产品供应链的完善，产地冷库的建设和经营也会呈现体系化和联盟化的趋势。

1. 农村电商蓬勃发展拉动冷链物流基础设施需求

随着农村互联网的普及和相关基础设施的广泛建设，农村电商迎来快速增长。总体来看，包括直播带货、扶贫助农在内的各种电商模式，让消费者走出菜市场的局限，看到了越来越多的田间地头和枝上的生鲜农产品，但是否能够"所见即所得"，让生鲜农产品以"最佳状态"到达消费者手中，必须依赖于冷链物流基础设施的保驾护航。

2. 产地仓储品质还将继续提升

产地冷库应以农产品为主要服务对象，同时要考虑到农产品的特性差异，避免出现想当然的一库百用模式，必须结合农产品的自身特性，进行产地冷库的设计及建设工作。

3. 冷库技术水平将不断提高

随着新材料、新技术的应用，冷库的隔热性能、密封性能都将得到一定程度提升，能耗也会随之下降，同时安全性会大幅提升。随着信息技术的发展，冷库内每个储位空间的温度、湿度、货物状态及统计数据等信息,以及保温、库门、地坪、设备运行、系统性能状态、能量迁移和库内气流组织的信息采集会更加详细、精准。将这些信息整合到一个控制平台上,可使用高级分析、机器学习和人工智能方法对其进行分析,从而实现自动调控。

4. 农产品产地冷库建设与经营体系化和联盟化

农产品产地冷库建设的体系化指为了满足农产品冷链物流的需要,随着冷库规模的扩大,在产地冷库中按照完整的业务流程规划各个功能区域,安装先进的设备,使之具有检验、称重、预冷、分级、清洗、加工、包装、装箱、冷藏等所有功能。农产品产地冷库经营的体系化指这些冷库也需要加入完整的农产品冷链物流体系中,成为某一农产品线上线下融合的冷链物流体系中的一部分。

农产品产地冷库建设与经营的联盟化指小、散、杂的农产品生产者结成联盟,共建功能齐全的中大型冷库,共享冷库设施,共同参与农产品冷链物流体系,提高专业化水平,增强自身的竞争力,获得稳定的订单。

5. 农产品冷链物流标准化体系建设

国内人均消费能力的提升对生鲜农产品品质提出更高要求,对冷链标准认知加强,同时互联网平台也倒逼农产品冷链物流标准落地。另外,生鲜农产品电商的竞争使得冷链服务标准越来越透明化、标准化,互联网、物联网、区块链等信息技术实时监控冷链物流各环节,打通生产商、供应商、销售商及消费者之间的信息壁垒,让冷链物流资源利用率最大化。

降低冷链物流各环节人力物力成本,提高冷链物流运行管理效率。同时,伴随着国内政策标准和监管措施进一步完善,农产品产地冷链物流将呈现标准化的发展态势。

三、流通冷库建设

(一)流通冷库建设困局

尽管冷链物流近年来受到了广泛关注,但是我国冷链物流的发展程度仍然较低,行业统一的标准体系还没有建立,完整独立的冷链系统尚未形成。就流通环节而言,冷库建设方面主要存在以下4点问题。

1. 宏观引导不到位

没有部门深入研究、指导、推动全市场的冷链物流工作。在政府层面上缺乏对冷链物流行业的引导和支持;社会层面上也没有相关行业协会协调、指导,完全依靠企业自行盲目经营、发展,难免造成体系建设上的不到位或者局部的资源浪费和重复性建设。

2. 冷链物流系统观念缺失

冷链物流没有形成系统的观念,各环节的企业虽然在一定程度上接受了冷链的概念,但在操作上大多是个体行为,不能对整个冷链物流体系进行有效控制。在农批市场的上下游企业中,冷链实施的系统集成管理能力还很弱。

3. 冷链物流整体规划欠缺

规划工作不完善,基础设施不配套,重复性建设繁多,资源浪费严重。对于企业个体来讲,没有足够的能力完成全程供应链的冷链系统建设,在经济利益驱动下,它们只在自己所在的环节中千方百计地降低成本,自行组织生产,没有整体观念。现实中的冷链物流很多情况是脱离冷链的,"断链"现象经常发生,没有形成冷冻加工、冷冻储藏、冷冻运输与配送、冷冻销售的完整产业链,难以实现规模经济、发挥整体效益。

4. 冷链系统信息化体系不完善

冷链信息系统应囊括冷链生产的各个环节,能够产生整体效益。我国食品冷链物流的信息化建设比较落后,没有形成健全的信息网络,造成冷链食品生产、流通的盲目性。信息系统建设不完善还会大幅影响生鲜农产品冷链物流的在途质量、准确性和及时性,造成信息不对称、仓储运输系统的效能比较低。

目前,国内市场上几乎没有经过统一规划设计的信息系统,只有提供少部分功能的类似于财务管理或库存管理的软件,企业还没有完全意识到系统信息化的重要性。供应链管理缺乏信息平台的支持,在大生产、大市场的环境下势必造成信息流、商流传递不流畅,不仅会阻碍生鲜农产品冷链物流的发展,更会造成社会生产成本的提高和资源的浪费。

(二) 流通冷库未来建设趋势

通过对目前生鲜农产品冷链物流的运营模式及其面临各种问题的分析来看,应从多方面入手来解决发展冷链物流的问题。

1. 加强冷链物流工作中政府和相关协会的扶持力度

生鲜农产品冷链物流体系需要政府、行业协会的支持和企业的配合来共同构建。政府可出台一系列政策措施,来促进生鲜农产品冷链物流的发展。如出台土地政策、税收政策来鼓励冷库、配送中心等基础设施的建设,并支持行业协会的建立,倡导企业对冷链设施的使用,以此不断提高服务质量;出台生鲜农产品冷链物流企业的优惠政策,支持冷链物流企业的发展。

2. 提高从业人员的专业素养

要重视冷链物流专业人才的培养,这是冷链物流系统化经营的关键所在。加强冷链物流领域高技能人才的培养与使用,尤其是要加强在职人员的农产品冷链物流的培训,发挥行业协会组织的作用,建设农产品冷链物流实习基地和编制农产品冷链物流的实训手册,培养冷链物流领域的实用人才。

3. 用全局观念进行冷链物流网络规划

整合社会资源对大宗生鲜农产品主产区和特色农产品基地开展冷链物流体系建设，建立从产区到消费区的冷链物流规范模式。选择基础条件较好的集团企业，建成集生鲜农产品交易、仓储、加工、配送、展销、电子商务于一体的、拥有现代化配套设施的冷链物流中心。注重对农产品实施"从农田到餐桌"的全过程规划，便于实现全过程管理。

4. 加强行业及大型供应商信息化体系建设

在冷链物流行业中引入信息系统，可以充分利用现有的设施，降低物流成本。通过先进技术可以做到上下游企业信息共享，通过信息平台对信息进行处理和传递，对生鲜农产品的上下游信息及各种冷藏车辆和冷库进行全面动态监控，及时掌握生鲜农产品供应、运输动态和库存信息，确保生鲜农产品的质量与安全，实现冷链一体化管理。

四、销地冷库建设

（一）销地冷库建设意义

随着国民生活水平的不断提高，生鲜农产品的发展也越来越迅速，但"新鲜"永远是人们对生鲜农产品的第一要求，若是没有合适的环境进行储存、运输，必会导致生鲜农产品的品质发生改变。因此，冷链物流起到了至关重要的作用。

销地冷库作为更加贴近终端消费者的关键物流节点，承载着满足人们日常生活需求及特殊情况下基础民生保障的重要职能。同时在"互联网+"及"消费升级"等多重因素的影响下，销地冷库成为推动相关产业升级再造的关键性资源。加之城区用地规划的吃紧，以及安全、环保等标准的日益提升，对于销地冷库的合理化布局及规划也提出了更高的要求。

（二）销地冷库未来建设趋势

1. 推进销地冷链集配中心建设

在消费规模和物流中转规模较大的城市新建和改扩建一批销地冷链集配中心，集成流通加工、区域分拨、城市配送等功能。在符合规划的前提下，研究利用绕城高速公路沿线可开发地块等建设"近城而不进城"的销地冷链集配中心，提高冷链干线与支线衔接效率。密切销地冷链集配中心与存量冷链设施的业务联系，引导冷库等设施向销地冷链集配中心集中，推进城市冷链设施布局优化。

2. 加快商贸冷链设施改造升级

推动农产品批发市场冷库改造，配套建设封闭式装卸站台等设施，完善流通加工、分拨配送、质量安全控制等功能。鼓励商超、生鲜连锁店加大零售端冷链设施改造升级力度,提高冷链物流服务能力。引导城市商业街区、商圈、农贸市场共建共享小型公共冷库。淘汰关停不合规、不合法冷库。

3. 完善末端冷链设施功能

加大城市冷链前置仓等"最后一公里"设施建设力度。鼓励移动冷库、智慧冷链自动售卖机、冷链自提柜等在城市末端配送领域广泛应用。推动末端冷链配送服务站点建设改造,完善新能源冷藏车充电设施布局,扩大城市冷链网络覆盖范围。

4. 强化区域分拨功能

扩大国家骨干冷链物流基地分拨服务范围,重点完善面向区域内销地冷链集配中心、冷链配送网点的区域分拨服务网络,以及销地冷链集配中心面向大型商超、农贸市场等的分拨服务网络。推动城市群、都市圈销地冷链集配中心共用共营,构建高效分拨服务圈。

五、港口冷库建设

(一)港口冷库建设意义

港口作为全球贸易中的关键节点,对于生鲜供应链的发展起到了至关重要的作用。港口作为国家门户,其主要功能就是对人和物进行有效的出入境管理。根据交通方式,港口可划分为海港、陆港和空港。而现阶段,海港和空港对于跨境生鲜供应链的发展有着重要意义。同时,搭载临港冷链物流园,可实现港口功能的进一步延伸,主要表现在信息管理、清关服务、货品流通服务、贸易代理以及销售渠道等。

(二)港口冷库未来建设趋势

1. 整合资源,合理布局

近几年,随着去产能的推进,港口整合势在必行,有些省市已完成港口整合,有的正在进行。在港口整合过程中,可考虑冷链运输资源的整合,且综合考虑冷库的布局,使港口冷链物流产业布局更加合理,避免恶性竞争的出现。同时,加强港口冷链基础设施的建设,推进临港冷链产业链的发展,拓展港口冷链服务范围。

2. 推进标准化、专业化、信息化建设

2017年11月,《中华人民共和国标准化法》修订出台,标准化工作迈上了一个新台阶。对于冷链物流行业来说,标准化工作尤为重要,关系到整个行业的规范经营。制定科学合理的标准后,还应积极进行宣贯执行。

专业化方面,首先要培育一批经营管理理念先进、技术水平高、竞争力强的冷链物流企业;其次,企业要注重员工培训,建立长期稳定的培训制度,不仅要培养掌握冷链物流和冷链技术的管理人才,还要注重对设备操作人员的培训。信息化建设对港口冷链物流的发展也至关重要,对冷藏箱作业的实时控制、冷链全程的温度控制、冷链物流监控系统等都需要以信息化建设为基础。积极推进冷链的标准化、专业化、信息化建设才能更好地实现全过程冷链,提高港口冷链物流服务质量。

3. 加大冷链政策支持力度

港口冷链物流的发展离不开政策的支持。首先,国家层面需要提前规划,统一协调,促进港口冷链物流的有序发展,避免重复建设和无序竞争。其次,在财政、用地等方面加大对港口发展冷链物流的支持,对重点冷链物流企业给予适度优惠,对冷链物流人才的引进和培养进行适当补贴。最后,鼓励创新发展,以先进技术和先进管理模式引领港口冷链物流的发展。

第三节 冷链物流设备管理

一、冷藏汽车

冷藏汽车广义上泛指运输易腐货物的专用汽车,是公路冷藏运输的主要工具。可以将专用汽车细分为保温车、冷藏汽车和保鲜汽车。保温汽车只有隔热车体而无制冷机组;冷藏汽车有隔热车体和制冷机组,车厢内温度可调控范围的下限低于0℃,用来运输冻结货物;保鲜汽车有隔热车体和制冷机组(兼有加热功能),厢内温度可调范围均高于0℃,用来运输新鲜货物。

拓展阅读3.2 汽车冷藏运输发展历史

冷藏车由专用汽车底盘的行走部分、隔热保温厢体(一般由聚氨酯材料、玻璃钢、彩钢板、不锈钢等组成)、制冷机组、车厢内温度记录仪等部件组成,对于特殊要求的车辆,如肉钩车,可加装肉钩、拦腰、铝合金导轨、通风槽等选装件。

(一)冷藏汽车分类

(1)按制冷装置的制冷方式分为机械冷藏汽车、冷冻板冷藏汽车、液氮冷藏汽车、干冰冷藏汽车、冰冷冷藏汽车。其中,机械冷藏汽车的使用最广泛。

(2)按专用设备的功能分类:机械冷藏汽车按外温(t_w)为30℃时,车内温度(t_n)可持续保持的温度范围分A~F级;非机械式冷藏汽车按外温(t_w)为30℃时,车内温度(t_n)可持续保持的温度范围为A~C级;装有加热装置的冷藏汽车,按车内温度可升至12℃以上,维持某一温度12h,其允许的外温条件分A级、B级。

(3) 按底盘生产厂家分为东风冷藏车、长安之星冷藏车、庆铃冷藏车、江铃冷藏车、江淮冷藏车、北汽福田冷藏车。

(4) 按底盘承载能力分为微型冷藏车、小型冷藏车、中型冷藏车、大型冷藏车。

(5) 按车厢形式分为面包式冷藏车、厢式冷藏车、半挂冷藏车。

(6) 按冷藏机组类型分类：冷藏车制冷机组是维持冷藏车货柜温度的重要设备，一般都加装在货柜的前面顶部，有空调般的外形，但比同体积的空调具有更强的制冷能力。冷藏机组分为非独立制冷机组和独立制冷机组，国产机组与进口机组等。一般车型都采用外置式冷机，少数微型冷藏车采用内置式冷机。对于温度要求较低的冷藏车，可采用厢体内置冷板（功能相当于蒸发器）。冷藏汽车基本类型如表3-5所示。

表3-5　冷藏汽车基本类型

分类方式	类型
按制冷装置的制冷方式	机械冷藏汽车、冷冻板冷藏汽车、液氮冷藏汽车、干冰冷藏汽车、冰冷冷藏汽车
按专用设备的功能	机械冷藏汽车 A～F 级；非机械式冷藏汽车 A～C 级；装有加热装置的冷藏汽车 A 级、B 级
按底盘生产厂家	东风冷藏车、长安之星冷藏车、庆铃冷藏车、江铃冷藏车、江淮冷藏车、北汽福田冷藏车
按底盘承载能力	微型冷藏车、小型冷藏车、中型冷藏车、大型冷藏车
按冷藏机组类型	非独立制冷机组和独立制冷机组；外置式冷机和内置式冷机

（二）冷藏汽车的特点

冷藏汽车具有使用灵活，建造投资少，操作管理与调度方便的特点。既可以单独进行易腐食品的短途运输，也可以配合铁路冷藏车、水路冷藏船进行短途转运。冷藏汽车具体特点如下。

(1) 密封性，冷藏车的货柜需要保证严格的密封来减少与外界的热量交换，以保证冷藏柜内保持较低温度。

(2) 制冷性，加装的制冷设备与货柜连通并提供源源不断的制冷，保证货柜的温度在货物允许的范围内。

(3) 轻便性，冷藏车运输的货物通常为不能长时间保存的物品，虽然有制冷设备，但仍需较快送达目的地。

(4) 隔热性，冷藏车的货柜类似集装箱，但由隔热效果较好的材料制成，减少了热量交换。

（三）冷藏车厢体制作技术

冷藏车厢体制作技术主要有4种类型：分片拼装的"三明治"板黏结式；分片拼装的

注入发泡式;整体骨架注入发泡式;真空吸附式粘贴。目前,国内较大的冷藏车生产企业都采用分片拼装的"三明治"板黏结式技术生产,其冷藏车隔热性能较高。

冷藏车厢体制作技术发展阶段如下:

第一阶段,整体注入发泡金属蒙皮结构。第一代冷藏车制造企业均采用这一工艺。一是这种产品因为厢体上有大量金属材料存在,易形成大量冷桥;二是注入发泡隔热层内的缺陷不易发现,内在质量不易保证;三是由于发泡材料既作保温材料又作黏结剂,易产生黏结不牢等缺陷,保温效果不理想,漏热率(导第二阶段热系数)偏高。

第二阶段,整体注入发泡玻璃钢结构。在第二代和第三代冷藏车制造企业均有使用。这种产品在第一阶段产品的基础上又改进了一步,质量轻,漏热率(导热系数)降低,保温效果较好,但存在黏结不牢、车厢外蒙皮易鼓包等缺陷。

第三阶段,全封闭聚氨酯板块黏结玻璃钢结构。在第二代和第三代冷藏车制造企业均有使用。这种产品质量轻,漏热率(导热系数)低,保温效果好。用不饱和聚酯树脂作黏结剂,另加垫层,保温材料用硬质聚氨酯泡沫,导热系数低,强度高。板块黏结用高强度、高密封性胶合剂,形成一个整体。唯一缺陷是聚氨酯切割后损耗比较大,因此材料成本较高。这种结构的冷藏车在国内外市场占主导地位,也是我国目前具有代表性的冷藏车制造企业所使用的工艺。

二、铁路冷藏车

(一)铁路冷藏车分类

铁路冷藏车可以分为加冰冷藏车、机械冷藏车、冷板冷藏车和特殊冷藏车四种类型。

1. 加冰冷藏车

加冰冷藏车具有与一般铁路棚车相似的车体结构,但设有车壁、车顶和地板隔热、防潮结构,装有气密性好的车门,它以冰或冰盐作为冷源,一般在车顶装有6~7台马鞍形储冰箱,2~3台为一组。因为加冰冷藏车温度只能保持在 $-8℃$ 以上,再加上冰盐对轨道的腐蚀等原因,加冰冷藏车逐渐被取代。

2. 机械冷藏车

铁路机械冷藏车是以机械式制冷装置为冷源的冷藏车,它是目前铁路冷藏运输中的主要工具之一。机械冷藏车有两种结构形式,一种是每一节车厢都备有自己的制冷设备,用自备的柴油发电机组来驱动制冷压缩机,冷藏车可以单节与一般货物车厢编列运行;另一种铁路冷藏车的车厢内只装有制冷机组,没有柴油发电机,这种机械冷藏车不能单节与一般货物车厢编列运行,只能组成单一机械列运行,由专用车厢中柴油发电机统一供电,驱动压缩机。

机械冷藏车具有制冷速度快、温度调节范围大、车内温度分布均匀、适应性强、制冷自动化、融霜自动化等优点,新型机械冷藏车还设有温度自动检测、记录和安全报警装置。

3. 冷板冷藏车

冷板冷藏车分两种,一种是无制冷机组的冷板冷藏车,利用地面上制冷机给车上冷板充电;另一种是机械冷板冷藏车,利用车上制冷剂给车上冷板充电。

冷板冷藏车优点是结构简单,制冷费用低,节约能源,无盐水腐蚀,造价和运营成本低,能保持车内温度均匀,波动范围小,且操作简单,维修方便,克服了机械冷藏车和加冰冷藏车的缺点。

4. 特殊冷藏车

特殊冷藏车主要包括牛奶带绝热容器的运输车(货物运输容量为31t)、葡萄酒和啤酒带绝热容器的运输车(货物运输容量为55.4t)、葡萄运输冷藏车(货物运输容量为32t)、新鲜鱼类运输冷藏车(总共8t鱼、24t水)。在运输过程中,特殊冷藏车由于有绝热效果良好的保温层,因此可保持低温状态。

(二)铁路冷藏车特点及要求

(1) 具有良好的隔热车体。车体隔热、气密性较好,可以减少车内与外界的热交换,保证车辆货物空间内所需空气温度的稳定。

(2) 具有运行可靠而又简单的制冷和加热设备,并独立供应电力,可以建立车内外的热平衡,防止温度波动,保持易腐食品处于良好品质的温度条件下。

(3) 具有可靠的检温仪表,可以正确反映车内的温度状况,便于调节控制,操作自动化。

(4) 便于货物的装卸和管理,提高了效率,降低了成本。

(5) 带有装货设备和通风循环设备,可以保证货物合理装载,保护车内温度分布均匀,并在必要时进行换气。

(6) 其他。包括维修方便,大修期长,并带有备用机组等。

三、冷藏船

冷藏船指专运要求保鲜的鱼、肉、水果、蔬菜等时鲜易腐货物的货船。冷藏船主要用于渔业,尤其是远洋渔业。远洋渔业的作业时间很长,有时长达半年以上,必须用冷藏船将捕捞的水产品及时冷冻加工和冷藏,此外,水路运输易腐食品必须使用冷藏船。

冷藏船分为两种类型:渔业冷藏船和运输冷藏船。

渔业冷藏船服务于渔业生产,用于接收捕获的水产品,进行冻结和运送到港口冷库。

这种船分为拖网渔船和渔业运输船。其中,拖网渔船适合于捕捞、加工和运输,配备冷却、冻结装置,船上可进行冷冻前的预处理加工,也可进行冻结加工及贮藏;而渔业运输船,从捕捞船上收购水产品进行冻结加工和运输,或者只是专门运输冷加工好的水产品和其他易腐食品。

运输冷藏船,包括冷藏集装箱船,主要用于运输易腐食品,其隔热保温要求很严格,温度波动不超过±0.5℃,其货舱为冷藏舱,常隔成若干个舱室。每个舱室是一个独立的封闭的装货空间,舱壁、舱门均为气密,并覆盖有泡沫塑料、铝板聚合物等隔热材料,使相邻舱室互不导热,以满足不同货种对温度的不同要求。冷藏舱的上下层甲板之间或甲板和舱底之间的高度较其他货船的小,以防货物堆积过高而压坏下层货物。

在许多航线上,常规的冷藏货物运输舱已逐渐被冷藏集装箱船所取代。近年来,为提高冷藏船的利用率,出现了一种能兼运汽车、集装箱和其他杂货的多用途冷藏船,吨位可达2万t左右。冷藏船航速高于一般货船,万吨级多用途冷藏船的航速每小时超过20nmi。

冷藏船上都安装制冷设备,船舱具有隔热保温性能,用冷藏货舱装运货物。制冷机组一般由制冷压缩机、驱动电动机和冷凝器组成。如果采用二级制冷剂,还包括盐水冷却器。制冷机组安装在专门的舱室内,要求在船舶发生纵倾、横倾、摇摆、振动时和在高温高湿条件下仍能正常工作。制冷剂常用的有氨、二氯二氟甲烷、一氯二氟甲烷、一氯二氟甲烷和一氯亚氟乙烷的混合物。二级制冷剂一般为盐水。三级制冷剂即是风扇供给的空气。根据货物所需温度,制冷装置一般可控制冷藏舱温度为 −25~15℃。

四、冷藏集装箱

冷藏集装箱是一种具有良好隔热、气密,且能维持一定低温要求,适用于各类易腐食品的运送、贮存的特殊集装箱。适用装载肉类、水果等货物。冷藏集装箱造价较高,营运费用较高,使用中应注意冷冻装置的技术状态及箱内货物所需的温度。冷藏集装箱的制冷装置必须满足以下要求。

(1) 加热、冷却和除霜实现全自动。

(2) 既可独立驱动,又可接外部电源。

(3) 根据装载食品的要求,可以在一定的范围内调节温度,温度偏差小。

(4) 耐冲压强度高,抗震性能好。

(5) 换气系统可为每平方米冷藏集装箱容积提供 $50m^3/h$ 的新鲜空气。

(6) 空气相对湿度为 85%~95%。

冷藏集装箱是易腐货物的理想运输工具,也是冷链运输的最佳运输方式,在世界冷藏运输中得到了广泛应用。冷藏集装箱以其特殊结构和优点,已对陆路及水上冷藏运输工具等产生了巨大的冲击,并促使传统的运输工具向冷藏集装箱运输的方式转变。

冷藏集装箱可做到"门到门"运输,能减少装卸车作业时间、减少不同运输工具间货物的换装,从而避免货物在换装过程中的升温和被污染的可能性。由于这些优点,冷藏集装箱在国外易腐食品的运输中运用十分普遍。

(一)冷藏集装箱分类

目前,冷藏运输中所使用的集装箱种类比较多,按不同的方法分类,有不同的类型。

1. 按照制冷方式分类

保温集装箱:此种集装箱箱体具有良好的隔热性能,但不带任何制冷装置,也不能临时进行添挂。

外置式保温集装箱:这种集装箱箱内无任何制冷装置,隔热性能很强,箱的一端有软管连接器,可与船上或陆上供冷站的制冷装置连接,使冷气在集装箱内循环,达到制冷效果,一般能保持-25℃的冷藏温度。该集装箱集中供冷,箱体容积利用率高自重轻,使用时机器故障少。但是它必须由设有专门制冷装置的船舶装运,使用时箱内的温度不能单独调节。

内藏式冷藏集装箱:这种集装箱是一种配带制冷装置的保温箱,可自己供冷。制冷剂组安装在箱体的一端,冷风通过风机从一端送入箱内。如果箱体过长,则采用两端同时送风的方式,以保证箱内温度均匀,为了加强换热,可采用下送上回的冷风循环方式。

液氟和干冰冷藏集装箱:此种集装箱利用液氧或干冰制冷,以维持箱体内的低温。

2. 按照集装箱的温度分类

冷冻集装箱:一般在箱的前端设有内幕式冷冻装置,为提高冷却效果,整个冷冻集装箱的箱壁、箱顶和箱底内部,都铺有隔温材料。

保温集装箱:主要用于装载水果、蔬菜等鲜货,一般是用干冰等冷却剂,防止箱内温度过度上升,通常的保温时间在72h左右。

3. 按照运输方式分类

海运集装箱:其制冷机组用电是由船上统一供给的,不需要自备发电机组,因此机组构造比较简单、体积较小、造价也较低。但海运集装箱卸船后,因失去电源就得依靠码头上供电才能继续制冷。

陆运集装箱:其自备柴油或汽车发电机组,有些集装箱采用制冷机与汽车发电机组合一的机组,其优点是体积小、质量轻、价格低;缺点是柴油机必须始终保持运转,耗电量大。

（二）冷藏集装箱特点

（1）装卸效率高，人工费用低。采用冷藏集装箱，简化了装卸作业，缩短了装卸时间，提高了装卸负荷，因此人工和费用都减少了，降低了运输成本。

（2）调度灵便，周转速度快，运输能力大，对小批量冷货也适合。

（3）大幅减少甚至避免了运输货损和货差。冷藏集装箱运输在更换运输工具时，不需要重新装卸食品，简化了理货手续，为消灭货损、货差创造了十分有利的条件。

（4）提高货物质量。箱体内温度可以在一定的范围内调节，箱体上还设有换气孔，因此能适应各种易腐食品的冷藏运输要求，保证易腐食品的冷链不中断，而且温差控制在1℃内，避免了温度波动对食品质量的影响。

五、冷藏工具

目前采用的冷藏运输工具主要有保温箱和冷链运输冰袋两种。

（一）保温箱

低温冷藏运输保鲜箱是采用食品级的环保 LLDPE 材料，经过世界上先进的旋转模压工艺一次成型精制而成的，配有海洋不锈钢锁扣，底部配有橡胶防滑垫，无毒无味，抗紫外线，不易变色，表面光滑，容易清洗，保温效果好，不怕摔碰，可终身使用。

持续冷藏保温时间可达数天，适用于任何物品的长时间冷藏和保鲜，适合野营、郊游、垂钓、漂流等户外休闲活动中使用；还可适用于医用采样、取样，生物制剂冷藏低温运输、血液运输等；也可用于超市购物时保存需要冷藏保鲜的物品。现阶段主要应用在医药行业，具体的做法是将冷冻货物或冷藏货物箱装载在普通货车中进行配送。这不仅能充分保证冷冻冷藏货物配送质量，而且可有效利用普通货车的配送能力，降低配送费用和冷藏车购置成本，更加环保和节能。

1. 保温箱分类

保温箱根据产品质地和用途不同可以分为以下不同种类。

（1）根据产品质地不同分为塑料的、泡沫的、金属材质的、木制的等各种保温箱。其中，泡沫箱主要成分是聚氯乙烯塑料，仅用于低温冷藏运输；防水布质的保温箱，具有独立的保温食品仓，配置抗压系统，采用铝箔材质，通过 PE 棉隔热兼具保冷保热的保温功能，环保安全，可直接与食品接触。

（2）根据使用用途方面可以分为车载式保温箱、肩背式保温箱和手拎式保温箱，如图 3-5 所示。

2. 保温箱特点

（1）耐热耐冷：保温箱对耐热性耐冷性的要求比较高，在高温的水中不会变形，甚至

图 3-5　保温箱示例

可以用沸水消毒。

（2）耐用：具有优越的耐冲击性，重压或撞击时不易碎裂，不留刮痕，可终身使用。

（3）密封：这是选择保温箱首要考虑的一点。虽然不同品牌的产品密封方式不同，但卓越的密封性是内存食物持久保鲜的必要条件。

（4）保鲜：国际上密封测定标准是以透湿度测试来评定的，优质的保温箱要比同类产品的透湿度低 200 倍，可以更长时间保持食物的新鲜。

（5）多功能性、多样性：针对生活需要设计不同大小，配着可重复使用的科技冰袋，冰袋可以保冷可以保热（冰袋最低可以被冷冻到 $-190℃$，最高可以被加热到 $200℃$，可以任意切割尺寸）。

（6）环保：食品级的环保 LLDPE 材料，无毒无味、抗紫外线、不易变色。

（二）冷链运输冰袋

冷链运输冰袋又称冷藏包、保冷袋，是无毒、无味的环保产品，富有一定的弹性，用高新技术生物材料配制而成，可以重复使用，而且是冷热双用的产品，广泛应用于水产品、化学药剂、生物制品、疫苗、电子产品等小数量的远程物流。

冷藏运输冰袋主要有以下两种。

（1）一次性低温冷藏冰袋：一面是高密度塑料，一面是无纺布。主要适用于对易腐产品、生物制剂及所有需要冷藏运输的产品（如果运输时科技冰随产品一起运走，不能收回来重复使用，建议用一次性的）。虽然设计的是一次性使用，但是在仔细谨慎的使用情况下，也可使用多次。

（2）重复使用低温冷藏冰袋：是世界上所有冰产品中保温时间最长的（是同体积大小普通冰保温时间的 6 倍的）。可以重复使用多次，节省成本，冷热双用，最低可以被冷冻到 $-190℃$，最高可以被加热到 $200℃$，可以任意切割尺寸，可以与食品直接接触，属于食品级的科技冰，安全无毒，环保节能，取代了凝胶包、袋装冰、块冰和干冰，如图 3-6 所示。

图 3-6　冷藏冰袋示例

六、冷藏销售设备

(一) 商业冷藏陈列柜

冷藏陈列柜作为食品冷链销售设备,是食品批发市场、副食品商场、超级市场等销售环节的冷藏设施,也是冷链建设中的重要一环。

根据陈列销售柜的结构,可分为卧式敞开式冷冻陈列销售柜、立式多层敞开式陈列销售柜、卧式封闭式陈列销售柜、半敞开式陈列销售柜和立式多层封闭式陈列销售柜。

1. 卧式敞开式冷冻陈列销售柜

其上部敞开,开口处有循环冷空气形成的空气幕,这样可以防止外界热量侵入柜内。由围护结构传入的热流也被循环冷空气吸收,因而对食品没有直接影响,如图 3-7 所示。

2. 立式多层敞开式陈列销售柜

其单位占地面积较大,商品放置高度与人体高度相近,便于顾客取货,很容易使密度较大的冷空气逸出柜外,如图 3-8 所示。

图 3-7　卧式敞开式冷冻陈列销售柜示例

图 3-8　立式多层敞开式陈列销售柜示例

3. 卧式封闭式陈列销售柜

其开口处设有二层或三层玻璃构成的滑动盖,玻璃夹层中的空气起隔热作用。通过围护结构传入的热量被冷却排管吸收,通过滑动盖传入柜内的热量有辐射热和取货时侵入柜内的空气带入的热量,这些热量通过食品由上而下地传递至箱体内壁,再由箱体内壁传给冷却排管,如图 3-9 所示。

图 3-9 卧式封闭式陈列销售柜示例

4. 半敞开式陈列销售柜

其多为卧式小型销售柜,外形很像卧式封闭式陈列柜。半开式冷冻销售陈列柜没有滑动盖,而是在箱体后部的后壁上侧装置有翅片冷却管束,用以吸收开口部传入柜中的热量。

5. 立式多层封闭式陈列销售柜

其柜体后壁有冷空气循环用风道,冷空气在风机作用下强制地在柜内循环。玻璃夹层中的空气具有隔热作用,由于玻璃对红外线的透过率低,虽然下柜门很大,传入的辐射热并不多,直接被食品吸收的辐射热就更少了。

(二)家用冰箱

家用冰箱虽然不属于食品冷链的销售设备,但是作为冷冻食品冷链的终端,是消费者食用前的最后一个贮藏环节。冷链作为一个整体,家用冰箱是一个不可缺少的环节。冷冻食品和冻结食品储存于家用冰箱内,可以抑制细菌繁殖,较长时间保持食品原有的风味和营养成分,延长保鲜时间,如图 3-10 所示。

图 3-10 家用冰箱示例

本章小结

本章着重介绍冷链物流设施与设备管理的相关知识，主要包括冷库的特点、分类、功能及冷库选址与平面布置，对冷库的仓储管理、安全管理、卫生管理和节能管理等运作与管理做了详细描述，介绍了冷库的建设与发展趋势，最后对冷藏汽车、铁路冷藏车、冷藏船、冷藏集装箱、冷藏工具和冷藏销售设备等冷链物流设备做了相关阐述。

课后复习题

一、单选题

1. 按使用库温要求分类中，库温通常在0℃左右的是（   ）。
   A. 冻结库   B. 低温冷库   C. 冷藏库   D. 冷却库
2. 按制冷方式分类，哪种冷藏汽车使用最广泛。（   ）
   A. 机械冷藏汽车   B. 冷冻板冷藏汽车
   C. 干冰冷藏汽车   D. 液氮冷藏汽车
3. 冷藏集装箱的特点不包括（   ）。
   A. 装卸效率高   B. 人工费用高
   C. 周转速度快   D. 提高货物质量

二、名词解释

1. 冷库。
2. 冷藏船。
3. 产地冷库。

三、简答题

1. 简答冷库的特点。
2. 目前在冷库的技术方面有哪些比较突出的问题？
3. 冷藏汽车的特点有哪些？
4. 简述产地冷库的建设意义。
5. 简述冷库节能的措施。

拓展阅读3.3　某外贸公司100t氟利昂冷库设计

第四章

冷链物流技术

学习目标

1. 了解物联网的内涵、关键技术及在冷链中的应用。
2. 熟悉RFID技术和冷链追溯系统的相关内容。
3. 掌握食品冷却和冻结的方法和常用装置。

学习导航

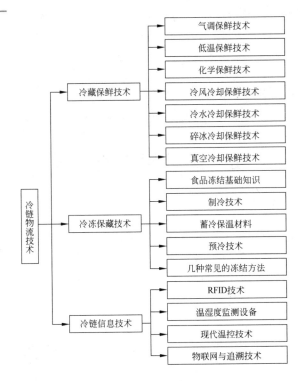

案例引导

基于物联网大数据的冷链物流"快递式"在途可视化应用

物流在途可视化第一阶段只能通过运输车 GPS 设备来获取位置信息,实现的可视化范围较窄,水路、铁路、人工地跑的在途可视化还无法实现。而水运、铁路运输的在途周期普遍较长,客户无法自主查询信息,双向沟通成本较高,且易因信息的不对称引起客户不满。受快递物流运输过程透明化影响和第三方物流自身快速发展的需要,客户对物流服务过程的体验越来越看重,特别在对货物真实位置查询方面提出较高的要求。而作为第三方物流不仅仅只有公路运输一种运输方式,不同运输方式的组合,如铁路与公路、水路与公路、海运与公路等的组合,使得在途透明化的呈现难度增加。

2018年10月,与大数据云平台相融合的长安民生物流"鹰眼慧运地图"正式上线,构建起专业的物流地图服务平台,为长安民生鹰眼慧运地图前端的物流运输可视化奠定了基础。2019年3月,长安民生鹰眼慧运地图平台先后与船讯网、铁路网实现信息交互,实现了水路(含海运)、铁路运输方式在途信息的获取。

同年5月,长安民生整车 App 上线,在弥补公路 GPS 设备因故障无法准确提供位置信息定位问题的同时,实现对人工驾驶的定位跟踪与监控。自此,鹰眼慧运地图平台具备了实现运输全程可视化的条件。

资料来源:中国物流与采购联合会,http://www.chinawuliu.com.cn/xsyj/202108/16/557118.shtml。

案例思考

1. 上述案例运用了哪种物流信息技术?
2. 冷链物流技术的运用对冷链物流的发展带来哪些积极影响?

第一节 冷藏保鲜技术

一、气调保鲜技术

气调保鲜技术指以不同于大气组成或浓度的组合气体替换包装食品周围的空气,来抑制或减缓微生物生长和营养成分氧化变质,在整个贮藏过程中不再调节气体成分或浓度,并选择合适的包装材料和冷链温度来延长食品的保质期。它的气体组成常有氧气、二氧化碳和氮气。

1. CA 气调贮藏保鲜

CA 气调贮藏保鲜指利用机械设备,人为地控制气调冷库贮藏环境中的气体,实现水果保鲜。气调库要求精确调控不同水果所需的气体组分浓度及严格控制温度和湿度。温度可与冷藏库贮藏温度相同,或稍高于冷藏的温度,以防止低温伤害。气调与低温相结合,保鲜效果(色泽、硬度等)比普通冷藏好,保鲜期明显延长。我国气调贮藏库保鲜正处于发展阶段。自1978年在北京建成我国第一座自行设计的气调库以来,广州、大连、烟台等地相继由国外引进气调机和成套的装配式气调库,用来保鲜苹果、猕猴桃、洋梨和枣等。

2. MA 气调贮藏保鲜

MA 气调贮藏保鲜也称 MA 自发气调保鲜,广泛应用于新鲜果蔬等保鲜,并以每年20%的速度增长。气调包装指根据食品性质和保鲜的需要,将不同配比的气体充入食品包装容器内,使食品处于适合的气体中贮藏,以延长其保质期。

常用的气体主要有二氧化碳、氧气,有时也会使用二氧化硫和二氧化氮。二氧化碳的作用是抑制需氧菌和霉菌的繁殖,延长细菌的停滞期和延缓其指数增长期;氧气的作用是维持新鲜水果的吸氧代谢作用。水果采摘后过快的有氧呼吸和无氧呼吸都会使水果发生老化和腐烂。合理控制环境中氧的浓度,可使果实产生微弱的有氧呼吸而不产生无氧呼吸。因此,水果 MA 气调保鲜中氧气与二氧化碳的配比是一个关键因素。

处于包装内的水果通过呼吸作用消耗氧气并放出二氧化碳,气调包装材料可排出二氧化碳并补充所消耗的氧气,即实现包装的渗透速度与果实呼吸速度相等,防止无氧呼吸的产生。另外,水果在低温时的呼吸强度较低,为减少果实的耗氧量,MA 气调包装保鲜一般都在 0~5℃温度条件下贮藏。

目前,国际市场水果的 MA 气调包装主要有两种:一种是被动气调包装,即用塑料薄膜包裹的水果,借助呼吸作用来降低氧气含量,并通过薄膜交换气体调节氧气与二氧化碳的比例;另一种是主动气调包装,即根据不同水果的呼吸速度充入混合气体,并使用不同透气率的薄膜,但由于技术较复杂且对包装材料的品种及性能要求较高,在我国还未获得广泛应用。国外在包装材料方面则领先很多,如开发出防止水果水分蒸发的防湿玻璃纸、高阻气性的聚丙烯和防止水果产生机械损伤的收缩材料等。

3. 塑料薄膜帐气调贮藏保鲜

这种方法是将水果放在用塑料薄膜帐造成的密封环境中实现气调保鲜,气调的方法分为两类:第一类是自然氧法,通过水果的呼吸作用,使帐内逐步形成所需低氧、高二氧化碳气体浓度,由于塑料薄膜具有一定的透气性,从而实现简易调气,还可利用具有选择性透气的硅橡胶薄膜,在帐上开一定面积的窗口来自动调气,为防止二氧化碳过多积累,可在帐内用硝石灰来吸收二氧化碳。第二类是人工降氧法,即利用降氧机、二氧化碳脱除机来调气。此方法主要在美国、法国有应用。目前,我国上海、天津、辽宁、山东、陕西和北京等地已开始使用。

二、低温保鲜技术

低温保鲜技术是利用低温有效地抑制微生物的存活，主要技术包括简易贮藏保鲜、冰藏保鲜、控制冰点贮藏保鲜、微冻保鲜和冻藏保鲜等。

1. 简易贮藏保鲜

其主要有埋藏、堆藏、窖藏和通风库贮藏等。这种方法是利用当地的气候条件，创造水果适宜的温度、湿度环境并利用土壤的保温作用，来实现水果的保鲜。要做好隔温层设计，以防止高温或低温伤害，另外还要定期通风换气，该技术可用于苹果、梨和葡萄等水果贮藏保鲜。例如，四川南充地区的地窖、湖北兴山的山洞贮藏柑橘；山东烟台、福山地区等地的地窖贮藏苹果；西北黄土高原地区的窑洞贮藏苹果、梨等。

2. 冻藏保鲜

这是现代化水果贮藏的主要形式之一，它是采用高于水果组织冻结点的较低温度实现水果的保鲜。可在气温较高的季节周年进行贮藏，以保证果品的周年供应，低温冷藏可降低水果的呼吸代谢、病原菌的发病率和果实的腐烂率，达到阻止组织衰老，延长果实贮藏期的目的。但在冷藏中，不适宜的低温反而会影响贮藏寿命，丧失商品及食用价值。

防止冷害和冻害的关键是按不同水果的习性，严格控制温度，冷藏期间有些水果，如鸭梨需采用逐步降温的方法以减轻或不发生冷害。此外，水果贮藏前的预冷处理、贮期升温处理和化学药剂处理等措施均能起到减轻冷害的作用。

3. 控制冰点贮藏保鲜

在冰点湿度下对食品进行保鲜的新方法称为控制冰点贮藏法。实验证明，运用此方法保存的水果新鲜如初，未发现细菌败坏或变质现象，有害微生物繁殖甚微。该项技术在日本已开始应用。

4. 冰温气调保鲜

冰温指 0℃以下、冰点以上的温度区域，其温度介于冰藏和微冻之间，和微冻保鲜一起被称为中间温度带保鲜。将冰温和气调对微生物产生协同作用，同时有效地防止水产品的脂质氧化和多酚氧化酶导致的酶促褐变等反应的发生。

三、化学保鲜技术

1. 可食用的蔬果保鲜剂

这是由英国一食品协会所研制的可食用的蔬果保鲜剂，它是采用可食用的蔗糖、淀粉、脂肪酸和聚酯物配制成的一种"半透明乳液"，既可喷雾，又可涂刷，还可浸渍覆盖于西瓜、番茄、甜椒、茄子、黄瓜、苹果和香蕉等表面。其保鲜期可长达 200 天以上,这是由于这种保鲜剂在蔬果表面形成一层"密封薄膜",完全阻止了氧气进入蔬果内部,从而达到延长蔬果熟化过程,增强保鲜效果的目的。

2. 新型薄膜保鲜

这是日本研制开发出的一种一次性消费的吸湿保鲜塑料包装膜,它是由两片具有较强透水性的半透明尼龙膜组成,并在膜之间装有天然糊料和渗透压高的砂糖糖浆,能缓慢地吸收从蔬菜、果实表面渗出的水分,达到保鲜目的。

3. 陶瓷保鲜袋

这是由日本一家公司研制的一种具有远红外线效果的蔬果保鲜袋,主要在袋的内侧涂上一层极薄的陶瓷物质,通过陶瓷所释放出来的红外线与蔬果中所含的水分发生强烈的运动,从而促使蔬果得到保鲜作用。

4. 减压保鲜法

这是一种新兴的蔬果贮存法,有很好的保鲜效果,且具有管理方便、操作简单、成本不高等优点,目前英、美、德、法等一些国家已研制出了具有标准规格的低压集装箱,已广泛应用于蔬果长途运输中。

5. 烃类混合物保鲜法

这是英国塞姆培生物工艺公司研制出的一种能使番茄、辣椒、梨、葡萄等蔬果贮藏寿命延长一倍的"天然可食保鲜剂"。它采用一种复杂的烃类混合物,在使用时,将其溶于水中呈溶液状态,然后将需保鲜的蔬果浸泡在溶液中,使蔬果表面很均匀地涂上一层液剂,这样就大幅降低了氧的吸收量,使蔬果所产生的二氧化碳几乎全部排出。因此,保鲜剂的作用,酷似给蔬果施了"麻醉剂",使其处于休眠状态。

四、冷风冷却保鲜技术

冷风冷却是利用被风机强制流动的冷空气使被冷却食品的温度下降的一种冷却方法,其使用范围较为广泛。

冷风冷却多应用于冷却水果、蔬菜,冷风机将冷空气从风道中吹出,冷空气流经库房内的水果、蔬菜表面并吸收热量,然后回到冷风机的蒸发器中,将热量传给蒸发器,空气自身温度降低后又被风机吹出。如此循环往复,不断地吸收水果、蔬菜的热量从而维持其低温状态。冷风的温度可以根据选择的储藏温度进行调节和控制。

对肉类的冷却工艺进行的新研究主张采用变温快速两段冷却法:第一阶段是在快速冷却隧道或冷却间内进行,空气流速为 2m/s,空气温度较低,一般为 $-15 \sim -5$℃。经过 $2 \sim 4$h 后,胴体表面温度降到 -2℃,而后腿中心温度还在 $16 \sim 20$℃。然后在温度为 $-1 \sim 1$℃的空气自然循环冷却间内进行第二阶段的冷却,经过 $10 \sim 14$h,半胴体的内外温度基本趋向一致,达到平衡温度4℃时,即可认为冷却结束。整个冷却过程在14～18h内可以完成。

拓展阅读4.1 两段冷却法的优点

冷风冷却常见有横向吹风和纵向吹风两种形式。传统冷库一般选择纵向吹风方式,比如白条肉冷库的制冷设备是落地式冷风机,白条肉是挂在吊轨上,在白条肉冻结中间装有假天花板,以形成满堂风道,在与吊轨相对的假天花板上开有送风条缝,从条缝中吹出的冷风正对白条肉的大腿部位。

这种假天花板结构需要大量的木材,成本较高,再加之气流是自上而下吹送,不适合冻结分层放置的盘装食品。冷风冷却可以广泛地用于不能被水冷却的食品上,其缺点是当室内相对湿度低时,被冷却食品的干耗大。

五、冷水冷却保鲜技术

冷水冷却是通过低温水把被冷却的食品冷却到指定温度的方法。冷水冷却可以用于水果、蔬菜、家禽、水产品等食品的冷却,特别是对一些易变质的食品最为适合。冷水冷却通常用预冷水箱来进行,水在冷水箱中制冷系统的蒸发器冷却,然后与食品接触,把食品冷却下来。

若不设预冷水箱,可以把蒸发器直接设置于冷却槽内,在该情况下,冷却槽必须设置搅拌器,由搅拌器促使水流动,使冷却槽内温度均匀。现代冰蓄冷技术的研究与完善,为冷水冷却提供了更为广阔的应用前景。具体做法是,在冷却开始前先让冰凝结于蒸发器上,冷却开始后,此部分冰就会释放出冷量。

冷水冷却有以下三种形式。

1. 浸渍式

被冷却食品直接浸在冷水中冷却,冷水被搅拌器不停搅拌,直到温度均匀。

2. 喷水式

喷水式冷却法又可分为散水式和降水式两种。散水式就是在被冷却食品的上方由喷嘴把冷却了的且有压力的水呈散水状喷向食品,以达到冷却的目的。降水式是将被冷却的食品放在传送带上移动,上部的水盘像降雨一样均匀地降水,这种形式适用于大量食品的处理。

3. 混合式

混合式是浸渍式和喷水式交替进行冷却的方法。一般是先浸渍然后喷水,这种冷却不仅速度快,更重要的是卫生,不会出现交叉感染的现象。

水作为冷却介质,热传性非常好,最大的优点是冷却速度快,而且没有干耗。冷水冷却设备的价格与真空冷却装置的价格相比较为低廉。缺点是浸过水的食品不利于保鲜,需要迅速进行风干处理。

冷水冷却的主要缺点:食品容易受到微生物污染,如用冷水冷却家禽,如果有一个禽体染有沙门氏菌,就会通过冷水传染给其他禽体。因此,对循环使用的冷水应进行连续过滤,使用杀菌剂,并且要及时更换清洁的水。除了使用淡水作为冷却介质外,在渔船上还可以使用海水作为冷却介质以冷却鱼类。

六、碎冰冷却保鲜技术

冰是一种很好的冷却介质,具有很强的冷却能力。在与食品接触的过程中,冰融化成水要吸收 334.53kJ/kg 的相变潜热,使食品迅速冷却。冰价格便宜、无污染,易于携带和储藏。碎冰冷却法又称冰藏法和冰解法,是水产品保藏运输中使用最为普遍的方法。用冰作为冷却介质,简单易行,不需要额外的动力,还能避免干耗现象。

用来冷却食品的冰有淡水冰和海水冰两种。一般淡水鱼用淡水冰来冷却,海水鱼用海水冰冷却。淡水冰可分为机制块冰、管冰、片冰、米粒冰等多种形状,按冰质可以分成透明冰和不透明冰。不透明冰是因为形成的冰中含有许多微小的空气气泡,所以导致不透明。从单位体积释放的冷量来讲,透明冰要高于不透明冰。

海水冰也有多种形式,主要是以块冰和片冰为主。随着制冰机技术的完善,许多作业渔船可以带制冰机随制随用,但是要注意,不允许用被污染的海水及港湾内海水来制冰。碎冰的体积质量如表 4-1 所示。

表 4-1 碎冰的体积质量

碎冰的规格/cm	体积质量/(kg/m³)
大块冰(约 10×1×5)	500
中块冰(约 4×4×4)	550
细块冰(约 1×1×1)	560

在海上,渔获物的冷却一般有加冰法(干法)、水冰法(湿法)及冷海水法三种。

1. 加冰法

要求在容器的底部和四壁先加上冰,然后层冰层鱼、薄冰薄鱼逐层覆盖。最上面的盖冰冰量要充足,冰粒要细,撒布要均匀,融冰水应当及时排出以免对鱼体造成不良影响。

2. 水冰法

在有盖的泡沫塑料箱内,以冰加冷海水来保鲜鱼货。海水必须先预冷到 $-1.5\sim$

1.5℃,再送入容器或者船舱中,再加鱼和冰,鱼必须完全被冰浸没。用冰量应当根据气候变化而定,一般鱼与水的比例为 3∶1。为了防止海水鱼在冰水中变色,用淡水冰时需要加盐,如乌贼要加盐 3%。淡水鱼则用淡水加淡水冰保藏运输,不得加盐。水冰法操作简便,用冰少,冷却速度快,但是浸泡后肉质较软,易于变质,故从冰水中取出后仍然需冰藏保鲜。此法适用于死后易变质的鱼类,如鲐鱼、竹刀鱼等。

3. 冷海水法

主要是以机械制冷的冷海水来冷却保藏渔货,其与水冰冷却相似,水温一般控制在 −1~0℃,从而达到贮藏保鲜的目的。通常海水注入量与渔货之比为 3∶7。冷海水冷却可大量处理渔货,所用劳力少、卸货快、冷却速度快;缺点是有些水分和盐分被鱼体吸收后使鱼体膨胀,颜色发生变化,蛋白质也容易损耗,另外因舱体的摇摆,鱼体易相互碰撞而造成机械伤口等。这种保鲜方法保质期为 10~14d,适合于围网作业捕捞所得的中上层鱼类。冷海水冷却目前在国际上被广泛地用来作为预冷手段。

七、真空冷却保鲜技术

真空冷却又叫减压冷却,它的原理是水分在不同的压力下有不同的沸点。由表 4-2 可知,只要改变压力,即可改变水分的沸点,真空冷却装置就是根据这个原理设计的。真空冷却技术是通过抽真空降压达到降低食物中水分沸点的方法,使食品内水分在低压状态下蒸发的同时吸收自身热量,实现食品中心和表面温度同时迅速冷却的目的,使熟食品快速脱离 25~55℃细菌高速繁殖带或让生鲜果蔬降到 1℃,从而使荤熟食品(快餐、菜肴、熟肉制品)、肉制调味品及果酱、豆制品、馅料、速冻食品、烘焙食品和生鲜果蔬的保鲜期大幅延长。

表 4-2　水的温度与蒸汽压

沸点/℃	压力/kPa	沸点/℃	压力/kPa
100	101.320	5	0.870
60	19.930	1	0.660
40	7.380	−5	0.400
20	2.340	−10	0.260
10	1.230	−30	0.038

真空冷却装置中有真空冷却槽、冷却器和真空泵等设备。装置中配有的制冷装置,不是直接用来冷却食品的。因为在 666.7Pa 压力下,1℃的水变成水蒸气时,其体积要增大 20 万倍,此时即使使用二级真空泵来抽,也不能使真空冷却槽内的压力维持 666.7Pa。制冷装置的作用是让水汽重新凝结在蒸发器上而排出,保持了真空冷却槽内压力的稳定。尽管真空冷却效率高,但真空冷却也有不足之处。

1. 冷却品种有限

真空冷却一般只适用于冷却表面积比较大的叶蔬菜，如菠菜、韭菜、芥花、白菜、芹菜、卷心菜等。表面积比较小的马铃薯、胡萝卜、西红柿等果蔬菜、根菜类、果品类等因其温度不能迅速下降，不适用于真空冷却。另外，仁果类和果菜类在低压下有可能会将果芯的空气抽出，使内部压力过小，呈现出凹形，而失去鲜活商品价值，如甜椒等品种。

2. 成本高

真空冷却装置造价高，而且要消耗电能，因此其成本比冷空气和冷水冷却高。

真空冷却主要用于蔬菜的快速冷却。收获后的蔬菜，经过挑选、整理，放入有孔的容器内，然后再放入真空槽内，关闭槽门，启动真空冷却装置。当真空槽内压力降低至666.7Pa时，蔬菜中的水分在1℃下迅速汽化。水变成水蒸气时即吸收2253.88kJ/kg的汽化潜热，使得蔬菜本身的温度迅速下降到1℃。生菜冷却从常温24℃降低至3℃，冷风冷却需要25h，但真空冷却只需要0.5h。

真空冷却需要控制好冷却时间，如表4-3所示是常见蔬菜的冷却时间。

表 4-3 常见蔬菜水果的冷却时间

品　种	真空度/Pa	冷却时间/min	品温/℃ 初　温	品温/℃ 终　温	水分损失/%
芹菜	575	1	17.50	2.50	2
葱	600	17	18.80	3.50	2.50
香菇	535	18	25.10	5.50	5
蘑菇	535	18	25.10	5.00	5
青菜	600	17	2	5.10	4
花菜	600	15	20	7.80	2.50
荷兰豆	600	20	24	8	1.50
西红柿	570	17	24.60	8.50	1.20
青椒	600	16	18	9.20	2
胡萝卜	550	15	17.50	10	1
菠菜	600	20	20.50	2.50	3
生菜	550	17	18.50	3.20	3
苹果	570	16	17.50	8.50	3
橘子	570	15	21	6.50	2.50
金橘	600	15	21	7.50	3
香蕉	600	15	23	7.80	3.50
荔枝	600	18	29	6.30	3

续表

品 种	真空度/Pa	冷却时间/min	品温/℃		水分损失/%
			初 温	终 温	
杨梅	570	18	28	5.20	4
桃子	600	18	28	12.50	3
葡萄	600	18	28	7.30	3
芒果	575	20	28	6.80	3.50
草莓	600	18	23	5.20	3.80
康乃馨	600	20	18	3.80	2.7
菊花	600	20	17.50	5.20	3
玫瑰	600	20	18	5.30	2.60

真空冷却是目前最快的一种冷却方法,对表面积大(如叶菜类)的食品的冷却效果特别好,但其缺点是能耗大。

第二节 冷冻保藏技术

一、食品冻结基础知识

1. 食品冻结的概念

食品中所含的水分,大部分转变成冰的过程,称为食品冻结。水产品体内组织中的水分开始冻结的温度,即冰晶开始出现的温度称为冻结点。冻结点随水分子浓度不同而发生变化,由于冻结食品中水分都以溶液形态存在,所以冻结点各不相同,如表4-4所示。

表4-4 几种食品的冻结点

品种	冻结点/℃	含水率/%	品种	冻结点/℃	含水率/%
牛肉	$-1.7 \sim -0.6$	71.6	葡萄	-2.2	81.5
猪肉	-2.8	60	苹果	02	87.9
鱼肉	$-2 \sim -0.6$	70~85	青豆	-1.1	73.4
牛奶	-0.5	88.6	橘子	-2.2	88.1
蛋白	-0.45	89	香蕉	-3.4	75.5
蛋黄	-0.65	49.5			

食品冻结的原理就是将食品的温度降低到其冻结点以下,使微生物无法进行生命活动,或者使生物化学反应速度减慢,达到食品能在低温下长期储藏的目的。食品冻结的实质是其中水分的冻结,水分子形成冰晶。

冰晶是水汽在冰核上凝华增长而形成的固态水成物。冰晶的形成要有冰核,冰核不要求能溶解于水,但要求其分子结构与冰晶类似,便于水分子在核面上按一定的规则排列成为冰晶。水汽能在冰晶表面上直接凝华,使冰晶不断增大,过冷却水滴与冰晶接触一般也会立刻冻结,所以冰晶本身就是冰核。

水产品的温度降至冻结点,体内开始出现冰晶,在冰点以下水分子以液态和固态共存。此时残存的溶液浓度增加,其冻结点继续下降,要使水产品中水分全部冻结,温度要降至-60℃,这个温度称为共晶点。

2. 食品冻结温度

纯水通常在大气压下温度降至0℃就开始结冰,0℃称为水的冰点或者冻结点。食品中的水分不是纯水,是含有有机物质和无机物质的溶液,这些物质包括糖类、盐类、酸类、水溶性蛋白质、维生素和微量气体等。根据拉乌尔(Raoul)定律,溶液冰点的降低与溶质的浓度成正比。

1kg水中每增加1mol溶质,水的冰点就下降1.86℃,因此食品的温度要降至0℃以下才能产生冰晶,此时冰晶开始出现的温度即食品的冻结点。由于食品的种类、动物类死后条件与肌浆浓度不同,各种食品的冻结点也不相同。一般食品冻结点的温度范围为-2.5~0.5℃。

食品温度降至冻结点后其内部开始出现冰晶。随着温度继续降低,食品中水分冻结量会逐渐增多,但是若要食品内含有的水分全部冻结,温度要降至-60℃左右,该温度称为共晶点。要获得这样低的温度,在技术上和经济上都有难度,故目前大多数食品冻结只要求食品中绝大部分水分冻结,食品温度在-18℃以下便达到冻结储藏要求。

3. 食品的冻结速度

人们对食品冻结速度快与慢的划分,目前还没完全统一标准。冻结速度通常以时间来划分或者以距离来划分。以时间划分,指食品中心温度从-1℃降到-5℃所需的时间,具体分为类如下。

(1) 在3~30min内,称为快速冻结。
(2) 在30~120min内,称为中速冻结。
(3) 超过120min,称为慢速冻结。

按推进距离,指以-5℃的冻结层在单位时间内从食品表面向内部推进的距离为标准,具体如下。

(1) 缓慢冻结,冻结速度为0.1~1cm/h。
(2) 中速冻结,冻结速度为1~5cm/h。
(3) 快速冻结,冻结速度为5~15cm/h。
(4) 超速冻结,冻结速度大于15 cm/h。

二、制冷技术

制冷从本质上讲就是让空气中分子运动减慢，形象地说就是让空气冷却。利用天然冰等自然资源制冷过渡到人工制冷，是制冷技术发展的初始阶段。20世纪中期，电动机驱动的压缩式制冷机在常规制冷领域占据了统治地位。近30年，吸收式制冷和热泵技术进入了蓬勃发展的阶段。20世纪90年代，欧共体JOULE计划列入的对吸附式制冷的研究分析项目使吸附式制冷研究达到了新的高潮。

20世纪70年代后期，以氟为制冷剂的分散式制冷系统逐渐取代以氨为制冷剂的集中式制冷系统，冷却设备由冷风机逐步取代了排管。

制冷系统由4个基本部分即压缩机、冷凝器、节流部件、蒸发器组成。由铜管将四大件按一定顺序连接成一个封闭系统，系统内充注一定量的制冷剂。一般的空调使用氟利昂作为制冷剂，以往通常采用的是二氟一氯甲烷(R-22)，现在有些空调的氟利昂已经采用新型的环保型制冷剂R407。以上是蒸汽压缩制冷系统。

以制冷为例，压缩机吸入来自蒸发器的低温低压的氟利昂气体压缩成高温高压的氟利昂气体，然后流经热力膨胀阀(毛细管)，节流成低温低压的氟利昂汽、液两种物体，低温低压的氟利昂液体在蒸发器中吸收来自室内空气的热量，成为低温低压的氟利昂气体，低温低压的氟利昂气体又被压缩机吸入。室内空气经过蒸发器后，释放了热量，空气温度下降。如此，压缩—冷凝—节流—蒸发反复循环，制冷剂不断带走室内空气的热量，从而降低了房间的温度。

制热时，通过四通阀的切换，改变了制冷剂的流动方向，使室外热交换器成为蒸发器，吸收了室外空气的热量，而室内的蒸发却成为冷凝器，将热量散发在室内，达到制热的目的。

拓展阅读4.2　制冷机种类

制冷机主要性能指标有工作温度(对蒸汽压缩式制冷机为蒸发温度和冷凝温度，对气体压缩式制冷机和半导体制冷器为被冷物体的温度和冷却介质的温度)、制冷量(制冷机单位时间内从被冷却物体移去的热量)、功率或耗热量、制冷系数(衡量压缩式制冷机经济性的指标，消耗单位功所能得到的冷量)及热力系数(衡量吸收式和蒸汽喷射式制冷机经济性的指标，指消耗单位热量所能得到的冷量)等。现代制冷机以蒸汽压缩式制冷机应用最广。

三、蓄冷保温材料

冷链的蓄冷保温材料主要用于冷库和冷藏车厢等设备。岩棉、玻璃棉、聚苯乙烯泡沫

（expanded polystyrene，EPS）塑料、挤塑聚苯乙烯泡沫（extruded polystyrene，XPS）塑料和聚氨酯（polyurethane，PU）泡沫材料使用越来越广泛。其中，聚氨酯泡沫是目前应用最广泛的隔热材料，它传热系数低、隔热性能好、强度高且工艺好。

现阶段时常运用在制冷系统中的保温材料主要有两种。从材质上区分，一种是聚苯板，聚苯板指由聚苯乙烯泡沫塑料作为夹小板，由彩色钢板作表层，闭孔阻燃的聚苯乙烯泡沫塑料做芯材，通过自动化连续成型机将彩色钢板压型后用高强度黏合而成的一种高效机构材料。该种冷库板由于易燃且燃烧有毒，现在在市场上的应用比较少。

还有一种则是现在市场上应用广泛的聚氨酯冷库板，聚氨酯冷库板以良好隔热性能的轻质聚氨酯为内心材料，外面由SII、PVC彩钢板、不锈钢板构成的夹板式库板，可以降低由于内外温差而产生的传热，以达到冷冻、冷藏系统的最大效率。聚氨酯因其具有高绝热性、热固性、多样化加工形式、可整体成型等特点被现代冷链产业广泛采用。

四、预冷技术

预冷指食品从初始温度迅速降至所需终点温度的过程，在冷藏运输和高温冷藏之前的冷却及快速冻结前的快速冷却工序统称为预冷。目前常用的预冷技术主要有空气预冷、真空预冷和水预冷。

（一）空气预冷

空气预冷方法分为常规室内预冷、强制通风预冷、压差预冷等。空气预冷方法具有空气温湿度易调节、可用于各种食品冷却冷藏运输、设备造价低等优点，但也存在冷却速度慢、冷却不均匀、干耗大等缺点。

室内预冷是将产品放在冷库中，依靠自然对流热传导进行的预冷方式。适用于呼吸作用较缓的果蔬，如土豆、洋葱、大蒜和苹果等。应用此预冷方式应确保散装或者托盘产品之间有足够的空气流通，否则传热受阻，会导致预冷延迟或预冷不足。室内预冷技术的优点是简单易行，在国内外广泛采用，特别适合规模较小的生产者和集货商；缺点是室内预冷速度慢，通常需要24h以上，而且产品始终暴露于空气中，水分损失较大。

强制通风预冷是在冷库空气预冷的基础上发展起来的一项预冷技术。该方式将被预冷产品的包装箱按照一定的方向堆码在一起，包装箱之间开有通气孔道，以确保箱体之间的气体流通。虽然强制通风预冷速度快，但是容易造成果蔬萎蔫，而且需要有专门的设备，操作起来比较烦琐。

压差预冷是空气预冷的新形式，利用压差风机的抽吸作用，在包装容器的两侧形成一定压差，使冷空气经过包装容器上的通风孔强制通过包装容器内部与预冷产品表面直接进行换热，从而使物品快速、均匀冷却到工艺要求的温度范围。

（二）真空预冷

在标准大气压条件下，水在100℃沸腾，吸收大量相变所需要的热量成为水蒸气；而在2337Pa（真空为98 988Pa）下，水在20℃就可以沸腾蒸发相变；相应在667Pa（真空度为100 658Pa）压力下，水在1℃就可以蒸发，变成水蒸气。真空预冷技术利用果蔬在低压环境下水分的蒸发，快速吸收果蔬蓄存的田间热量，同时不断去除产生的水蒸气，使果蔬温度得到快速降低。

真空预冷主要有间歇式真空预冷方式、连续式真空预冷方式和喷雾式真空预冷方式等，其优点是设备运转灵活，能够到摘收现场及时清除田间热，冷却较快且均匀，能够有效控制温度，同时可以大批量地处理产品。缺点是设备费用高，能源消耗多、预冷过程中产品容易失水萎蔫。

（三）水预冷

水预冷又分为冷水预冷和冰水预冷两种。

1. 冷水预冷

冷水预冷指用接近0℃的冷水，通过热传导和对流热传导，使产品冷却的方法，与空气相比，水的热传导系数要高。因此冷却速度快，适合表面积和体积较小的果蔬和水产品等的预冷。冷水预冷优点是冷却速度快，设备费用和运转费用低，缺点是容易带来交叉感染。

冷水预冷的方式主要有浸泡式、洒水式和降水式等。浸泡式指被预冷食品直接浸在冷水中冷却，冷水被搅拌器不停地搅拌，以至温度均匀；洒水式指在预冷食品的上方，由喷嘴把有压力的冷却水呈洒水状喷向食品，达到预冷的目的；降水式指被预冷食品在传送带上移动，上部的水盘像降雨一样均匀地降水，这种形式适用于批量处理产品。

2. 冰水预冷

冰水预冷主要指在有盖的塑料泡沫箱内，以冰加冷水的方式预冷产品。其原理是通过冰在与产品接触过程中，融化成水要吸收热量，使产品迅速预冷。冰水预冷首先要将水预冷到−1.5～1.5℃，然后装入容器中，再加入被预冷的产品和冰。冰水预冷操作简便，预冷速度快，但是浸泡后的产品质地较弱，易于变质，因此从冰水中取出的产品仍需要冰鲜保鲜。

五、几种常见的冻结方法

食品的冻结可以根据各种食品的具体条件和工艺标准，采用不同的方法及不同的冻结装置来实现。总的要求是在经济合理的原则下，尽可能提高冻结装置的制冷效率，加快冻结速度，缩短冻结时间，以保证产品的质量。

（一）冻结方法分类

1. 根据冻结系统的操作方式分类

（1）批量式冻结器：先装载一批产品，然后冻结一个周期，冻结完毕后，设备停止运转并卸货。

（2）半连续式冻结器：将批量式冻结器的一个较大的批量分成几个较小的批量，在同一个冻结器内进行相对连续的处理。

（3）连续式冻结器：产品连续地或有规律间断地通过冻结器，采用机械化和全自动化的系统。

连续式冻结与半连续式的区别如下。

① 一次装运产品的数量不同。连续式冻结是有规律间断的一袋、一纸盒或一盘的冻结，而半连续式则是含许多袋、盘、纸盒的一辆车或一个货架进行冻结。

② 装货与等待的时间不同。连续式冻结往往只有几秒钟，不影响流水线的运行，而半连续式则需要较长的时间，形成明显的中断。

2. 根据产品除热方式分类

（1）吹风冻结：吹风冻结装置用空气作为传热介质。早期的吹风冻结装置是一个带有冷风机及制冷系统的冷库，现在有了各种水平的冻结设备。吹风冻结又可分为批量式和连续式。其中批量式冻结方式有冷库、固定的吹风隧道、带推车的吹风隧道等几种形式。连续式冻结有直线式、螺旋式和流化床式冻结器等几种形式。

（2）表面接触冻结：其指冻结食品直接和传热设备接触，加快冻结速度。

（3）低温冻结：其指使用超低温物质进行冻结的一种方式。

（4）组合方式：如先经过低温处理，然后经机械制冷装置完成冻结过程。

（二）冻结方法介绍

1. 吹风冻结

（1）强烈吹风冻结装置

这是以循环冷空气作为冷却介质的一种冻结装置，制冷能力是每冻结1kg食品其耗冷量为500～545kJ。食品挂在冻结间内的载运轨道上（如白条肉），或装在吊笼内（如鱼类），通过冷空气不断循环，带走食品的热量，使食品冻结，制冷设备可以采用落地式冷风机、吊顶式冷风机，也可采用冷却排管与通风机简单组合的组合式冷风机。

冻结间通常为$-23℃$，食品质量要求较高的可以降低至$-30℃$，蒸发温度为$-3℃$，空气流速可以达 3～8m/s，食品表面上空气的对流放热系数可达到 25～30W/($m^2 \cdot ℃$)。空气流经冷却管束时的流速比流经食品表面的流速还要大，所以，冷却管束的传热系数相当大。当然，冷风机所需要的压缩机制冷的能力也要大。因为上述原因，空气的温度更低,加之对流放热系数大,所以食品冻结时间可以缩短,与静止空气冻结装置相比,其冻结时间可以缩短 60%～70%,食品的温度要求达到 -15℃。

(2) 隧道式冻结装置

这是吹风冻结装置中效率较高的一种类型,在欧美各国广泛使用。这种装置用隔热材料做成一条隔热隧道,隧道内装有缓慢移动的输送带,隧道的入口装有进料和提升设备,隧道的出口装有卸货装置和驱动设备,货物装在缓慢移动的网状输送带上,吹入强烈的冷风而迅速冻结。隧道内的温度一般为 -40～-30℃,冷风速度一般为 3～6m/s,冷风吹向与货物移动的方向相反,所以冻结速度很快、产量大。自动化隧道可以自动开关隧道门,自动调节产品冷量和自动装卸食品。

(3) 直线式冻结装置

直线式冻结装置使用简便,传送带的运行是平直的,冷风机可以吊装在传送带的上方。冷风从上部吹下,下部排出,与食品水平移动方向垂直。直线式冻结装置可实现连续冻结,适用于速冻食品加工等过程。

(4) 螺旋传送带式连续冻结装置

螺旋传送带式连续冻结装置与隧道式连续冻结装置的不同之处在于,传送带的运行不是平直的,而是螺旋式旋转的,它的优点是避免了隧道式冻结装置长度太长的缺点,比较紧凑。冷风机可以吊装在传送带的上方,冷风从上部吹下,下部排出(或者从侧部排出),与食品自下而上的移动方向相反。也可装在侧面,水平吹动冷风。

这种冻结装置的传送带是特别设计的,具有万向弯曲性能,既可以直线运行,也可以缠绕在转鼓的圆周上,在转鼓的带动下,沿圆周运行。传送带的移动依靠带的内侧与转鼓的接触摩擦。传送带脱离转鼓后,依靠链轮带动。所以,即使传送带很长,传送带的张力也很小,动力消耗不大,传送带的长度、速度均可调节。此冻结装置可适用于体积小、数量多的食品,且食品的形状和质量都是均一的,厚度要薄,前后工序衔接紧密,方能充分发挥效率,如饺子、肉饼、肉丸、对虾、贝类等。

2. 金属表面接触冻结

(1) 平板冻结装置

这是一种使食品与平板式蒸发器直接接触的冻结装置,其制冷能力是每冻结 1kg 食品的耗冷量为 335～375kJ。它的工作原理是将食品放在各层平板间内,用油压把平板压紧,空心平板内流通着液氨或者低温氯化钙溶液蒸发吸热,使金属平板成为蒸发器,借助热传导的作用将接触的食品热量迅速带走,从而达到快速冻结的效果。

食品与平板的接触压力要求为 6.86～29.4kPa,油泵的压力为 2.94MPa,当两面加压时,放热的系数为 20～150W/(m^2·℃)。接触平板冻结装置分立、卧式两种,卧式适用于冻结工艺要求较高的剔骨畜肉类及其副产品及禽兔类的箱装、盘装、听装食品;立式的可将无包装的食品直接放入两板之间,冻结效率比卧式的高,操作省力,适用于冻结剔骨的畜类产品、块状肉类及鱼类。

平板冻结器可以多达10层以上,板与板之间的间隔距离可以在一定范围内借助液压机构伸展与压缩。多层平板蒸发器的外围设有带绝热层的围挡结构,所以可以将其安装在常温房间内冻结食品,而不必建造冻结间。故接触平板冻结装置具有以下优点。

① 可在常温条件下操作,改善了工人的劳动条件。
② 操作方便,维修简便。
③ 放热系数大,其冻结速度从风冷的0.1~1cm/h提高到1~5cm/h,因而冻结时间短,比风冷缩短3/4左右。
④ 冻结食品干耗小,保证了产品质量。
⑤ 耗电量小,由风冷110kW·h/t减少到71.4kW·h/t。
⑥ 占地面积小,可在船上生产使用。
⑦ 便于机械化生产,可自动装卸。

平板冻结器缺点是不适合对形状不规则的、怕挤压的及厚度较大的食品进行冻结。

(2) 圆筒冻结器

圆筒冻结器通常用于冻结液体食品,产品在圆筒的内表面或外表面冻结,并被连续地刮除,因而具有强烈的热交换和很高的冻结速度。

旋转圆筒冻结装置为适用于虾仁等水产品单体快速冻结的新型连续回转式冻结装置。虾仁的进料温度为10℃,出料温度为−18℃时,冻结时间仅为15~20min。

3. 低温冻结装置

低温冻结常采用液氮或液态二氧化碳作为制冷剂,也有使用盐水、乙二醇、丙二醇及酒精作为载冷剂,常用于:①小批量生产;②新产品开发;③季节性生产;④临时的超负荷状况。

低温冻结装置按食品冻结方式可分为浸渍式冻结装置和喷淋式冻结装置。

(1) 低温液体浸渍式冻结装置

① 盐水浸渍冻结装置。
② 不冻液浸渍冻结装置。

用于浸渍冻结的不冻液有乙二醇、丙二醇及酒精的水溶液。丙二醇水溶液的温度可以达−20℃,但放热系数只有氯化钠溶液的一半左右。

乙二醇水溶液的对流放热系数介于氯化钠溶液与丙二醇水溶液之间。

③ 液氮浸渍冻结装置。

液氮浸渍冻结装置,特别适合于冻结草莓之类的球形食品。形状不规则的食品,由于受热不均匀会引起食品变形,不宜采用液氮浸渍方法冻结。此外,这种液氮浸渍冻结装置,未能充分利用气化形成的低温氮气制冷能力,后来逐渐被液氮喷淋冻结装置取代。

(2) 低温液体喷淋式冻结装置

① 盐水喷淋冻结装置。

② 液氮喷淋冻结装置。

用液氮冻结食品早在1926年前后试用过,但是由于成本昂贵,实际上未能实现。1960年前后,美国创造了第一台实用液氮冻结装置,而使液氮作为冷媒被正式用在冻结食品上。国外,各种液氮快速冻结装置、输送食品的液氮冷藏汽车、冷藏火车、冷藏船等均有迅速发展。

通常液氮冻结器为直线型,-195℃的液氮在产品出口端直接接触产品,产生的低温蒸汽向物料进口端流动,变暖的气体(约-4.5℃)排放到大气中。

液氮冻结食品具有下列优点。

① 冻结速度快。当液氮直接喷淋到食品上时,将与食品产生强烈的热交换,使食品每分钟降温7~15℃,一般用6~12min就可以把食品冻结好,故冻结时间比用平板冻结快5~6倍。

② 冻结质量好。用液氮冻结食品时,由于温度极低,热交换很强,所以通过最大冻晶生成带的时间仅为5min,使冻结食品中的细胞内和细胞间隙中的水分能同时冻结成极细小的冰晶体,但对细胞无破坏作用,食品解冻后仍能最大限度地恢复原有的营养成分和新鲜状态,故液氮冻结使得食品的保鲜度很高,质量优良。

③ 冻结食品的干耗小。一般冻结设备的冻结食品的干耗率为3%~6%,而用液氮冻结食品的干耗率仅为0.6%~1%。

④ 冻结食品抗氧化强。液氮喷淋食品进行冻结时,所产生的气体是惰性气体氮气,因而食品在冻结过程中不会被氧化和变色。

⑤ 具有节约性。液氮冻结设备同机械型制冷的冻结设备相比,在冻结能力相同的情况下,安装面积可以节约5/6,一次投资费用可节省30%,所需动力只为机械冷冻法的1/10左右,而且人工少。

⑥ 液氮冻结设备易于实现机械化、自动化流水作业线,提高生产率,并可改善低温下操作的条件和劳动强度。

⑦ 可以冻结普通冻结方法目前尚不能冻结的食品。

(3) 液体二氧化碳喷雾冻结装置

液体二氧化碳经喷嘴喷出后,43%的液体二氧化碳变成雪花状的固体干冰,57%的液体二氧化碳变为气体。此时干冰与气体二氧化碳的温度都是-79℃。干冰升华需要吸收潜热,干冰升华形成的气体二氧化碳升温时也要吸收显热。显热量占显热与潜热量总和的15%左右,显热所占份额不大,故没有必要回收这部分显热。因此,液体二氧化碳喷雾冻结装置做成箱形,内装螺旋式传送带来冻结食品。但是液体二氧化碳的冻结温度不如液氮低,所以冻结时间比液氮较长。且在冻结能力相同时,液体二氧化碳的冻结装置要大一些,设备投资多。

另外,气化后的二氧化碳排到大气中不予回收,其原因是回收费用太高,经济上不合算。它的最大缺点是成本高。但与机械制冷设备相比投资较少,动力消耗少,占地面积少,便于连续生产,冻结速度快,食品的冻结质量好。且液体二氧化碳气体,用制冷机也很容易使其重新液化。

4. 混合冻结装置

为了在冻结过程中提高冻结效率可同时使用两种及以上的冻结装置,其称为混合冻结装置。

第三节 冷链信息技术

一、RFID 技术

射频识别(radio freguency identification,RFID)技术,又称电子标签、无线射频识别,是一种通信技术,可通过无线电信号识别特定目标并读写相关数据,无须识别系统与特定目标之间建立机械或光学接触。射频识别技术和条码技术比较相似,由连接在微处理器上的天线构成,里面包含了唯一的产品识别码,当用户激活标志的感应天线时,标志将返回一个识别码。和条码不同的是,射频识别技术可以容纳更多的数据,不需要可见的瞄准线即可读取数据,并准许写入数据。

(一)射频识别标志类型

1. 被动射频识别标志

大多数射频识别标志是简单的被动标志。这些标志的天线监测阅读器的能量会传送到微处理芯片中,然后让阅读器传送数据。因为射频识别标志的主要目的是产品管理和追踪,所以标志并不需要能量去操作温度传感器或者进行远程的通信。不过 EPC GLOBAL 标准定义了半被动和主动标志,成为 ClassⅢ和ClassⅣ,各自具有不同的功能,如表 4-5 所示。

表 4-5 射频识别标志的分类和说明

分 类	说 明
Class0/ClassⅠ(第 0,1 类)	ClassⅠ为只读的被动识别标志
ClassⅡ(第 2 类)	ClassⅡ被动识别标志,包含贮存或者加密功能
ClassⅢ(第 3 类)	ClassⅢ半被动识别标志,支持宽带通信
ClassⅣ(第 4 类)	ClassⅣ主动识别标志,能够和同频率的标志或者阅读器进行点对点的宽带通信
ClassⅤ(第 5 类)	ClassⅤ实际上是阅读器,能够给第 1、2、3 类标志提供能量并可以和第 4 类标志一样进行无线通信

2. 半被动射频识别标志

半被动标志保持休眠状态,被阅读器激发后向阅读器发送数据。半被动识别标志具有较长的电池寿命,并不会有太多的射频频率干扰。另外,数据传输范围更大,对半被动标志来说可以达到10～30m,而被动标志则只有1～3m。

3. 主动射频识别标志

主动射频识别标志同样有电池,不过跟半被动识别标志不一样,它们主动地发送信号,并监听从阅读器传来的响应。一些主动识别标志能够更改程序转变成半被动标志。

主动式温度感应射频识别标志能够用来提供更为自动化的冷链监测程序。它可以贴在托盘上或者产品的包装箱上(使用何种方式由成本决定),保存的温度记录在经过阅读器时被下载。阅读器可以放置在冷链运输的开始、结尾及中间的一些交接站点。主动式温度感应射频识别标志为冷链温度监测提供了能够100%保存数据的解决方案。

(二)射频识别技术特征

RFID技术作为一种新型自动识别技术,已逐渐成为企业提高冷链物流管理水平,降低成本,实现企业管理信息化,特别是增强物流企业核心竞争能力不可缺少的技术工具和手段。RFID技术具有以下特征。

1. 跟踪冷链物流,增加生鲜食品冷链管理的透明度

RFID技术的核心是标签上的电子产品代码(electronic product code,EPC),由于EPC提供的是对物理对象的唯一标识,所以利用EPC可以实现货物在整个冷链链条上的物流跟踪,而且RFID温度标签还可以提供温度的监控,保证了冷链物流中货物的质量安全。应用RFID技术后,生鲜食品从生产开始,它在供应链上的整个流动过程都会被及时、准确地跟踪,做到透明化。

2. 简化作业流程,提高生鲜食品物流效率

生鲜食品的自身特点决定对其操作应尽量简化,缩短操作时间。因此,在生鲜食品托盘上和包装箱上贴上RFID标签,在配送中心出/入口处安装阅读器,无须人工操作,且可以满足叉车将货物进行出/入仓库移动操作时的信息扫描要求,而且可以远距离动态地一次性识别多个标签。这样大幅节省了出/入库的作业时间,提高了作业效率。

另外,在顾客最后付款的时候,只需推着选好的商品通过RFID阅读器,就可以直接在计算机屏幕上看到自己所消费的金额,而不用再花很长时间等收银员用扫描仪一件一件地扫描商品后再结算支付。其实现产品全方位跟踪,确保产品质量安全,提供可靠获取产品信息的渠道,极大地保护了消费者利益。目前,冷链物流监控追溯技术应用领域主要用于药监局的药监码工程、商业部的放心肉工程和猪肉追溯系统、医疗植入性器械追溯系统等。

3. 降低企业管理成本,增加市场销售机会

RFID 技术应用于生鲜食品库存管理,可以减少人工审核工作,且能保证储存货物质量的安全性,降低管理成本。对于零售商来讲,当自动补货系统显示需要补货,就可以立即向上游企业订货,通过切实可行的 RFID 解决方案和 RFID 技术保证所需货物安全、准时到达,这样就不会出现短或缺货现象,也提高了自身的顾客服务质量,增加了销售机会,提高了收入。

二、温湿度监测设备

1. 手持温度检测器

手持温度检测器,是在冷链中应用最多的基本设备。它们具有各种各样的型式,包括使用热电耦的无线探测器和一些新型电子温度计。它们需要手工操作来获得数据,包括将探头插入产品或者手工打开电子温度计。这些设备具有准确、易用、相对便宜、购买方便等特点,如图 4-1 所示。

2. 圆图温度记录仪

圆图温度记录仪是在 100 多年前发明的,通常称为帕罗特图。设备记录在图纸上显示数据曲线并定期存档。圆图记录仪可以应用于各种各样的设备,是采集和贮存数据的简单方法。这种方法的缺点是经常需要人工更换笔纸,设备记录需妥善保存,自动化程度不高,有时会出现机械故障而导致记录不准确,如图 4-2 所示。

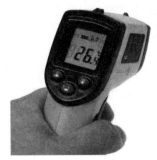
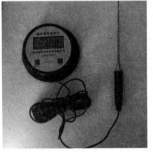

图 4-1 手持温度检测器　　　　　图 4-2 圆图温度记录仪

3. 温湿度记录器

在冷链中使用最广泛的是产品温度记录器。记录器体积较小,由电池提供能量,可以跟随产品记录温度和湿度,具有多种贮存容量,根据具体需要进行选择。可对记录时间间隔和警报数据临界值进行更改。用户在将产品装载后出发前,将温度记录器装载于运输物品间隙或者和产品包装在一起。在运输过程中超出温度设置时,警报器会发出警报,并记录警报的时间和温度。

温度记录器的时间和温度数据可以通过数据接口和桌面软件下载到计算机中。还可以用一些网络软件对数据进行处理以适应多种站点的应用。温度记录器的准确度较高,冷藏时误差为±0.6℃;冷冻时误差为±1.1℃。大多数设备使用的不是一次性电池,电池寿命取决于具体使用情况,一般在1年左右。一次性产品的电池是不可更换的,这些产品电池寿命较长且记录精度较高,能够适应于一些高端产品(如药品),通常产品使用完毕后,由厂家提供回收服务,如图4-3所示。

图4-3 温湿度记录器

温湿度记录器有多种类型,包括单个构造和具有硬接线的探头设备,一些设备可以利用机械、模拟或者电子手段与控制系统连接。大多数设备利用可以感应温度的热电耦,然后利用各种各样的方式进行贮存和显示。有些记录器可直接在本地设备上显示温度,而另外一些则需要将数据长传到远程显示设备。不过这些设备通常有贮存数据的功能,并提供计算机程序的数据读取接口。如果必要的话,这些设备可以包含打印设备或者与打印设备相连来打印温度记录。

温湿度记录器有固定式和移动式两种。固定式设备可以安装在各种冷藏设备上,如冷藏库、冷藏运输车或者冷藏零售柜;移动式设备主要用来追踪一些商品,从供应链的发货到接收地全程监测。

三、现代温控技术

(一)RFID温度标签

RFID温度标签能够识别温度变化的准确时间,实时收集温度数据,并将数据传输到阅读器进行记录,专用于识别和定位物品,在机械温度监控及冷链运输方面得到广泛的应用。温度RFID标签能够在产品身份识别的同时对其所处环境温度进行测量和记录,实时地判断物品在储运过程中环境温度是否超出允许范围,实现品质全过程可追溯。

RFID标签如同一张电子"身份证",可以记录货物的所有信息,其中包括货物的实时温度信息。当冷链周转箱出库时,读写器能一次性读取到该批次各冷链保温箱内的所有 RFID 温度标签的信息。使冷链周转箱出入库的信息录入实现了自动化,缩短时间的同时也确保了出入库信息的准确性。当货物量很大时,出入库自动读取信息能够解决物流操作环节的瓶颈问题。

传统温度记录仪通过有线连接到相关设备并读取相应温度数据,而应用 RFID 温度标签则无须打开冷链周转箱,外面的读写器能通过无线射频自动读取冷链箱内的货物温度记录数据,冷链不会断掉,而且可以随时了解产品在途温度。RFID 温度标签技术实现全程冷链监控,在低温药品的生命周期管理中,冷链的连续数据很重要,为达到冷链商品在库、配送过程的无缝冷链监控目的,要对冷链商品在库、出库、运输、交货、回库环节进行温度监控。

RFID 温度标签应用范围如下。

1. 存放于温箱中

温箱是冷链和热链中最常见和单品数量最庞大的应用环境,RFID 温度标签的探头通过孔放进温箱内对箱内温度进行实时监控。适用于热链餐饮配送、海鲜食品、血包配送等,系统安装简便,只需将标签探头放入温箱,标签外壳紧贴于温箱外,将 RF 天线引入车厢,便能完成温度数据的采集。

2. 存放于冷库中

为实现整合冷链一体化智能管理,节省系统成本,将温度传感器的 GPRS+温度探头放入冷库内固定,通过固定在冷库外的 GPRS、GSM 模块进行温度数据的传输。针对不正常的升温或降温,通过后台监控报警后,工作人员迅速采取降温或升温措施,从而降低或避免损失。

3. 存放于冷藏车中

RFID 温度标签直接放置在冷藏车车厢内对运输物品进行度监控。把读写器放在驾驶室,把 RF 天线引入冷厢内,温度标签直接放入冷厢内,寻找合适的位置固定。通过读写器,将冷车内的温度变化实时传输给温控中心。控制中心负责与智能车载终端的信息交换,各种短信息的分类、记录和转发,与其他相关职能部门的网络互联,以及这些部门之间业务信息的流动。同时对整个网络状况进行监控管理。其适用于血液、疫苗、生鲜食品、雪糕、冻肉的配送等。

(二)基于 RFID+GPRS 的冷链物流温湿度监控技术

基于 RFID+GPRS 的冷链物流温湿度监控技术,通过先进的有源 RFID 技术和无线通信技术进行结合,对产品的品质进行细致的、实时的管理。该系统适用于冷藏车厢内温度数据的采集传输、记录和超限报警。若利用传统温湿度监测手段,只能监测端到端的节点温湿度,即使节点测量温湿度正常,也不能保证运输过程中的温湿度始终正常,而利用 RFID 技术,可以了解水果在运输过程中是否发生了温湿度变化以及可能由此引起的质量变化。

基于 RFID+GPRS 的冷链物流温湿度监控技术的工作原理如下。

1. 温湿度信息采集

温湿度标签会被加载到集装箱或目标物品(箱)上,待装运出发后,即持续记录物品所处环境的温湿度。一般有两种应用模式,一种是在每个中间站点或目的地一次性上传温湿度曲线,物流管理平台整合所有上传数据,分环节监控物品质量;另一种是在运输车辆/船舶上设置 GPRS 实时传输设备,物流管理平台能够不间断对目标物品进行监测。

这两种模式的唯一区别在于,后一种即实时模式能够起到抢救部分贵重物品的作用,而不仅仅是像前一种模式只能鉴定物品是否遭到损坏。当然,有源标签是标识某一个包装箱(柜)的,同一个集装箱内的不同包装单位是可以通过安装多个有源标签进行监测的。

2. 在途车辆信息采集

RFID 读写器通过无线方式选取冷藏车厢内 RFID 电子温湿度标签,并通过数据线传输给 GPS 车载终端设备,同时 GPS 车载终端设备通过外置天线接收 GPS 定位卫星的定位信息。GPS 车载终端设备在获得温湿度信息和 GPS 定位信息后通过 GPRS 无线网络发送到通信数据中心。通信数据中心再通过 APN 专用隧道将加密数据经路由器发送到 GPS 通信网关,最后传输到数据库服务器。

该监测设备也可以配置 GPS 模块,通过 GPS 和 GIS 技术,监控中心可以对集装箱车辆进行地理位置定位和调度。如果温湿度变化超出一个预先设定的范围,如 20~30℃,系统将自动给出预警。如果曲线中间有一段记录是明显低于 20℃,此时可以根据此时间查询相应的地点和外在环境,以便于探究相应的温湿度变化原因。

(三) 无线温湿度传感器

无线温湿度传感器是集成传感、无线通信、低功耗等技术的无线传感网络产品。无线温湿度传感器选用温湿度一体传感元件,采集环境的温湿度,通过无线方式上传数据,可选 490MHz/2.4GHz,Wi-Fi(无线宽带)通信方式。无线温湿度传感器主要应用于仓储、冷藏、冰柜、恒温恒湿生产车间、办公场所等环境的温湿度监测。

1. 无线温湿度传感器特点

(1) 实时性。可以在线自动监测设备内关键点的温度变化,实时显示。

(2) 免布线。采用无线数据传输,内部电池供电,无线温度传感器节点安装简便,不用任何布线。

(3) 免维护。系统中所有设备均采用一体化设计,安装后不要任何维护。

(4) 安全性。采用无线温度传感器,完全与电气设备隔离,安全,可靠。

(5) 方便性。基于 Windows 平台,利用 USB 或接口技术与计算机即插即用。

(6) 低功耗。无线温度传感器节点选用先进的无线收发芯片,耗能极低,电池持续工作时间长达 1 年以上。

(7) 高效益。节约购买昂贵的测温仪器费用,节约人力,减少设备维护,提高工作效率,实现电力运行自动化。

2. 无线温控传感器功能

(1) 动态记录功能。连续如实采集和记录监测空间内温度参数情况,以数字和图形、表格方式进行实时显示和记录监测信息。

(2) 数据统计分析功能。实时显示或者历史显示房间的各参数曲线变化,可以同时显示多个不同房间的环境参数曲线,更方便进行比较分析。可显示参数列表、实时曲线图、实时数据、累计数据、历史等更加贴近用户需求。

(3) 数据存储功能。所有的数据采集和记录上传到计算机上,按要求记录各采集点温度变化曲线或表格及工作情况;可以保存、备份、归档等。

(4) 打印、报表功能。按要求打印各个温度变化曲线或表格及工作情况报告。

(5) 数据远程自动传送。可以将采集到的温度数据在设定的时间段内发送到指定手机上,如图 4-4 所示。

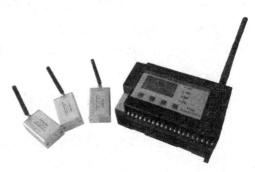

图 4-4 无线温控传感器

四、物联网与追溯技术

(一) 物联网

物联网(internet of things)被称为物物相连的互联网,即把所有物品通过射频识别、红外感应器、全球定位系统和激光扫描器等信息传感设备与互联网连接起来,进行信息交换和通信,实现智能化识别、定位、跟踪、监控和管理。物联网可以广泛应用于公共管理企业应用、个人和家庭应用等方面,被称为继计算机、互联网之后,世界信息产业的第三次浪潮。

1. 物联网的内涵

物联网是新一代信息技术的重要组成部分,也是信息化时代的重要发展阶段。顾名思义,物联网就是物物相连的互联网。这有两层意思:其一,物联网的核心和基础仍然是互联网,是在互联网基础上延伸和扩展的网络;其二,其用户端延伸和扩展到了任何物品与物品之间，进行信息交换和通信，也就是物物相息。物联网通过智能感知、识别技术与普适计算等通信感知技术，广泛应用于网络的融合中，也因此被称为继计算机、互联网之后世界信息产业发展的第三次浪潮。

物联网是互联网的应用拓展，与其说物联网是网络，不如说物联网是业务和应用。因此，应用创新是物联网发展的核心，以用户体验为核心的创新是物联网发展的灵魂。

物联网这一概念由凯文·阿什顿（Kevin Ashton）于1999年提出，阿什顿认为计算机最终能够自主产生及收集数据，而无须人工干预，因此将推动物联网的诞生。简单来说，物联网的理念在于物体之间的通信，以及相互之间的在线互动。2005年，在突尼斯举行的信息社会世界峰会上，国际电信联盟发布了《ITU互联网报告2005：物联网》，正式提出了物联网的概念。尽管上述场景令人难以置信，但随着物联网的发展，类似场景终将成为现实。

目前，世界各国的物联网发展基本上处于技术研究与试验阶段。美国、日本、韩国、中国、欧盟等国家和组织都投入巨资深入研究物联网，并启动了以物联网为基础的"智慧地球""U-Japan""U-Korea""感知中国"等国家或区域战略规划。IBM的学者认为："智慧地球"就是将感应器嵌入和装备到电网、铁路、桥梁、隧道、公路、建筑、供水系统、大坝和油气管道等各种物体中，并通过超级计算机和云计算组成物联网，实现人类与物理系统的整合。

2．物联网关键技术

在物联网应用中有三项关键技术：传感器技术、RFID技术和嵌入式系统技术。

（1）传感器技术

传感器技术是计算机应用中的关键技术。计算机处理的是数字信号，因此，需要传感器把模拟信号转换成数字信号，以便计算机进行处理。

（2）RFID技术

RFID技术也是一种传感器技术，它是将无线射频技术和嵌入式技术融为一体的综合技术，在自动识别和物流管理方面有广阔的应用前景。

（3）嵌入式系统技术

嵌入式系统技术是综合了计算机软硬件、传感器技术、集成电路技术和电子应用技术的复杂技术。经过几十年的演变，以嵌入式系统为特征的智能终端产品随处可见，小到人们身边的智能手机，大到航天航空的卫星系统。嵌入式系统正在改变着人们的生活，推动着工业生产等的发展。如果把物联网比作人体，那么传感器相当于人的眼睛、鼻子和皮肤等感官，网络就是神经系统，用来传递信息，嵌入式系统则是人的大脑，在接收到信息后要进行分类处理。

3．物联网在冷链中的应用

将物联网应用于冷链中将使冷链物流智能化，即管理智能化、物流可视化及信息透明化，使冷链创造更多的价值。冷链产业中的生产商、物流商、销售商和消费者通过可接入互联网的各种终端,能随时随地获知冷链货物的状况,享受物联网技术带来的安全性和及时性。

物联网技术接口丰富,可以对冷链运输车辆进行自动识别,提高通关速度,减少集疏作业的拥堵现象,也可以对冷链货物进行跟踪。在作业指导方面,物联网技术可以进行智能预警,通过对重要或异常数据的预警,提高管理的效率,规避风险。消息通知可对时效性要求高的信息进行即时提醒,加快作业效率,也可以进行柔性智能控制、统一指挥作业。同时,物联网技术的应用还可以减少冷链中的冷库和分销点因雇用劳动力所带来的人力成本,也节约了大量的冷库和分销点监控成本。

4. 物联网技术在港口物流中的应用

港口口岸物联网是物联网的一个子系统,它利用各类传感器、GPS定位和视频监控等技术采集港口物流的信息,并通过互联网把陆路客货运输、港口码头作业、堆场(园区)仓储作业和物流装备等港口物流系统有机整合起来,为口岸管理部门和港航企业提供各类监管和生产信息。港口物流物联网技术主要体现在无线终端、电子闸口、电子地磅、条码应用、电子标签、EDI接口;支持手持终端操作,车载终端操作,EDI功能可产生自定义报文,与客户的信息系统进行资料交换;能够完成船舶管理,集装箱单证管理、堆场管理、场站管理、数据交换、客户管理,综合自动计费管理及数据统计分析等业务功能。港口信息物流系统主要包括客户管理子系统、船务管理子系统、码头堆场管理子系统、机械设备管理子系统,综合计费管理子系统、EDI管理子系统和查询统计子系统。

(二)追溯技术

1. 追溯系统的概述

国际标准化组织对可追溯性的定义是通过标识信息追踪个体的历史、应用情况和所处位置的能力。在欧盟委员会2002年178号法令中,可追溯性被定义为:食品、饲料、畜产品和饲料原料,在生产、加工,流通的所有阶段具有的跟踪追寻其痕迹的能力。

根据以上概念,冷链物流追溯系统数据建立包含生产、收购、运输、储存、装卸、搬运、包装、配送、流通加工和分销,直到终端客户的物流全过程,并在每一环节进行严格记录。

食品可追溯系统(food traceability system)是在以欧洲疯牛病危机为代表的食源性恶性事件在全球范围内频繁暴发的背景下,由法国等部分欧盟国家在食品规范委员会(Codex Alimentarius Commission,CAC)生物技术食品政府间特别工作组会议上提出的一种旨在加强食品安全信息传递、控制食源性危害和保障消费者利益的信息记录体系,主要包括记录管理、查询管理、标识管理、责任管理和信用管理5个部分。

冷链追溯系统可对冷链产品从生产到销售进行全方位跟踪,以确保产品安全,为消费者提供一个安全可靠的获取产品信息的渠道,极大地保护了消费者的利益。对于政府而言,建立冷链物流追溯系统能迅速识别食品安全事故责任,大幅降低产品召回成本;就整个冷链市场来说,可以促进企业通过科学的手段进行生产、运输、贮藏和销售,有利于改善市场竞争环境。

当今客户越来越希望知道产品原料的来源,及其能量值、贮存温度、生产日期和销售日期。有些食品加工企业已经建立了全流程追溯体系,如每一头生猪都配备唯一的"检验检疫及胴体追溯"条码,真正做到"来源可追溯、去向可查询、责任可追究",所有产品百分百合格方能出厂。

2. 建立追溯体系

(1)通用要求

通用要求如下。

① 追溯体系的设计和实施符合《饲料和食品链的可追溯性—体系设计与实施的通用原则和基本要求》(GB/T 22005—2009)对食品链可追溯性体系的通用要求,并充分满足客户需求。

② 追溯体系的设计应将食品冷链物流中的温度信息作为主要追溯内容。建立和完善全程温度监测管理和环节间交接制度,实现温度全程可追溯。

③ 应配置相关的温度测量设备对环境温度和产品温度进行测量和记录。温度测量设备应通过计量检定并定期校准。

④ 应制定详细的食品冷链物流温度监测作业规范。明确食品在不同物流环节的温度监测和记录要求(包括温度测量设备要求、测温点的选择、允许的温度偏差范围、温度监测方法和温度监测结果的记录),以及温度记录保存方法和保存期限等要求。

⑤ 应制定适宜的培训、监视和审查制度,对操作人员进行必要的培训,使其能够根据检测方法对冷链物流温度进行监测和记录,完成交接确认等操作。

⑥ 应对食品冷链物流追溯体系进行验证。确保追溯体系的记录连续,真实有效。

(2)追溯信息

追溯信息如下。

① 食品冷链物流服务提供方在物流作业过程中应及时、准确、完整地记录各物流环节的追溯信息。

② 食品冷链物流运输、仓储、装卸环节的追溯信息主要包括客户信息、产品信息、温度信息、收发货信息和交接信息,必要时可增加补充信息,见表4-6。

表4-6 食品冷链物流追溯信息

信 息 类 型	说　　　明
客户信息	客户名称、服务日期
产品信息	食品名称、数量、生产批号、追溯标识、保质期

续表

信息类型	说明
温度信息	环境温度记录、产品温度记录(采集时间和温度)、运输工具或仓库名称、运输时间或仓储时间
收发货信息	前后环节的企业或部门名称、收发货时间、收发货地点
交接信息	产品温度确认记录、交接时间、交接地点、外包装良好情况、操作人员签名
补充信息	温度测量设备和方法(包括温度测量设备的名称、精确度、测温位置、测量和记录间隔时间等);装载前运输载体预冷温度信息(包括预冷时间、预冷温度、装车时间、作业环境温度及开始装车后的载体内的环境温度);特殊情况追溯信息

③ 运输和仓储环境追溯温度信息时对环境温度记录有争议的,可通过查验产品温度记录进行追溯。

④ 当食品冷链物流环节中制冷设备或温度记录设备出现异常时,应将出现异常的时间、原因、采取的措施及采取措施后的温度记录作为特殊情况的温度追溯信息。

(3) 追溯标识

对追溯标识的要求如下。

① 食品冷链物流服务提供方应全程加强食品防护,保证包装完整,并确保追溯标识清晰、完整、未经涂改。

② 食品冷链物流服务过程中需对食品另行添加包装的,其新增追溯标识应与原标识保持一致。

③ 追溯标识应始终保留在产品包装上,或者附在产品的托盘或随附文件上。

(4) 温度记录

关于温度记录的要求如下。

① 追溯体系中的温度记录应便于与外界进行数据交换,温度记录应真实有效,不得涂改。

② 温度记录载体可以是纸质文件,也可以是电子文件。温度标示可以用数字,也可以用图表。

③ 温度记录在物流作业结束后作为随附文件提交给冷链物流服务需求方。

④ 运输和仓储环节内的温度信息宜采用环境温度,交接时温度信息宜采用产品温度,运输过程中产品温度的测量,应选择车厢门开启边缘处的顶部和底部的样品。

卸车时产品温度测量的取样点包括5个部分:靠近车门开启边缘处的车厢的顶部和底部,车厢的顶部和远端角落处(尽可能远离制冷温控设备),车厢的中间位置,车厢前面的中心(尽可能靠近制冷温控设备),以及车厢前面的顶部和底部角落(尽可能靠近空气回流入口)。

(5) 产品交接

进行产品交接时应按以下顺序检查、测量并记录温度信息。

① 环境温度记录：检查环境温度监测记录是否符合温控要求，并记录。

② 产品表面温度：测量货物外箱表面温度或内包装表面温度，并记录。

③ 产品中心温度：如产品表面温度超出可接受范围，还应测量产品中心温度，或者采用双方可接受的测温方式测温并进行记录。

3. 温度信息采集

（1）运输环节

运输环节的温度信息采集如下。

① 装运产品前应对运输载体进行预冷。查看相关产品质量证明文件，确认承运的货物运输包装完好，测量并记录产品温度，并和上一环节操作人员签字确认。

② 运输过程中应全程连续记录运输载体内的环境温度信息。运输载体的环境温度一般可用回风口温度表示运输过程中的温度，必要时以载体 2/3～3/4 处的感应器的温度记录作为辅助温度记录。

③ 运输过程中需提供产品温度记录时，产品温度测量点的选取参见前文所述。

④ 运输结束时，应与下一环节的操作人员对产品温度进行测量和记录，且经双方签字确认。产品温度测量点的选取参见前文所述。

⑤ 运输服务完成后，根据冷链运输需求方的要求，提供与运输时间段相吻合的温度记录。

⑥ 运输过程中每一次转载视为不同的作业和追溯环节。转载装卸时应符合装卸环节的相关要求。

（2）仓储环节

仓储环节的温度信息采集如下。

① 产品入库前，应查看相关产品质量证明文件，并与运输环节的操作人员对食品的运输温度记录、入库时间和交接产品温度进行记录并签字确认。

② 当接收产品的温度超出合理范围时，应详细注明当时的温度情况，包括接收时产品温度、处理措施和时间、处理后的温度及入库时冷库温度等温度记录的补充信息。

③ 冷库温度记录和显示设备宜放置在冷库外便于查看和控制的地方。温度记录器应放置在最能反映产品温度或平均温度的位置，如放在冷库相关位置的高处。温度记录器应远离温度有波动的地方，如远离冷风机和货物进出口旁，确保温度记录准确。

④ 冷库环境温度的测量记录可按《冷库管理规范》（GB/T 30134—2013）中的相关要求进行。冷库内温度记录器的设置数量需满足温度记录的需要。

⑤ 需提供仓储过程中的产品温度记录时，冷库产品温度的测量，按下述方法进行。当货箱紧密地堆在一起时，应测量最外边的单元包装内靠外侧的包装的温度值，以及本批货物中心的单元包装的内部温度值。它们分别被称为本批产品的外部温度和中心温度。两者的差异视为本批货物的温度差，需进行多次测量，以记录本批货物的准

确温度。

⑥ 产品出冷库时,应与下一环节的操作人员确认冷库温度记录,以及交接时的产品温度并签字确认。

⑦ 涉及分拆、包装等物流加工作业的,应确保追溯标识符合相关要求,并详细记录食品名称、数量、批号、保质期、分拆和包装时的环境温度和产品温度,作为仓储环节的加工追溯信息。

⑧ 仓储环节完成后,根据冷链仓储需求方的要求,提供仓储过程中的温度记录。

(3) 装卸环节

装卸环节的温度信息采集如下。

① 装卸前应先对产品的包装完好程度、追溯标识进行检查。对环境温度记录进行确认。选取合适的样品测量产品温度并确认签字。

② 装卸环节的温度追溯信息包括装卸前的环境温度、产品温度、装卸时间及装卸完成后的产品温度和环境温度。

③ 装载时的追溯补充信息包括装车时间,预冷温度,作业环境温度及开始装车后的运输载体内的环境温度。

④ 卸载时的追溯补充信息包括到达时的运输载体环境温度、卸货时间及将要转入的冷库温度。

4. 追溯信息管理

(1) 信息存储

应建立信息管理制度。纸质记录应及时归档,电子记录应及时备份。记录至少保存2年。

(2) 信息传输

冷链物流前后环节交接时应做到信息共享。每次冷链物流服务完成后,服务提供方应将信息提供给服务需求方。

5. 实施追溯

食品冷链物流服务提供方应保留相关追溯信息,积极响应客户的追溯请求并实施追溯。追溯请求和实施条件可在商务协议中进行规定。

食品冷链物流服务提供方应根据相关法律法规、商业惯例或合同实施追溯,特别是遇到以下情况。

① 发现产品有质量问题时,应及时实施追溯。

② 根据服务协议或客户提出的追溯要求,向客户提交相关追溯信息。

③ 当前后环节的企业对产品有疑问时,应根据情况配合进行追溯。

④ 当发生食品安全事故时,应快速实施追溯。

实施追溯时,应将相关追溯信息数据封存。以备检查。

6. 追溯系统相关技术

追溯系统中的关键技术之一是可追溯信息链源头信息的载体技术,由此产生和发展起来一门重要技术——标识技术。冷链全程中常用的标识技术有条码技术和RFID技术等。目前,针对动物个体,在饲养场和屠宰加工厂经常使用RFID技术,在蔬菜等种植业产品中主要运用条码技术。RFID技术已在前面进行了介绍,在此仅介绍条码技术。

条码技术是实现销售终端(point of sale,POS)系统、EDI、电子商务和供应链管理的技术基础,是现代物流管理的重要技术手段。条码技术包括条码的编码技术、条码标识符号的设计、快速识别技术和计算机管理技术,是实现计算机管理和电子数据交换不可少的前端采集技术。

20世纪80年代中期,我国一些高等院校、科研部门及一些出口企业开始研究和推广应用条码技术。图书馆、邮电、物资管理部门和外贸部门逐渐开始使用条码技术。1991年4月9日,中国物品编码中心正式加入了国际物品编码协会,国际物品编码协会分配给我国的前缀码为690、691、692,许多企业获得了条码标记的使用权。我国的商品大量进入国际市场,给企业带来了可观的经济效益。

条码技术属于自动识别技术范畴,在当今自动识别技术中占有重要的地位,是快速、准确地进行数据采集和输入的有效手段。条码有一维条码和二维条码。我国常用的是一维条码,如EAN码、UPC码、交叉25码、39码、Codabar码等。一维条码共同的缺点是信息容量小、需要与数据库相连,防伪性和纠错能力较差。

条码技术功能强大,有输入速度快、准确率高、可靠性强和成本低等特点,在我国物流业应用广泛。

(1)应用于大型超市或购物中心。超级市场中打上条码的商品经扫描,自动计价,并同时做好销售记录。相关部门可利用这些记录做统计分析、预测未来需求和制订进货计划,在这种情况下,一般会配套使用POS设备。

POS系统在物流中的应用通过以下流程实现:先将销售的商品贴上表示该商品信息的条码(可能是Bar Code,也可能是内部码),然后在顾客结账时,销售终端设备通过扫描仪自动读取商品条码,通过店铺内的计算机确认商品的单价,计算顾客购买总金额,销售终端设备打印出小票,随后各个店铺的各个销售设备的销售信息通过在线连接方式传送给总部或物流中心,最后总部、物流中心和店铺利用销售信息来进行库存调整、配送管理和商品订货等作业。

实现以上流程时应注意,收银员必须在工作前登录才能进行终端操作,即门店中每个收银员都实行统一编号,每一个收银员都有一个ID和密码,只有收银员输入了正确的ID和密码后,才能进入操作界面进行操作。在交接班结束时,收银员必须退出系统以便让其他收银品使用该终端。如果收银员在操作时需要暂时离开终端,可以使终端处于"登出或关闭"状态,在返回时重新登录。

(2) 应用于配送中心。订货信息先通过计算机网络从终端向计算机中心输入,然后通过打印机打印,以条码及拣货单的形式输出。操作人员将条码贴在集装箱的侧面,并将拣货单放入集装箱内。在拣选过程中,集装箱一旦到达指定的货架前,自动扫描装置会立即读出条码的内容,并自动进行分货,极大地提高了配送效率和配送速度。

(3) 应用于库存管理。在库存物资的规格包装、集装、托盘货物上应用条码技术,入库时自动扫描并输入计算机,由计算机处理后形成库存信息,并输出入库区位、货架和货位的指令;出库程序则正好相反。这样经过信息系统的分析处理,可精确地掌握并控制库存信息。

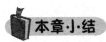

本章主要介绍了冷链物流技术相关理论知识。首先介绍了食品常用的冷藏保鲜技术,之后在食品冻结相关理论基础上介绍了食品冻结技术和常见的方法,最后介绍了RFID、温湿度监测设备、现代温控技术、物联网与追溯技术等现代冷链信息技术的相关概况。

一、单选题

1. 简易贮藏保鲜不包括（　　）。
   A. 埋藏　　　　　　B. 堆藏　　　　　　C. 窖藏　　　　　　D. 冻藏
2. 食品冻结过程中发生的物理变化不包括（　　）。
   A. 体积膨胀　　　　　　　　　　　　　B. 比热容下降
   C. 形成滴落液　　　　　　　　　　　　D. 热导率减小
3. 平板冻结装置的优点不包括（　　）。
   A. 操作方便　　　　　　　　　　　　　B. 放热系数小
   C. 耗电量小　　　　　　　　　　　　　D. 占地面积小

二、名词解释

1. 食品冻结。
2. 预冷。
3. 物联网。
4. 冷风冷却。
5. 气调保鲜技术。

三、简答题
1. 冷水冷却有哪些优缺点?
2. 简答 RFID 技术的特征。
3. 简述装卸环节的温度信息采集要点。
4. 简述物联网在冷链物流中的应用。

拓展阅读 4.3　物流车辆数字化综合服务平台应用及推广意义

第五章

冷链物流包装

学习目标

1. 掌握冷链物流包装含义与功能,熟悉冷链物流包装分类。
2. 了解包装标准化的具体表现,掌握冷链物流包装标准及标识。
3. 能够根据实际需要选择合理包装技术。

学习导航

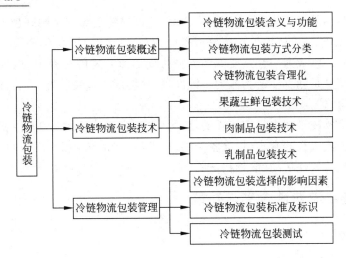

案例引导

Softbox 发布新型可回收温控冷链包装

为医药、生命科学和冷链服务的温控包装解决方案供应商 Softbox,近日发布了一款新的可回收温控包装物 Tempcell ECO。该包装物由瓦楞纸箱及其正在申请专利的非塑料隔热材料 Softbox Thermaflute 制成。

该包装物的隔热效果类似于传统的发泡聚苯乙烯材料,但使用方便可回收再利用。包装物交付用户后可以在商业场所或家庭回收箱处理,便于统一组装收集。

Softbox首席执行官 Kevin Valentine 说,当前,社会对减少废物并回收再利用的可持续要求越来越高,因此,需要在设计和制造中使用更少的材料且回收不需要更专业的操作。

资料来源:中国物流与采购联合会,http://www.chinawuliu.com.cn/zixun/202007/07/513119.shtml。

案例思考

1. 冷链物流包装起到什么作用?
2. 请思考研发推广可回收再利用的冷链物流包装对社会的意义。

第一节 冷链物流包装概述

随着大众生活品质的提升,人们对农产品、乳制品等食品安全越来越重视。作为保障产品安全的重要环节,冷链物流包装便显得尤为重要。如何提高冷链物流活动中的包装质量,保障产品安全,成为一个重要课题。在长期的商业发展过程中,包装的功能逐渐趋向于多元化。特别是随着冷链物流的不断发展,冷链物流包装的好坏,直接关系到所运输产品的质量安全。

包装在整个物流活动中具有特殊的地位。在生产和流通过程中,包装一般处于生产过程的末尾和物流过程的开头,贯穿整个物流过程。它是物流活动的基础,没有包装几乎不可能实现物流的其他活动(散货物流除外)。

一、冷链物流包装含义与功能

(一)冷链物流包装的含义

冷链物流包装,泛指冷藏冷冻类食品在生产、贮藏运输、销售到消费者面前的各个环节中,始终处于规定的低温环境下,通过合理的包装方式保证食品质量,减少食品损耗的一项系统解决方案。它是随着科学技术的进步、制冷技术的发展而建立起来的,以冷冻工艺学为基础,以制冷技术为手段的低温物流过程。冷链物流包装适用于生鲜农产品(如蔬菜、水果、肉、禽、蛋)、加工食品(如速冻食品、熟食、冰激凌和奶制品)、特殊商品(如药品)

等。包装旨在保证冷藏产品优质、安全,减少损耗,并优化企业内外物流过程。为实现该目标,研究和实施合理化包装变得日益重要。

据了解,冷链物流的包装与普通包装相比有一些比较特殊的要求:一是包装容器耐低温性能优越,很多产品要求在-18℃的环境下运输贮存,更有些肉制品及药品需要在-35℃的深冷库储存,普通材质无法耐受;二是食品级材料要求,因为有些直接接触或者间接接触食品与药品,所以对包装容器的材质要求也比较严格,一般要求达到食品级;三是部分包装容器为网目型,利于空气流通、生鲜品呼吸作用顺利进行等。简言之,包装的材料、形式、方法及外形设计都会对其他冷链物流环节产生重要的影响。

(二)冷链物流包装的功能

对于生鲜农产品、加工食品及药品等需要采用冷链物流的产品而言,包装除了具备基本功能外,还需要其他一些适于保证产品质量的功能,主要包括以下几个方面。

1. 保护功能

即保护物品不受损伤保障质量安全的功能,它体现了包装的主要目的,包括以下 4 个方面。

(1)防止物品的破损变形。为了防止物品的破损变形,物品包装必须承受在运输配送、储存保管、装卸搬运等过程中的各种冲击、振动、颠簸、压缩、摩擦等外力的作用,形成对外力的保护,且具有一定的强度。

(2)防止物品发生化学变化。为了防止物品受潮、发霉、变质、生锈等化学变化,物品包装必须能在一定程度上起到阻隔水分、潮气、光线及空气中各种有害气体的作用,避免外界不良因素的影响。

(3)防止有害生物对物品的影响。鼠、虫及其他有害生物对物品有很大的破坏性。包装封闭不严,会给细菌、虫类以侵入之机,导致食品变质腐败。

(4)防止异物流入造成污染,防止物品丢失、散失。例如,合理包装可使果蔬产品在运输中保持良好状态,减少机械伤、病害蔓延和水分蒸发,避免腐烂变质,提高商品率和卫生质量。

2. 便利、效率功能

即具有便利冷链运输、方便消费的功能,主要体现在以下 3 个方面。

(1)便于冷链运输。包装的规格、形状、质量与物品运输关系密切。包装尺寸与运输车辆、船舶、飞机等运输工具箱、仓容积的吻合性,方便了运输,提高了运输效率。

(2)便利装卸搬运。物品经过适当的包装后为装卸搬运作业提供了方便,物品的包装便于各种装卸搬运机械的使用,有利于提高装卸搬运机械的生产效率。

(3)便利贮存保管。从装卸搬运角度看,物品进、出库时,在包装规格尺寸、质量、形态上适合仓库内的作业,为仓库提供了装卸搬运的方便。例如,为了防止肉中水分的过度丧失,应使储运环境的相对湿度保持在85%~95%,这就要求使用透湿率低的包装材料,阻止包装内部与外部的气体交换和水分的损失。

3. 定量功能

即单位定量或单元化,形成基本单位或与目的相适应的单件。包装有将商品以某种单位集中的功能,以达到方便物流和方便商业交易等目的。从物流方面来考虑,包装单位的大小要和装卸、保管、运输条件的能力相适应,应当尽量做到便于集中输送以获得最佳的经济效果,同时又要求能分割及重新组合,以适应多种装运条件及分货要求。从商业交易方面来考虑,包装单位大小应适合于进行交易的批量,零售商品应适合于消费者的一次购买。

4. 商品功能

即创造商品形象。杜邦定律认为,63%的消费者是根据商品的包装来进行购买的,而商品市场和消费者是通过商品来认识企业的。因此,商品的包装就是企业的面孔,好的商品包装能够在一定程度上提高企业的市场形象。

5. 促销功能

即具有广告效力,唤起消费者购买欲望。合理的包装有利于促进商品的销售。在商品交易中促进物品销售的手段很多,其中包装的装潢设计占有重要地位,精美的包装能唤起人们的购买欲望。包装的外部形态是商品很好的宣传品,对客户的购买有刺激作用。

6. 通风、冷却功能

很多产品在运输和储存的时候需要实施温度控制,而包装箱必须能够提供良好的通风条件以适应这个需求。良好的温度管理基于产品和其周围空气的良好接触而实现。对一些产品来说,有些通过包装表面的气流即可满足要求,而有些则需要在箱子内部放置强制通风风扇,并增加通风区域面积以加速热交换。此时,包装箱表面需要增加通风口,使得冷空气能够进入包装箱。需要注意的是,为了保持箱子的强度,通风口与边缘的距离至少要超过5cm,以免包装箱强度减弱,对产品造成破坏。

一些特定的水果在到达零售市场前,还在持续着成熟的过程。为了保证这个成熟过程,需要将它们维持在一定的合适温度中。一个好的包装,既能适应通风的需求,也能满足水果成熟的加热和气体处理。例如,一些航空运输的包装箱可能没有通风设计(有些时候甚至要绝热),为了防止产品自发热,在包装箱里加冰或低温保冷剂,以维持产品处在低温状态。

在现代市场经济的发展中,商品包装承担着保护商品、便利储运和宣传美化的作用。基于行业统计数据,每年我国商品由于包装不善带来的损失高达400多亿元。因而,合理化的包装在整个物流及供应链环节有着举足轻重的地位。

二、冷链物流包装方式分类

现代商品的品种繁多,性能、用途各异,对包装的要求也各不相同,这也使包装的类型繁多。可根据包装的功能、流通中的作用等对包装方式进行分类。

(一) 按照包装的功能分类

按包装的功能可以把包装划分为销售包装和运输包装两类。

1. 销售包装

销售包装(promotion packaging)又称商业包装、消费者包装或内包装,是以促进销售为主要目的的包装。它主要是根据零售业的需要,作为商品的一部分或为方便携带所做的包装,即逐个包装。一般来说,在物流过程中,商品越接近顾客,越要求包装起到促进销售的效果。这种包装的特点是外形美观,有必要的装饰,包装上有对于商品的详细说明,包装单位适于顾客的购买以及商店柜台陈设的要求。

在B2C这种电子商务模式中,销售包装应该是最重要的。因为顾客在购买商品之前,在网上最先能够看到的就是这种商品的包装,只有商品包装吸引人,才能够引发顾客的购买欲望。而且,随着顾客个性化需求的出现,顾客在购买商品时,可能会要求商家按照自己的需要对商品进行包装,以满足自己特定的需要,这也是企业必须注重商业包装的一个原因。

销售包装的主要功能是定量功能、标识功能、商业功能、便利功能和促销功能,主要目的在于促销、便于商品在柜台上零售和提高作业效率。

2. 运输包装

运输包装(transport packaging)又称工业包装或外包装,是满足运输储存为主要目的的包装,即是为了在物品的运输配送、储存保管和装卸搬运过程中保护商品所进行的包装。运输包装不像商业包装那样注重外表的美观,它更强调包装的实用性和费用的低廉性。因此,运输包装的特点是在满足物流要求的基础上包装费用越低越好,为此必须在包装费用和物流运作中的损失二者之间寻求最优。

在B2B这种商业模式中,运输包装较为重要,因为企业在购买其他企业的产品时,肯定已经对该产品的各项性能有了基本了解,而购买此商品的主要目的就是为生产自己的产品服务。因此,企业并不在乎商品包装的外观,而更在乎商品包装能否保证商品的质量不受损失。

拓展阅读5.1　生鲜电商冷链包装方式分析

（二）按包装在流通中的作用分类

包装按照其在流通过程中的作用可以分为单个包装、内包装和外包装。

1. 单个包装

单个包装也称为小包装，是物品送到消费者手中的最小单位，用袋或其他容器将物品一部分或全部包装起来，并且印有商品的标志或说明等信息资料。这种包装一般属于商业包装，应注意美观，以起到促进销售的作用。小包装主要发挥促进销售、便于使用的作用。

2. 内包装

内包装是物品或单个包装，或整个规整包装，或置于中间容器中，目的是对物品或单个包装起保护作用。

3. 外包装

外包装基于物品输送的目的，要起到保护作用并考虑输送搬运作业的方便，一般置入箱袋中，根据需要对容器有缓冲防震、固定、防温、防水的技术措施要求。一般外包装有密封、增强功能，并且有相应的标志说明。常见的外包装有集装袋、集装包、托盘和集装箱。

内包装和外包装属于工业包装，更着重对物品的保护，其包装作业过程可以认为是物流领域内的活动。

（三）按其他标志分类

前面的分类，是以包装在物流中发挥的作用不同为指标，对于其他包装方式，则是按照不同的分类依据划分的，如表 5-1 所示。

表 5-1　包装的其他分类方式

分类依据	类型
产品经营方式	内销产品包装、出口产品包装和特殊产品包装等
包装使用次数	一次用包装、多次用包装和中转用包装等
包装容器抗变能力	硬包装和软包装等
包装容器结构形式	固定式包装和可拆卸折叠式包装等
产品种类	农产品包装、药品包装和乳制品包装等
包装技术方法	防震包装、防湿包装、防锈包装和防霉包装等
包装适用范围	通用包装和专用包装等

三、冷链物流包装合理化

产品被包装后就进入了供应链，从包装到用户购买和消费，供应链中存在着多个环节,这些环节对包装的要求是各种各样的。在包装设计的时候,需要使得包装满足所需要求,以保证产品在供应链中能够顺畅地流通,并保持高质量的状态到达最终消费者手中。

(一)不合理冷链物流包装

不合理包装是在现有条件下可以达到的包装水平而未达到,从而造成了包装不足、包装过剩、包装污染等问题。目前,存在的不合理包装形式有以下几种。

1. 包装不足

包装不足会造成在流通过程中的损失及降低物流效率,包装不足主要表现为:①包装强度不足,导致包装防护性不足,造成包装物的损失;②包装材料水平不足,由于包装材料选择不当,材料不能很好地承担运输防护及促进销售的作用;③包装容器的层次及容积不足,缺少必要层次与所需体积不足造成损失;④包装成本过低,不能进行有效的包装。

2. 包装过剩

包装过剩最终会导致包装成本的提高,造成企业成本损失。包装过剩主要包括:①包装物强度设计过高,如包装材料载面过大、包装方式大幅超过强度要求等,使包装防护性过高;②包装材料选择标准过高,如可以用纸板而采用镀锌、镀锡材料等;③包装技术过高,如包装层次过多、包装体积过大;④包装成本过高,大幅超过减少损失可能获得的利益,同时包装成本在商品成本中比重过高,损害了消费者利益。

3. 包装污染

包装污染主要包括两个方面:一是包装材料中大量使用的纸箱、木箱、塑料容器等,要消耗大量的自然资源;二是商品包装的一次性、豪华性,甚至采用不可降解的包装材料,严重污染环境。

(二)合理冷链物流包装

包装合理化指适应和克服流通过程中的各种障碍,适应物流发展而不断优化,取得最佳经济社会效益,充分发挥包装实体有用功能的包装。在冷链物流活动过程中,包装合理化朝着智能化、标准化、绿色化、单位大型化、作业机械化、成本低廉化等方向不断发展。包装合理化具体表现在以下几个方面。

1. 包装智能化

物流信息化发展和管理的一个基础是包装智能化,包装上的信息量不足或错误会直接影响冷链物流各个活动的进行。随着物流信息化程度的提高,包装上除了标明内装物的数量、质量、品名、生产厂家、保质期及搬运储存所需条件等信息外,还应粘贴商品条形码、流通条码等,以实现包装智能化。

2. 包装标准化

包装标准是针对包装质量和有关包装质量的各个方面，由一定的权威机构所发布的统一的规定。包装标准化可以大幅减少包装的规格型号，提高包装的生产效率，便于被包装物品的识别和计量，它包括包装规格尺寸标准化、包装工业产品标准化和包装强度标准化三个方面。

3. 包装绿色化

基于环境保护和可持续发展的理念，在选择冷链物流包装方式时，应遵循绿色化原则，通过减少包装材料、重复使用、循环使用、回收使用材料等包装措施，以及回收利用和生物降解、分解等来推行绿色包装，以避免资源的浪费。

4. 单位大型化

随着交易单位的大量化和物流过程中的装卸机械化，包装大型化趋势也在增强。大型化包装有利于机械的使用，提高物流活动效率。

5. 作业机械化

包装作业机械化从逐个包装机械化开始，直到装箱、封口、捆扎等外包装作业完成。同时，还有使用托盘堆码机进行的自动单元化包装等。包装机械化是提高包装作业效率、减轻人工包装作业强度、实现省力的基础。

6. 成本低廉化

在冷链物流过程中，包装成本中占比例最大的是包装材料费用。因此，降低包装成本首先应该从降低包装材料费用开始，在保证包装功能的前提下，尽量降低材料的档次，节约材料费用支出。

第二节 冷链物流包装技术

产品被包装后就进入了供应链。从包装到用户购买和使用，供应链中存在着多个环节，这些环节对包装的要求是各种各样的。在包装设计的时候，需要使包装满足所需要求，以保证产品在供应链中能够顺畅地流通，并保持高质量的状态到达最终消费者。

一、果蔬生鲜包装技术

果蔬包装是标准化、商品化，保证安全运输和贮藏的重要措施，一般会选择标准化包装容器。包装容器一般指在商品流通过程中，为了保护商品，方便储存，利于运输，促进销售，防止环境污染和预防安全事故，按一定技术规范而用的包装器具、材料及其他辅助物的总体名称。包装容器包括包装袋、包装盒、包装瓶、包装罐和包装箱等。列入现代物流包装行列的包装箱主要有瓦楞纸箱、木箱、托盘集合包装、集装箱和塑料周转箱,它们在满足商品运输包装功能方面各具特点,必须根据实际需要合理地加以选择和使用。

(一)包装容器的要求

包装容器的要求主要包括以下几个方面。

1. 保持水分

由于脱水而枯萎干燥的产品很难在市场上被消费者接受。即便水果和蔬菜表面并没有呈现枯萎状态,由于失水造成的质量减少也会造成不可忽略的经济损失。脱水在产品的表面蒸汽压力大于周围环境蒸汽压力的时候发生,由于水蒸气的扩散,使得水分从产品扩散到周围环境中。为了较好地保持产品中的水分,良好的包装需要能够将产品周围的环境保持在较高的湿度水平上。包裹纸和塑料薄膜常常用来保持水果的水分,由于包装物阻碍了湿气的流通,不会轻易让水分离开被包裹的产品。

2. 通透性

保持通透性对一些产品来说,有些通过包装表面的气流即可满足要求,而有些则需要在箱子内部放置强制通风风扇,并增加通风区域面积以加速热交换。此时包装箱表面需要增加通风口,使得冷空气能够进入包装箱。需要注意的是,为了保持箱子的强度,通风口与边缘的距离至少要超过5cm,以免包装箱强度减弱,对产品造成破坏。

一些特定的水果在到达零售市场前,还在持续着成熟过程。为了保证这个成熟过程,需要将它们维持在一定的合适温度中,有些时候还需要用乙烯气体对它们进行处理。一个好的包装,既能适应通风的需求,也能满足水果成熟的加热和气体处理要求。

3. 防潮性

许多生鲜果蔬产品包装必须能够忍耐高湿度环境。储藏设施通常具有高达85%~90%的相对湿度,而产品产生的水分则往往能够在包装内制造接近100%的湿度环境。当包装从冷藏车辆中,或者冷藏库里取出来的时候,湿气可能会在包装的表面结露。一些果蔬产品使用水冷,或者为了保证低温运输箱内放有冰块,这个时候同样也很容易发生结露。因此,包装箱必须能够直接与水接触。塑料或者木质包装一般能够承受高湿度环境,也可以与水直接接触。纸箱可以通过在表面涂覆蜡、聚乙烯、树脂和其他一些塑料的混合物来提高耐湿能力。

4. 保护性

消费者通常会拒绝购买具有明显损伤的产品,具有明显损伤的产品往往只能打折出售。果蔬在采收后的处理中,一个最基本的要求就是防止损伤。生长过程和采收过程中出现损伤的产品可以在采收后的分类过程中分离。而剩下的产品在进入市场流通前,需要利用良好的包装来避免搬运、运输等一些不平稳操作中对产品带来的物理损伤。

5. 方便贮运

许多箱子在市场供应链中需要人工搬运,所以包装的质量需要有一定的限制。而一些产品的包装设计仅仅允许机械搬运,这些常常是一些体积庞大、人工无法搬运的包装箱如用托盘运输待处理的莴苣等。包装的结构需要适应各种搬运过程,包括机械搬运和人工搬运。有一些瓦楞纸箱,在两侧开口,使得搬运人员能够双手伸入并抬起。没有开孔的纸箱,可以利用绳子等捆带捆绑纸箱,并将把手固定在捆带上面,使得搬运人员可以单手提起箱子。这种纸箱质量往往较小,以避免搬运人员受伤。

(二)包装的种类和规格

生鲜果蔬产品在生产过程中,由于受多种因素的影响,其大小、形状、色泽、成熟度、病虫伤害、机械损伤等状况差异甚大,即使同一植株的个体,甚至同枝条的果实商品性状也不可能完全一样,而从若干果园收集的果品,必然大小不一,良莠不齐。按商品不同性状分类才有利于包装。包装容器种类、材料及使用范围如表5-2所示。

表5-2 包装容器种类、材料及使用范围

种 类	材 料	使 用 范 围
塑料箱	高密度聚乙烯/聚苯乙烯	高档果蔬
纸箱	板纸	任何果蔬
钙塑箱	聚乙烯/碳酸钙	任何果蔬
板条箱	木板条	任何果蔬
筐	竹子、荆条	任何果蔬
加固竹筐	筐体竹皮/筐盖木板	任何果蔬
网袋	天然纤维或合成纤维	不易擦伤、含水量少的果蔬

(三)常用支撑物和衬垫物

果蔬通过合理包装可以改善商品外观,提高商品价值,减少表面的病原微生物,减少水分蒸腾,保持产品的新鲜度,抑制呼吸代谢,延缓衰老。同时,果蔬包装后仍进行一系列的生理生化活动,因而需要在整体包装中加入一些支撑物或衬垫物,减少腐烂等的发生。果蔬包装常用各种支撑物或衬垫物的种类及作用如表5-3所示。

表5-3 果蔬包装常用各种支撑物或衬垫物的种类及作用

种 类	作 用	品 种 示 例
纸	衬垫、包装及化学药剂的载体,缓冲挤压	鸭梨
托盘(纸或塑料)	分离产品及衬垫,减少碰撞	蔬菜
瓦楞插板	分离产品及衬垫,增大支撑强度	苹果

续表

种　　类	作　　用	品种示例
泡沫塑料	衬垫,减少摩擦、缓冲震荡、保温	荔枝
塑料薄膜袋	保护产品,控制失水和吸水	柑橘

适宜的温度、湿度和气体组合是果蔬包装的三大要素,也是通常果蔬贮运最基本的控制条件。同时,由于低温、低氧气、高湿的特殊环境,果蔬的生理代谢将降至最低限度,营养物质和能量消耗最少,抗病能力较强,从而推迟果蔬的后熟和衰败,保鲜期大幅延长。

基于环境保护和可持续发展的理念,在选择冷链物流包装方式时,应遵循绿色化原则,通过减少包装材料、重复使用、循环使用、回收使用材料等包装措施及生物降解、分解等来推行绿色包装,以避免资源的浪费。

二、肉制品包装技术

为了防止肉中水分的过度散失,应使储运环境的相对湿度保持在 85%～95%,这就要求使用透湿率低的包装材料,降低组织包装内部与外部的气体交换和水分的损失。所以,一般通过包装和冷藏相结合的方法来达到保鲜抑菌的作用。

(一) 真空包装

真空包装指通过抽真空形式,使包装紧贴肉制品,抑制肉品中的水分渗出,同时阻隔氧气,抑制细菌繁殖,提高肉品的安全性。真空包装由于除去了使脂肪酸败及微生物赖以生存的氧气,可使肉保存相当长的时间。由于真空包装肉制品时,肉类基本上处于无氧环境中,肉类的颜色会变浅或发白,这种颜色不利于肉类的销售。

如果在保证真空包装的储存效果时,使真空包装的颜色变好,则真空包装非常适合于销售包装。因此,可以考虑使真空包装的透气率在不同的流通阶段发生变化,储存时保持较低的透气率,保证肉类不因氧气过多使微生物大量繁殖而导致腐败;销售时保持较高的透气率,使鲜肉快速与氧气反应呈现鲜红色,促进销售。

这种真空包装设计如图 5-1 所示,肉类放于具有较强吸水性的纸托盘上,防止肉汁渗出,然后用具有较高透气率的薄膜1进行拉伸裹包或袋装,再用阻气性很好的薄膜2进行套装并抽真空、封口。利用该方式包装后,由于鲜肉在储存时处于真空环境中,所以在很长的储存期内不会发生腐败现象,此时肉制品呈浅红色或粉红色。当肉制品在柜台

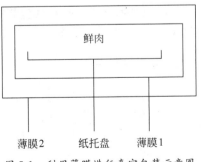

图 5-1　利用薄膜进行真空包装示意图

出售时,销售人员将外层薄膜 2 打开,此时外界的氧气会很快地穿过薄膜 1 与肉制品发生反应,肉制品吸氧后变为鲜红的颜色,从而促进肉制品的销售。

以上这种真空包装法也称为减压包装法或排气包装法,可阻挡外界水汽进入包装容器内,也可防止在密闭着的防潮包装内部存有潮湿空气,在气温下降时结露。一般肉类商品都可以采用真空包装。真空包装不但可以避免或减少脂肪氧化,而且抑制了某些霉菌和细菌的生长。同时在对其进行加热杀菌时,由于容器内部气体已排除,因此加速了热量的传导,提高了高温杀菌效率,也避免了加热杀菌时气体膨胀而使包装容器破裂。

(二)气调包装

气调包装(modified atmosphere packaging,MAP)也称充气包装,就是将包装袋内的空气抽去后再充入一定比例的氮气、二氧化碳和氧气,使氧气的渗入可能性降低至最低限度,以抑制微生物的生长繁殖,进而延长了产品的保鲜期。肉制品充气包装中各种气体的最适比例如表 5-4 所示。

表 5-4 肉制品充气包装中各种气体的最适比例

肉的品种	混合比例	使用国家(地区)
新鲜肉(5~12 天)	$70\%O_2+20\%CO_2+10\%N$ 或 $75\%O_2+25\%CO_2$	欧洲
鲜碎肉制品和香肠	$33.3\%O_2+33.3\%CO_2+33.3\%N_2$	瑞士
新鲜斩拌肉馅	$70\%O_2+30\%CO_2$	英国
熏制香肠	$75\%CO_2+25\%N_2$	德国及北欧国家
香肠及熟肉(4~8 周)	$75\%CO_2+25\%N_2$	德国及北欧国家
家禽(6~14 天)	$50\%O_2+25\%CO_2+25\%N_2$	德国及北欧国家

肉类气调包装可分为两类:一类是猪、牛、羊肉,肉呈红色又称为红肉包装,要求既保持鲜肉红色色泽又能防腐保鲜;另一类鸡鸭等家禽肉,可称为白肉包装,只要求防腐保鲜。目前,国际上认为最有效的鲜肉保鲜技术是用高浓度二氧化碳充气包装。

在欧美国家,超市中包装方便的肉制品基本上都是混合气体充气包装。目前这种方式在我国也开始应用。在充气包装中,二氧化碳具有良好的抑菌作用,氧气为保持肉品鲜红性所必需,而氮气则主要起调节及缓冲作用。

(三)活性包装

活性包装(active packaging,AP)主要应用在食品包装上,相对于过去的用物理方法阻隔气体、水蒸气和光等来说,它在延长食品货架寿命方面起着积极的作用,能提供更好的保护。因此,活性包装作为一种智能型技术正得到广泛的开发应用。

1. 吸收氧气系统

肉制品包装中存在的氧气会加速肉制品的腐败变质。氧气会引起许多肉制品产生异味、颜色变化和营养价值的流失,并会加速细菌的繁殖。因而,放入包装中的装有脱氧剂的独立小袋已获得了商业应用,小袋中的脱氧剂通常是研磨得很细的氧化铁。

2. 二氧化碳清除剂和发生剂

在某些肉制品包装中需要有高含量的二氧化碳,因为它们能抑制肉制品表面的细菌繁殖和降低呼吸速率,在调节包装中需要产生各种浓度的二氧化碳来适应特定食品要求。

3. 灭菌剂的释放系统

某些防腐剂可以用作活性物质,将它们加入到聚合物包装材料中或附在包装材料上,能达到灭菌效果。可以用作灭菌剂的活性物质包括乙醇和其他醇类、山梨酸盐、苯甲酸盐、丙酸盐、杆菌素和硫黄等。

三、乳制品包装技术

乳制品的储藏、运输、销售都需要冷链,为了确保新鲜乳制品从生产源头安全地送达到消费者的手中,冷链物流在整个链条中扮演着重要的角色。如果这些产品在分销渠道中没有严格的冷链环境,流通环节产生了"断链",将会导致产品在冷链物流环节产生较大损失。

无论是液态奶还是固态乳制品,其包装形式中最常见的是软包装,以往简单的单层塑料袋充斥了整个软包装市场,现今单层塑料袋已逐渐淡出乳品软包装市场,各种新材料、新技术使乳品软包装市场焕然一新。适合于各种鲜奶的复合包装材料(黑白膜、纸/塑复合等)、造型新颖、成本不高的包装形式(百利包、康美包等)、功能先进、生产效率高的印刷复合设备(凹凸机、柔印机、干式复合机等),使乳品软包装市场呈现繁荣景象。

造成乳制品变质、变味的原因很多,从包装上来分析,很重要的原因是用于乳制品包装的塑料复合膜、袋,其阻氧性能不符合要求。下面介绍几种乳制品的包装。

1. 利乐枕类包装

利乐无菌砖、利乐枕是瑞典利乐公司的专利产品,从20世纪80年代进入我国市场以来,一直处于行业领先的垄断地位,占据国内市场90%以上的份额。现在,山东泉林包装有限公司也开发了相同类型的包装材料——泉林包,并在乳品和饮料包装领域逐渐成长起来,市场发展前景较好。

采用该类包装的乳品保质期长,适合远距离运输,有利于扩大产品的销售范围,是超高温瞬间灭菌奶高档包装的主要形式之一,泉林包如图5-2所示。

2. 屋顶包

屋顶包是美国国际纸业引入我国的一种包装概念,目前除国际纸业以外,一些国内包装企业也开发出了不同材料的屋顶形包装,包括纸塑复合材料和纸铝塑复合材料的包装。

目前，国内使用的屋顶包中较为典型的一种结构为印刷层/纸/PE，其中，PE层主要通过挤出涂布方式进行复合，复合用纸是经过特殊处理的专用纸，印刷采用高氏或施密特公司的醇溶性油墨。屋顶包乳品的保质期因材料结构不同，差别较大，一般保质期为45天左右的屋顶包主要用于乳品生产基地周边的鲜奶销售包装。由于这种包装的阻隔性能较差，因此在运输和销售过程中需要利用冷链储运，其消费群主要集中在长江以南地区，如图5-3所示。

图5-2 泉林包示意图

图5-3 屋顶包示意图

3. 复合塑料软包装

在我国的乳品包装中，塑料软包装凭着本身成本低、生产效率高、印刷精美等特点，在液态奶包装市场中占有相当大的比例，是长江以北地区销售液态奶的主要包装形式，也是一种经济适用的包装，发展前景广阔。据统计，全国液态奶市场上超高温灭菌奶用塑料软包装的用量为每年12万t左右。

复合包装膜所用的薄膜材料主要为聚乙烯（PE）共挤膜，其层数不同，原料配比不同，应用领域也不同，如图5-4所示。

图5-4 复合塑料软包装示意图

乳制品中导致腐败的菌是低温腐败菌。低温腐败菌是乳制品保藏过程中常见的污染菌。有些腐败菌具有很强的分解脂肪和蛋白质的能力，导致冷藏乳制品腐败。乳制品的包装技术在乳制品原有的口味、微量元素含量及营养等方面有着非常重要的作用。

包装产品的发展实则是包装材料、形式、机械及技术等多个元素的不断变化，推动了乳制品包装的不断提高，时至今日，乳制品包装经历了时间的历练，已经进入了多元化时代。2010至2050年将会是一个以环保、经济为主导的外壳包装和塑料包装的新时代。

第三节 冷链物流包装管理

在整个冷链物流及供应链管理系统中,包装既是生产的终点,又是物流的起点。产品能否经历漫长的冷链流通环节,经过各种不同的环境条件,最终安全无损地送达客户手中,是每个客户最关注的问题。一个好的包装能够保证产品在进入市场前的安全性,同时能够决定产品效益,因此绝不能忽略包装测试的重要性。

一、冷链物流包装选择的影响因素

现代包装包括设计材料、机械、技术、贸易、工艺美术等多个方面,选择如何包装,应综合考虑以下几个因素。

1. 被包装物的性质

由于被包装物的性质千差万别,在选择包装方式、技术等之前,应充分认识包装物品的各种物流、化学和生物性质,从而更好地选择合适的包装。

2. 流通过程的环境条件

对被包装物在流通过程中的环境条件,如运输配送工具、装卸搬运条件、储存保管设施等进行全面调查研究,根据不同的流通环境来确定合理的包装。

3. 包装材料、容器的选择

包装材料、容器种类很多,性能也差异很大,选择包装材料、容器时应根据包装物品的特性和流通条件,做到既增强包装强度,又不浪费。另外,应考虑包装材料废弃后便于处理,不污染或少污染环境,对环境和人体健康无害。

4. 包装费用

包装费用是商品生产成本的一部分,包装费用过高,就提高了商品的生产成本,售价随之提高,这既影响了产品的销售,又损害了消费者的利益。因此,选择包装应认真全面核算包装成本,既要达到包装效果,又要使包装成本最低,以降低产品售价,减轻消费者负担。

5. 标准和法规

包装的选择必须遵守有关标准(国家、地方、行业或企业标准),出口商品应符合国际标准。

二、冷链物流包装标准及标识

(一)包装尺寸系列标准

1. 包装基础模数尺寸

包装模数是包装尺寸标准化、系列化的基础。包装模数标准一般为600mm×

400mm,有了包装模数尺寸,进入流通领域的产品必须按照模数规定的尺寸包装,这有利于各种包装物品的组合、小包装集合包装、集装运输、储存保管,整个物流过程的合理化。

2. 单元货物最大底平面尺寸

单元货物指通过一种或多种手段将一组货物或包装件固定在一起,使其形成一个整体单元,以利于装卸、运输、堆码和储存。单元货物底平面最大尺寸标注规定有3个:1200mm×1000mm、1200mm×800mm、1140mm×1140mm。

3. 硬质直方体运输包装尺寸系列

硬质直方体运输包装件的平面尺寸由模式尺寸计算出来,共25个,其高度尺寸可以自由选定。

4. 圆柱体运输包装尺寸系列

圆柱体运输包装尺寸根据包装单元货物平面尺寸1200mm×1000mm、1200mm×800mm、1140mm×1140mm确定,其高度尺寸按产品特点和有关标准确定。

5. 袋类运输包装尺寸系列

袋类运输包装扁平尺寸经过装载形成满载尺寸过程中受多种因素影响,如内装物种类、填装方法、缝口形成及装满后的堆码方法等。

6. 集装袋运输包装尺寸系列

集装袋运输包装尺寸可根据内装物特性及运载工具的具体情况自行选定。

7. 包装运输件尺寸界限

在设计包装运输件和装载运输时,应考虑运输方式及运载工具,根据运载工具载货空间的大小来确定运输包装件的尺寸。

(二)包装标志

包装标志指在包装件外部用文字、图形、数字制作的特定记号和说明事项。包装标志主要有运输标志、指示性标志和警告性标志。

1. 运输标志

运输标志是按运输规定,由托运人在货件上制作的表示货件与运单主要内容相一致的标记。其作用主要是便于识别货物,便于收货人收货,有利于运输、仓储、检验等。运输标志的主要内容包括商品分类图示标志、供货号、货号、品名规格、数量、毛重、净重、生产日期、生产工厂、体积、有效期限、收货地点和单位、发货单位、运输号码、发运件数等。

2. 指示性标志

根据商品的性能和特点,用简单醒目的图案及文字对一些容易破碎、残损、变质的商品,在包装的一定位置上做出指示性标志,以便在装卸搬运操作和储存保管时适当注意,例如,此端向上、怕湿、小心轻放、由此吊起、禁止滚翻、重心点、禁用手钩、远离放射源及热源、堆码质量极限、堆码层数极限等。

3. 警告性标志

警告性标志主要是针对危险品,按规定的标志在危险货物运输包装上以不同的种类、名称、尺寸、颜色及图案标示不同类别和性质的危险品的标志。其可以提醒人们在运输、储存、保管等活动中注意保护物资和人员的安全。凡包装内装有爆炸品、有毒品、腐蚀性物品、氧化剂和放射性物品等危险品的,应在运输包装上刷写清楚明显的危险品警告标志。

三、冷链物流包装测试

包装测试主要检验产品包装是否合适,包装设计与包装材料是否能为包装物在冷链物流流通中起到保护作用。如果产品不妥善包装,难免会受损,并产生产品质量和安全问题。因此,通过对产品进行运输包装的测试,可以尽早发现问题,以免利益和名誉受损。其测试包括多个方面,针对包装运输测试、箱体结构、纸质、环境保护(有害物质、循环利用)等多个方面,国际上有不同的管理机构和法规标准。目前,通用的包装测试标准为ISTA包装测试标准。

拓展阅读5.2　国际安全运输协会

如何使包装物在实验状态下所受的损毁与实际物流环境中观察到的破坏程度接近或一致呢?有效方法是必须设计出与可能出现的真实场景(即破坏性场景)一样的模拟环境。

1. 测试设计的基本要求

为了使模拟实验做到真实、准确、经济、快捷、方便,就必须明确设计的基本要求,主要包括以下几个方面。

(1) 在物流中出现频率较高的危害类型、大小与主次。

(2) 利用哪种实验可重现整个或主要破坏过程的发生顺序。

(3) 实验时应具备的条件和时间过程。

(4) 实验过程的成本核算。

(5) 实验样本的抽取数量。

(6) 以往实验和实际资料的积累等。

2. 实验设计步骤

测定不同环境因素对商品包装在物流过程中的影响程度，一般应采取以下几个步骤。

（1）要查明冷链物流活动中的各个环节，确定这些环节中包含可能造成危害的因素。

（2）要确定模拟这些危害因素应进行哪一类或几类实验项目，如模拟适宜的温湿度调节、确定包装物的状态、介入的破坏因素和实验的破坏程度等。对于某些影响小的破坏因素可在实验中忽略不计，以突出主要破坏因素造成的损毁程度。

（3）根据特定的包装物和具体物流环节的组合，确定实验强度的基本数值，并依照危害因素出现的顺序合理确定实验程序。

3. 测试结果的评估

按照已制定出的一系列模拟实际冷链物流过程的试验方法，来模拟或重现流通过程中的危险，从而判断包装物在特定物流环境下导致损毁的原因。通过这些模拟测试，可从以下几个方面进行评价。

（1）评价或筛选出更为安全和适合的包装容器材料、结构和工艺，以提高包装作业的可靠性。

（2）比较不同包装容器、结构的不同防护功能，以便有的放矢地选择包装物。

（3）确定特殊包装容器防护措施的最佳适宜数据值。

（4）确定包装件或包装容器的性能指标，以便有效地进行整体质量控制等，当然包装性能的试验方法必须按国际（国家）标准进行。

测试的目的是确定包装盒产品在各种情况［震动、坠落、水平冲击（轨道运输情况）和挤压］下的表现，测试通过模拟系列情景过程来评价包装。

本章小结

在整个冷链物流及供应链管理系统中，包装既是生产的终点，又是物流的起点。一个好的包装能够保证产品在进入市场前的安全性，同时能够决定产品效益，因此绝不能忽略包装测试的重要性。本章主要介绍了冷链物流包装的相关知识，包括冷链物流包装的含义与功能，冷链物流包装方式与分类，讲解了包装合理化的具体表现，进一步介绍了冷链物流包装标准、标识及合理的冷链包装技术。

课后复习题

一、单选题

1. 对包装的理解应包括（　　）。

A. 包装物和包装操作　　　　　　B. 商流过程
C. 销售过程　　　　　　　　　　D. 技术操作
2. 冷链物流包装的（　　）是最基本，也是最重要的核心功能。
A. 保护功能　　　　　　　　　　B. 便利功能
C. 销售功能　　　　　　　　　　D. 通风冷却功能
3. 在物流标志中，小心轻放、由此吊起等标志属于（　　）。
A. 文字标志　　　　　　　　　　B. 警告性标志
C. 识别标志　　　　　　　　　　D. 指示性标志

二、名词解释

1. 冷链物流包装。
2. 包装标志。
3. 真空包装。
4. 气调包装。

三、简答题

1. 简要描述冷链物流包装选择的影响因素。
2. 简答冷链物流包装与普通包装相比的特殊要求。
3. 简答冷链物流包装的功能。

拓展阅读 5.3　德国的农产品保鲜包装物流体系

第六章 冷链物流运输

学习目标

1. 熟悉冷链运输含义和特征，了解冷链运输的作用与发展趋势。
2. 掌握公路、铁路冷藏运输的基本要求与应用。
3. 熟悉航空冷链运输和多式联运冷链运输的特点。
4. 能够正确使用合适的冷藏运输工具完成冷链工作任务。

学习导航

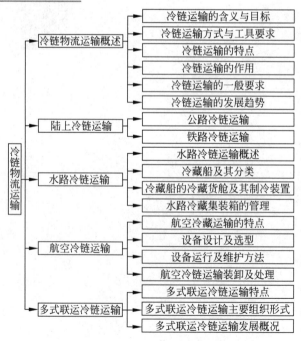

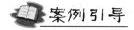

如何正确操作冷藏车以保证货物的正常运输

在气温越来越高的今天,冷藏车使用次数上升。比如,牛奶、雪糕之类食品需要温度低于0℃才能保证它的新鲜,那么就需要我们正确地使用和操作冷藏车,这样才能够保证货物的完好运送和保存。因为冷藏车是专门用于对温度敏感的产品所使用的,所以温度的保证又是冷藏车的关键。如果使用或操作不当,会导致货物不能在完好的状态下保存或运送。

预防性的保养就可以使维修及营运费用降至最低。在我们正常的使用过程中,对车辆及制冷机的保养与维护是必不可少的。只有按时对设备进行正确的维护和保养,才能保证设备的正常使用和延长设备的使用寿命。

通常,底盘发动机是按照行驶里程进行维护和保养的,而冷冻机组是按照发动机工作小时制定维护和保养的,一般来说制冷机工作到 700h 的时候就需要更换机油滤芯、燃油滤芯、空气滤芯;并注意检查皮带的松紧度、制冷系统有无泄漏等。然而,目前个别品牌的冷冻机组为了适应环保的需求,尽量减少对环境的破坏,减少有害物质的排放,因而采用合成机油或半合成机油来替代普通机油,从而延长了发动机的保养时间,通常按照 2000h 做一次保养。因此,减少了废旧机油的排放。

另外,经过科学实验证明,通过使用这种高端机油,不仅减少对发动机的磨损,还可以减少发动机的燃油消耗。因此,科学的维护和保养,不仅可以保证设备的完好,还可以降低营运成本。

资料来源:中国物流与采购联合会,http://www.chinawuliu.com.cn/xsyj/201911/05/296010.shtml。

案例思考

1. 如何进行车辆及制冷机的保养与维护?
2. 冷藏车在货物正常运输中发挥怎样的作用?

第一节 冷链物流运输概述

一、冷链运输的含义与目标

1. 冷链运输的含义

冷链运输指将易腐食品在低温下从一个地方完好地输送到另一个地方的专门技术,

是冷藏链中必不可少的一个环节,由冷藏运输设备来完成。冷藏运输设备指本身能形成并维持一定的低温环境,并能运输低温食品的设施及装置。

2. 冷链运输目标

冷链运输是一种特殊的物流运输方式,相对于常温运输,冷链运输要达到的目标更特殊。冷链运输要达到以下两个主要目标。

(1) 安全目标

安全目标指被运输的温控商品应从运输的开始至运输的结束都处于持续、准确、可靠的温湿度环境下,在运输过程中货物的各项理化指标均符合相应的标准,使其品质始终得到保障。

(2) 时效目标

时效目标指被运输的温控商品应在指定的时间段内被准确运输到指定的目的地。

二、冷链运输方式与工具要求

1. 冷链运输方式

冷藏货物的运输主要可以分为陆路冷链运输、水路冷链运输和航空冷链运输。其中,陆路冷链运输又包括公路冷链运输和铁路冷链运输。

(1) 公路冷链运输

公路冷链运输主要以冷链汽车为运输工具,是目前冷链运输中最主要、最普遍的运输方式。其特点是机动灵活、可靠性高,可实现"门到门"运输,但是货物的运量相对较小,运输的距离也比较短,适用于中短途运输。

(2) 铁路冷链运输

铁路冷链运输主要以冷链车和冷链集装箱为运输工具。铁路冷链运输的主要优势是可以以相对较低的运价长距离、大批量地运送货物。铁路的地区覆盖面广,对气候要求较低,可以全天候不停运输,但是铁路运输要受到铁轨、终点和运营时刻表的限制,灵活性较差。铁路运输是长途运输的主要方式之一,在冷链运输中具有重要意义。

(3) 水路冷链运输

水路冷链运输主要以冷链船和冷链集装箱为运输工具。水路冷链运输具有成本低、运量大的特点,适用于长距离、低价值、高密度的货物运输,灵活性差。一般情况下,需要铁路和公路补充运输。

(4) 航空冷链运输

航空冷链运输是通过装载冷链集装箱进行的,既可以减少起重装卸的困难,又可以提高机舱的利用率。航空冷链运输最大的特点就是速度快,但是运量小、成本高,受天气的影响大,可靠性较差。

2. 冷链运输工具要求

在冷链运输过程中,运输工具需要符合下列要求。

(1) 要有制冷手段或装置

不论是陆路冷链运输、船舶冷链运输还是航空冷链运输,都要满足这一要求,否则就不能称为冷链运输。例如,陆路运输中,公路冷链运输以各种冷链汽车为载体;铁路冷链运输以冷链车或冷链集装箱作为运输的载体。

(2) 载体要有良好的隔热性能

这一性能有利于实现温控目标,减少冷气消耗和能源浪费。在生产冷链运输工具时都要考虑这一要求。

(3) 运输工具内部要卫生和安全

装载运输货物的内壁必须采用安全材料,不影响食品的味道和气味;必须便于清洗和消毒,光滑、防腐蚀,不受清洁剂和消毒剂的影响。为保证运送货物的安全性,冷链运输工具要时常清洗和消毒,每次回车后都要清洗车厢,定期消毒。

三、冷链运输的特点

冷链运输是一个不容易控制的复杂过程,其主要的特征如下。

1. 易腐货物种类多、流通散乱、流向杂乱

我国国土面积大,地势多变,海岸线漫长,包括亚热带、温带、寒带等多种气候区,物产资源种类繁多,易腐货物原料资源丰富,如鱼类有 2000 多种,水果有 300 余种,蔬菜有几千种,其他如畜禽蛋类农产品也极为丰富。几乎所有的易腐货物都可以通过冷链运输来调节消费市场,除少数大宗货物从大生产区到消费区之间由于供求关系逐渐形成相对平稳和显著的流向以外,大部分的易腐货物的流通和流向比较松散杂乱、运输小批量化、经销个体化,对易腐货物品种及包装的要求往往更多更严格。

2. 运输量难以保证、浮动明显

易腐货物的生产加工有很强的地区性,运输流向不可控,导致运输时车辆空载较多;易腐货物生产有季节性,运输量在不同季节上下浮动明显,对冷链运输设施的要求比较高。

3. 易腐货物的冷链运输率不高

在铁路易腐货物运输中,冷链运输率只有 20% 左右,大部分是用敞篷车直接运输或者用"土冰保鲜"运输,在汽车公路运输中冷链物流比率更低。如今,我国冷链保温车有 5 万多辆,冷链保温车占货运汽车的比例仅为 0.3% 左右,并且这之中只有少数可以达到一定的吨位和规模,配置了专业的制冷设施。

4. 易腐货物的运输由铁路运输为主向公路运输发展

铁路冷链运输在国计民生中占有不可低估的地位。20世纪80年代和90年代初,铁路担负的易腐食品运量占总量的80%~90%,公路汽车担负的约10%。而水路和航空的运量则很少。近年来,国民对于冷链保鲜的产品的需求量日渐提高,这种现象促进了冷链运输的建设。公路运输比铁路运输具有更强的时效性,更加灵活,配送更为方便,可以直接送货上门。所以,近年来公路冷链物流发展更为迅速。

目前,冷链运输市场以公路运输为主(约占80%),尤其是距离较远、附加价值较高、季节性较强的果蔬类产品公路运输量较为庞大。

5. 组织工作比较复杂,对技术性等要求较高

我国夏季时南北两地温度普遍较高,冬季时南北气温差异较大。总的趋势是从南向北,从沿海向内陆降低,温差大。因此,同一地区不同季节的运输方式不尽相同,相同季节时在不同地区之间进行物流运输的要求也不同,在同一次运输任务中也许会采取冷藏、加温和保温等多种措施。我国国土辽阔,易腐货物有的运距长达三四千公里,虽然随着我国农产品的产业化、规模化生产及设施农业和大棚生产的发展,各地生产的农产品品种逐渐增多,减少了长途调运的运量,缩短了内销货物的平均运距,但仍有大量的易腐货物需要长途冷链运输,这就使组织工作复杂化。

在整个冷链物流进行环节中,冷链所必需的制冷方法、保温方法、产品品质和对温度的把控与检测方法是冷链物流的理论基础,不同的易腐货物都有其对应的运输条件。

6. 由于易腐货物的不易储藏性,冷链运输有时间限制

冷链物流有一定的时效性。企业要求冷藏车准时准点到厂装货并在规定时间内将货物送到目的地,超过一定的时限,货物就可能腐烂变质失去商品价值。

7. 冷链运输成本高

冷链运输成本高主要是因为冷链运输设备的购置成本较高、需要投入的资源多、组织工作复杂、损耗大等。普通的冷藏货车比通常的货车成本高出数十倍,因此其修理或护理所需费用也要高出许多。另外,需要许多配套的节点设施等,投入运营的资金以及占地费用也很高。并且运输时技术水平要求高,运输条件(气调、冷藏、加温等)比较苛刻,运行组织难度较大,需要快速组织冷藏运力资源进行快速运输,以降低运行成本。

我国地处北温带,南方更属亚热带,因此平均温度较高,运输中损失的冷量较大,维持低温需要耗费的电费和油费较高。

8. 没有形成真正的"冷链"

我国易腐货物从生产到销售的各个过程中,冷链物流设备的数量、技术难度、运输结构不平衡,如缺乏果蔬预冷的设备,运输过程能力较弱,冷链运输率低。

四、冷链运输的作用

1. 冷链运输是冷链运输系统的重要环节

冷链运输系统是一种低温物流系统。它的基础是冷冻工艺学,主要方法是制冷技术,包括物品冷藏、冷链运输、冷链配送与冷藏销售等过程。冷链运输是构建和完善冷链运输系统的必要环节和首要条件。目前,我国冷链运输装备无论在数量上还是在质量上都比地面冷藏设施差,特别是在冷库与冷链运输衔接的作业中,最容易使货物暴露在高温下。此外,预冷站建设这一食品冷链运输的先导过程目前仍未被涉及,冷链运输被各种各样的人为和非人为因素制约。

人为因素有管理者和运送者为达到"低成本"目标所采用运输手段的调整,人工等附加费等费用的变化,客户定制化的个性需求,以及销售终端货物送达的时间变更等。任何一个人为因素或者突发性的事件都有可能造成冷链运输停滞不前。比如,跨区域的易腐货物运输,不同城市交通管制的区别,常常使冷链运输承运人陷入"最后一公里"瓶颈的困境。非人为因素有燃油、设备、技术等内在因素,以及由于交通拥堵、突发事件等外在因素引起的配送间隔变化等。

在我国,要实现真正意义上的冷链运输,要配备和应用高成本的设施设备与技术,是一个长期的过程。因此,处理好冷链运输环节的诸多不可控因素,是解决冷链运输运作的关键问题和主要问题。

2. 冷链运输可以实现易腐货物时空位移,调节市场需求

易腐货物原料在我国的生产区域分布十分广泛,运输流向按照不同的自然地理环境划分极为复杂,如南菜南果的北运、四川、湖南、湖北等地的冻肉外运等。在运转过程上突破了时空限制,即易腐食品生产原料的产地格局、季节变化限制,加速了农产品进入大生产、大流通的进程,从而使区域生产规模和品种结构趋于优化,促进经济增长,更好地满足人民生活需求,使大众的菜单更加丰富。

随着我国社会的迅速发展和经济水平的日渐提高,城市化进程的加速,人民群众消费水平的提高、生活节奏的加快,人们对各种加工食品如调理食品、冷冻食品、方便食品要求更高,需求趋向于多品种、小批量、高品质。

同时,食品业在质量、价格、新产品等方面,各业种、各厂家之间的竞争日益激烈,在竞争中唯独冷冻食品仍保持着持续增长的趋势。这需要冷链运输发挥实效性,将易腐食品快速、安全地送到顾客餐桌,并具有调节品种、适应不同季节变化与稳定物价的作用,加速易腐货物从实物到价值的转换,将冷链变成价值链。

3. 冷链运输可以降低易腐货物物流过程损耗,节约食品资源

易腐货物在整个供应链的各个环节都可能产生损耗。主要是由于冷链运输环节操作不当,导致产品质量下降、质量损失、数量减少。比如,果蔬储运过程中的损耗体现在三个方面:微生物活动导致腐烂造成数量的损失;蒸发失水引起质量的损失;果蔬自我消耗引起的营养、风味变化造成商品品质上的损失。造成损耗的原因有多种,如由于缺乏恰当温度控制而导致的产品腐坏。

值得注意的是,易腐货物在到达消费者面前之前,因水分流失造成的损失相当巨大。例如,果蔬产品的水分流失会导致明显的萎蔫、变色、表皮起皱、过分萎缩等现象。产品质量和价值的损失造成客户满意度的下降和品牌信誉的下降,整个冷藏供应链上的生产商、运输商、经销商都要受到供应链影响,导致整体利润减少。

在许多地区,农产品生产是当地的主要经济来源。农产品从"农场"到"餐桌",即从生产者到消费者,不可避免地要进行一次或多次集散,由于没有足够的冷链运输能力和科学的冷链运输方法,很多生鲜农产品不得不在常温下流通,流通中的巨大损失导致生产受到限制。比如,"两广"的香蕉因为"香蕉大丰收,运输不畅使人愁"而不得不砍掉香蕉树改种粮食的历史,使当地的自然优势得不到充分发挥。

冷链运输对于易腐货物的运输非常重要,通过冷链运输,能够保证货物的质量,保持货物的新鲜度以及保障货物的安全。在运输过程中,能够最大限度地做到对温度、湿度等条件的控制,并且能够最大限度地保证一个理想的冷链环境。在这个过程中,因为对温度、湿度等条件的控制,所以那些易腐货物变质的因素,如物理、生物、化学变化发生的概率会大幅降低。冷链运输将冷链环境从供应地一直保持到了需求地。冷链运输能够保证适宜的运输条件,减少易腐货物在运输过程中品质、风味和鲜度的损失,大幅降低了易腐货物在流通过程中的损耗,节约食品资源。

五、冷链运输的一般要求

冷藏货物都有一定的储藏温度、湿度条件的要求。在进行冷链运输时,需要考虑并满足不同货物的不同要求,并且在运输的过程中一直保持下去。为了维持所运食品的原有品质,保持车内温度稳定,冷链运输过程中可从以下几个方面考虑。

1. 温度要求

在进行冷链运输之前,需要将易腐食品储藏温度调试到和车内温度差不多的情况。如果将生鲜易腐食品在冷链运输工具上进行预冷,则存在许多缺点。首先,是预冷的成本会加倍提高。其次,需要考虑到的是运输工具的制冷能力有限。所以不可以用冷藏车降低货物的温度,只能有效地平衡环境传入的热负荷,维持产品的温度不超过所要求保持的最高温度。

2. 湿度要求

运输过程中,冷藏食品的水分会蒸发,特别是用能透过蒸汽的保护膜包装的或表面上并无任何保护膜包装的食品,其表面不但有热量散发出来,同时还有水分向外蒸发,造成失水干燥。水果、蔬菜中水分蒸发,会导致其失去新鲜的外观,当减重达到 5% 时,会影响其柔嫩性和抗病性。

3. 工具要求

运输工具是冷链运输环节中最重要的设施,运输工具的质量直接影响到运输质量,即直接影响冷藏货物的质量。对于不同的运输方式,有不同的运输工具,但它们都应该满足以下几方面的要求。

(1) 冷源需求

在冷链运输中最重要的一点就是运输工具上必须要有适当的冷源,如干冰、冰盐、混合物、碎冰、液氮或机械制冷系统等,这样才能够将货物间的温度维持在一定的低温环境下,保持食品的新鲜。使用冷源最主要的目的就是避免外界传入的热量和货物本身产生的热量对于货物质量的影响。

比如,果蔬类的货物在进行运输的过程中,为了避免因为车内温度上升而导致果蔬类货物的变质,需要做到及时排除呼吸热,而且要有合理的空气循环,让冷量分布均匀,保证货物存在的每一处的温度都均匀一致且能够稳定,最大温差不超过 3℃。有些冷藏货物对温度要求较高,如速冻食品,在运输中,运输工具必须要有机械制冷提供的冷源。

(2) 腐热性能

冷链运输工具应当具有优良的隔热性能,总的传热系数 K 要求小于 $0.4 \text{W}/(\text{m}^2 \cdot \text{K})$,甚至小于 $0.2 \text{W}/(\text{m}^2 \cdot \text{K})$,这样外界传入的热量会被大幅降低。同时能够保证机械制冷产生的冷气能够维持车舱内的温度,避免车内温度的波动,防止设备过早地老化。

一般来说,K 值平均每年要递增 5% 左右。车辆或集装箱的隔热板外侧应该使用具有反射性能的材料。需要注意的是,必须保持隔热板外侧的表面清洁,这样才能够降低对于辐射热的吸收。在车辆或集装箱的整个使用期间,应避免箱体结构部分的损坏,特别是箱体的边和角,以保持隔热层的气密性,并且应该每隔一段固定的时期就对冷藏门的密封条、跨式制冷机组的密封、排水洞和其他孔洞等进行检查。只有这样,才能够有效降低因为空气渗透而导致的隔热性能的降低。

(3) 温度检控

运输工具的货物间必须具有温度检测和控制设备,对于温度检测仪的要求是,其必须能够准确且连续地记录货物间内的温度;对于温度控制器的要求是,必须保持很高的精度,最佳为 ±0.25℃,以满足易腐食品在运输过程中的冷藏工艺要求,防止食品温度过分波动。

(4) 车厢卫生

在车厢内部,对于食物可能接触到的所有部分,都必须使用对食物的味道及气味没有影响的安全材料,包括顶板和地板在内的箱体内壁,必须光滑、防腐蚀、不受清洁剂影响、不渗透、不腐烂,这样才能够为对车厢的清洁和消毒工作提供便利。箱体的内壁除了一些特殊的需要之外,不能有突出的部分,箱内的各种设备不可以有尖角和褶皱,否则,对于货物的运输及各种脏物和水分的清除是很不利的,很有可能会损害物品,或者导致货物不新鲜。

在车厢正式投入使用之后,对于车辆和集装箱内的碎渣碎屑要及时地清扫干净,以保证车厢的整洁、空气的流通及货物的质量。对冷板所采用的低温溶液的成分及其在渗透时的毒性程度应予以足够的重视。对于汽车运输来说,冷藏车的清洗频率应该是比较高的,每一个运次回场后都应该清洗冷藏车厢。

冷藏货物由于受地理分布、气候条件及其他许多条件因素的影响,原料产地、加工基地与消费中心往往相距很远,但为了满足各地消费者的需求及各个市场的供需平衡,务必要进行合理的调度。特别易腐食品,如果不进行特殊的处理,将很快变质腐烂,就会失去食用价值。所以,在进行运输的时候,必须对温度和湿度进行控制,在运输的组织过程中,使各个环节都合理化。

六、冷链运输的发展趋势

因为食品冷藏业的迅猛发展、冷藏技术的提高、物流水平的加快等因素的影响,冷链运输的每个环节同样受到了积极影响,正在走上一条迅猛发展的道路,具体表现为以下几个方面。

1. 新材料与新技术的广泛运用

在冷链运输业,大量地投入新材料和新技术,将冷链运输设备的技术性能大幅提高,能够更好地保持易腐食品原有的质量。新技术、新材料也能够在一定程度上降低冷链运输设备的造价和运输成本。大范围地使用包括自动化技术、计算机技术、数字控制技术等在内的新技术,通过新技术的使用,更新冷链运输的设备,使设备的性能更加优化,增强设备的可靠性及自动化的水平。与此同时,在人工服务方面也加大了对于运输的管理。

2. 采用新的制冷方法

新技术的使用也创造出了新的制冷方法。在运输过程中,新的制冷方法得到广泛应用。以往的运输过程中只会使用机械制冷,但现在也会使用液化气体制冷,如液氮、液化二氧化碳、液化空气等。在运输车内将采用液氮制冷系统,通过这种制冷方式能够将冷藏的温度控制在$-25 \sim -15$℃。

除了能够制冷,还能够将温度进行保持,车内的温差不会超过± 1℃。不同于液氮制冷,液化二氧化碳制冷的办法就是直接喷射$-20 \sim -18$℃的液化二氧化碳。而液化空气制冷的操作过程就是在车内喷射能够吸走热量的液化空气进行降温。正是因为有了这些新的方法,才能够在整个冷藏运输过程当中将车内的温度保持在最适宜的温度。

3. 广泛采用冷藏集装箱

如今,有一种便利价廉的运输方法快速发展,广泛应用于公路、铁路、水上和空中运输,它使易腐货物的物流网络联运得到实现,那就是冷藏集装箱技术。近几年来,冷藏集装箱的发展速度已超过其他冷藏运输工具的发展速度,使用冷藏集装箱不仅装卸的效率更高,而且它基本不用人工操作,大大降低了人力资源的使用,节约人工成本。除此之外,冷藏集装箱能够轻松进行调度,周转的速度特别快,运输量特别大,并将理货的过程简化,很大程度上降低了运输货损和货差等,可在世界范围内流通使用,具有冷链运输通用性和国际标准化。冷藏集装箱的尺寸和性能正日趋标准化、完善化。

总之,食品冷藏链在现在的生活当中不可缺少,冷藏链的数量日益增长,在其中扮演着重要角色的冷链运输被赋予了保持食品质量与提升冷藏效率的重任。为了保持食品在运输流通过程中具有良好的品质,冷链运输的方方面面将日趋完善。

第二节 陆上冷链运输

陆上冷链运输包括公路冷链运输和铁路冷链运输两种运输方式。

一、公路冷链运输

公路冷链运输是目前冷链运输中最普遍、最常见的重要运输方式,一般有两种设备。一种是装有小型制冷设备的冷藏汽车,另一种是仅用隔热材料使车厢保温的保冷车。

对距离较短的运输,若中途不开门,就可以采用无制冷装置的隔热保冷车,还要根据室外温度、隔热层的隔热效果与运输距离等因素将货物制冷,使温度在运输途中保持在所需的安全范围内。长距离运输,热量的平衡取决于渗透车内壁的热量及渗透地板由路面反射的热量。

(一)公路冷链运输的特点及应用

公路冷链运输的主要优点是机动、灵活,实现"门到门"运输,特别适合于运输中短途货物,且速度较快、可靠性较高、对食品损伤较小。鉴于汽车冷链运输的灵活性,所以公路冷链运输方式比其他冷链运输方式的市场覆盖面都要广。

公路冷链运输在中间产品的运输方面也有较大的竞争优势,特别适合于配送短距离、价值高的产品。公路冷链运输不仅可以进行直达运输,而且是其他运输方式的衔接方式。

(二)公路冷藏汽车的分类

公路冷藏汽车泛指运输易腐货物的专用汽车,是公路冷链运输的主要工具。公路冷藏汽车主要有以下3种分类方式。

1. 根据温度不同分类

根据温度不同,公路冷藏汽车可分为保温汽车、冷藏汽车和保鲜汽车。

(1) 保温汽车指具有隔热车厢,适用于食品短途保温运输的汽车。

(2) 冷藏汽车指具有隔热车厢并设有制冷装置,且温度可调范围的下限低于0℃的汽车,常用于运输冻结食品。

(3) 保鲜汽车指具有隔热车厢和制冷机组(兼有加热功能),厢内温度可调范围均高于0℃的汽车,常用于运输新鲜货物。

2. 根据制冷装置的制冷方式分类

公路冷藏车按制冷装置的制冷方式不同,可分为机械冷藏汽车、液氮冷藏汽车、蓄冷板冷藏汽车、干冰冷藏汽车和冰冷冷藏汽车。其中,机械冷藏汽车是公路冷藏汽车的主要车型。

3. 按厢体组成结构分类

目前,国内所生产的冷藏、保温汽车按厢体组成结构大体上可以分为4种:整体式结构、分板块注入发泡结构、"三明治"结构和全封闭聚氨酯板块结构汽车。

(三) 公路冷藏汽车的种类

1. 机械制冷冷藏汽车

(1) 机械制冷冷藏汽车的优点

车内温度可调,车内温度比较均匀稳定,运输成本较低。

(2) 机械制冷冷藏汽车的缺点

结构复杂,易出故障,维修费用高,初投资高,噪声大。大型车的冷却速度慢,时间长,需要融霜。

拓展阅读6.1 制冷剂

机械式冷藏挂车又称冷藏拖车,这种冷藏车具有如同机械冷藏车的隔热厢体、制冷机组,并有较大承载能力的后轮和一定支撑能力的小前轮。冷藏挂车的制冷设备由车下电源供电,通常采用机组式制冷系统,并整体安装。我国机械式冷藏挂车的生产和应用已引起公路冷藏运输业的重视。

美国开利冷冻公司的开利凤凰制冷机组已进入我国冷藏挂车市场,有关工厂和运输部门已经采用。开利公司系列制冷机组,可以以单独机组控制多间冷藏半挂车或冷藏车的不同温度,使一辆冷藏车装载数种不同温度要求的货物。

2．液氮制冷冷藏汽车

（1）液氮制冷冷藏汽车的优点

液氮低沸点（-196℃）的特性使冷藏运输过程降温迅速，箱内可保持较低的温度，可调节到机械制冷根本不能达到的低温环境，温度调节性能好，箱内温度分布均匀；利用液氮的冷量和惰性，兼有制冷和气调的双功能，可达到冷藏保鲜；挥发的氮气能抑制易腐货物新陈代谢，减少果蔬的干耗，保持货物较好的新鲜度；液氮装置简单，初投资少，与机械式制冷比较，质量大大减小。

（2）液氮制冷冷藏汽车的缺点

液氮成本较高，运输中液氮供给困难，长途运输时必须装备大的液氮容器，减少了运输车辆的有效容积。

3．干冰制冷冷藏车

（1）干冰制冷冷藏车的原理

其车厢中装有隔热的干冰容器，可容纳100kg或200kg干冰。制冷原理是干冰容器的下部有空气冷却器，用通风装置使冷却后的空气在车厢内循环。吸热升华的气态二氧化碳由排气管排出车外，车厢中不会积蓄二氧化碳气体。因为空气到干冰的传热是以空气冷却的金属壁为间壁进行的，干冰只在冰容器下部与空气冷却接触的一侧进行升华。按照车内温度，恒温器调节通风机的转速，也靠改变风量调节制冷能力。

（2）干冰制冷冷藏汽车的特点

干冰制冷冷藏汽车的优点：设备简单、投资费用低、故障率低、维修费用少、无噪声等。

干冰制冷冷藏汽车的缺点：车厢内温度不够均匀，降温速度慢，干冰的成本高。

4．蓄冷板制冷冷藏汽车

蓄冷板的蓄冷方法通常有两种：一种是利用集中式制冷装置，即当地现有的供冷藏库用的或具有类似用途的制冷装置；另一种是借助于装在冷藏车内部的制冷机组，停车时借助外部电源驱动制冷机组使蓄冷板蓄冷。

（1）蓄冷板制冷冷藏汽车的优点

设备费用比机械式制冷设备费用少，可以利用夜间廉价的电力为蓄冷板蓄冷，降低运输费用，无噪声，故障少。

（2）蓄冷板制冷冷藏汽车的缺点

蓄冷板的块数不能太多，蓄冷能力有限，不适用于长途运输冷冻食品，蓄冷板减少了汽车的有效容积和载货量，冷却速度慢。

蓄冷板汽车的蓄冷时间一般为8～12h（环境温度35℃，车厢内温度-20℃），特殊的冷藏汽车可达2～3d。保冷时间除取决于蓄冷板内共晶溶液的量外，还与车厢的隔热性能有关,因此应选择隔热性较好的材料作厢体。

5. 保温汽车

保温汽车不同于以上 4 种冷藏汽车,它没有制冷装置,只在壳体上加设隔热层。这种汽车不能长途运输冷藏冷冻食品,只能用于短距离由批发商店或食品厂向零售店配送冷冻食品。

6. 组合式制冷

为了使冷藏汽车更经济、方便,可采用以上几种制冷方式的组合,通常有液氮加风扇盘管组合制冷、液氮加蓄冷板组合制冷两种。

(四)公路冷藏车的管理

1. 用冷藏车应注意的几个问题

(1) 将温度较高的货物,或在车厢内温度较高的情况下直接将货物放入车厢内,会增加车厢内温度降低到预定温度的难度,所以在装运货物前,务必对货物和车厢进行预冷。

(2) 装货时保持车厢内的冷气循环流畅。为了保持车厢内温度均衡,必须注意货物的码放位置,不能将货物一直装至车厢顶部,也不能让货物堵住冷气的出口和入口。

(3) 装卸货物要迅速。冷藏车车厢的门打开后,外部气流会进入厢体内,将导致厢体内温度升高,因此装卸货物要迅速,并应使冷冻机组停止工作。

(4) 装运绿色蔬菜水果要特别小心。如果厢体内冷气循环不好,货物中央的温度就会上升,容易使绿色蔬菜、水果等物品的质量受到损害,因此要特别注意使冷气循环流畅均衡。此外,靠近冷气出口的物品很容易因冷气而冻伤,因此必须事先用被单等物品将货物遮挡起来。

(5) 要始终保持厢体内清洁。如果货物中的盐分、脂肪及其他化学物质附在厢体内壁或门缝处,不仅不卫生,还会腐蚀厢体,缩短车厢的使用寿命,所以务必始终保持厢体内的清洁。

(6) 对系统坚持正确维护与保养。对车辆制冷系统,应认真按照说明书的要求给予正确的维护和保养。另外,车辆一般不宜挪作他用。

2. 冷藏车运行时的注意事项

(1) 冷藏车的制冷系统是用来保持货厢内货物温度的,而不是冷却热货的。

(2) 制冷机组的操作与维护应严格按照制冷机组使用说明书执行。

(3) 由于厢体比较大,整车重心有所提高,故在行驶时应注意稳定性,车辆转弯时应减慢车速。

(4) 运输途中尽量少开车门,以减少冷量损失。

(5) 为了防止交叉感染、串味,每次使用后应冲洗车辆,消除异味,以保证产品的运输质量。清洗时,最好停在斜坡上,以便污水流出。

(6) 每次出车前要检查厢体与底盘链接情况,保证运输安全。

(7) 车辆应存放在防雨、防晒、防潮且具有消防设施的库房内,并定期进行保养。

(五) 我国冷藏汽车行业的发展方向

未来冷藏汽车的发展方向主要有以下3个。

1. 向标准化、系列化方向发展

随着社会对冷藏保温汽车需求量的增加,冷藏汽车拥有量会增多,为降低成本、提高质量、方便维修,冷藏汽车必然要朝着标准化、系列化方向发展。

2. 向重型化和汽车列车方向发展

随着高等级公路和高速公路数量的不断增多,公路的通行能力增大,行驶安全性增强,车辆的行驶速度提高,这就有利于重型冷藏汽车和冷藏汽车列车的发展。

3. 向多品种、小批量方向发展

随着对冷藏保温车用途及使用性能的要求越来越多及越来越高,冷藏汽车的生产朝着多品种、小批量的方向发展已经成为必然趋势。

在冷藏汽车技术发展方面,冷藏汽车将向提高隔热性能方向发展,大幅减少能耗、噪声和环境污染是冷藏保温车发展的必然选择;向新型厢体结构方向发展,人们对商品的需求不但要求使用性能好、维修性好,而且要求商品外形美观。因此,冷藏汽车必然要向新型厢体结构发展,以满足市场需求。国产冷藏汽车企业需要在设计能力、装备制造能力方面下功夫,使我国冷藏汽车制造工艺和技术水平尽快达到世界先进水平。

二、铁路冷链运输

(一) 铁路冷藏车概述

铁路运输冻结食品采用冷藏列车。目前,使用的冷藏列车主要有冰保温车与机械保温车两种。

冰保温车是在车厢的两端或者车顶加冰和盐来保冷的车辆,车厢内的温度冬、春季可以保持在 $-8℃$,夏季可以保持在 $-6\sim 7℃$,沿途可以在加冰站加冰。机械保温车是在车厢上装有小型制冷设备,车厢温度可以保持在 $-24\sim -18℃$。

1. 铁路冷链运输的特点及应用

铁路冷链运输的主要优势是以相对较低的运价长距离运输大批量货物。因此,铁路冷链运输在城市之间拥有巨大的运量能力,在国际运输中也占有相当大的市场份额。

铁路的地区覆盖面广,可以全天候不停运营,适应性强,具有较高的连续性、可靠性与安全性。但是因为受到铁轨、站点等的限制,铁路冷链运输的灵活性不高,发货的频率要比公路冷链运输低。

2. 铁路冷藏车的基本要求

铁路冷藏车种类较多,使用冷源和设备配置均不相同,要保证易腐食品在运输途中良好的品质,减少损失,对铁路冷藏车提出以下基本要求。

(1) 具有良好的隔热车体

车体隔热、气密性能好,可以减少车内与外界的热交换,保证车辆货物空间内所需空气温度的稳定。冷藏车的隔热性能以传热系数 K 表示,单位时间透过车体围护结构传入车内的热量越小,K 值就越小。车内的隔热材料应采用热导率低、热容量大、防潮性能好、体积质量低而又有一定的机械强度的新型材料。

(2) 具有运行可靠而又简单的制冷和加热设备

铁路冷藏车独立供应电力,可以建立车内外的热平衡,防止温度波动,保证易腐食品处于良好品质的温度条件下。

(3) 具有可靠的检温仪表

检温仪表可以正确反映车内的温度状况,便于调节控制,操作自动化。

(4) 便于货物的装卸和管理

便于货物的装卸和管理,提高了效率,降低了成本。

(5) 带有装货设备和通风循环设备

装货设备和通风循环设备可以保证货物合理装载,保护车内温度分布均匀,并在必要时进行换气。

(二) 铁路冷藏车的分类

根据制冷方式不同,铁路冷藏车的主要类型如下。

1. 加冰冷藏车

加冰冷藏车是以冰或冰盐为冷源,利用冰或冰盐的溶解吸热使车内温度降低,从而使冷藏车内获得0℃及以下的低温。加冰冷藏车结构简单、造价低,冰和冰盐的价格低廉,易采购,但车内温度变化较大,温度调节困难,使用局限性较大,而且行车沿途需要加冰、冰盐等,会影响列车的运行速度。另外,融化的冰盐不断地溢流排放,会腐蚀钢轨和桥梁。近年来,加冰冷藏车已经逐步被机械冷藏车取代。

2. 机械冷藏车

机械冷藏车是利用液态制冷剂蒸发,吸收车内热量,再将蒸气压缩至液态,通过冷凝器将热量散发到车体外部,如此循环,达到制冷的目的。

(1) 铁路机械冷藏车的优点

铁路机械冷藏车具有制冷速度快；温度调节范围大、车内温度分布均匀；运送迅速；适应性强，制冷、加热、通风换气、融霜自动化；新型机械冷藏车还设有温度自动检测、记录和安全报警装置。

(2) 铁路机械冷藏车的结构特点

铁路机械冷藏车一般以车组出现；每辆货物车设有两套相同的制冷加热机组；发电乘务车长度为20m，车上有机器间、配电间、工作室及生活间等。

3. 冷冻板式冷藏车

冷冻板式冷藏车是在一辆隔热车体内安装冷冻板，冷冻板内充注一定量的低温共晶溶液为冷源，保证车内食品冷藏储存条件。当共晶溶液充冷冻结后，即储存冷量，并在不断融化的过程中吸收热量，实现制冷。冷冻板式冷藏车的冷冻板装在车顶或车墙壁。充冷时，可以地面充冷，也可以自带制冷机充冷。低温共晶溶液可以在冷冻板内反复冻结、融化循环使用。

4. 无冷源保温车

无冷源保温车具有良好的隔热、气密性能，能保证在一定时间内的食品的运送。

无冷源保温车一般在短距离运输时使用。短距离运输的易腐货物占易腐货物发货量的30%。在热工性能较高的无冷源保温车中运输经过预冷的食品，花费比较少。大量的易腐货物的温度变化允许保存到10℃或更高，并且在个别季节不需要接通制冷装置。蔬菜、水果、肉罐头和果汁的保存温度为0～20℃，无冷源保温车可以运输怕结冻的货物及温度降低不受限制的货物。

(三) 我国铁路冷链运输的发展对策

1. 成立专业化冷链运输公司

铁路相关部门必须成立专业化的铁路冷链运输公司，统管全路冷链运输业务及冷链运输装备(含各种冷藏车和冷藏集装箱)。公司要在体制上集"管、用、修"于一体；在经营上贯彻经济责任制，负责全路冷链运输的成本核算，使资产保值和增值；在运输管理上，建立调度机制，对装备动态、货运质量、车辆状况按车号采用计算机实时控制。

2. 给予财务扶持和优惠

在铁路冷链运输公司成立的初期(3～5年)，铁道部(铁路局)要对公司大力扶持，在经济上给予优惠政策，积极解决有关冷藏车(冷藏集装箱)新造、改造及辅助设施的投资问题。

3. 引进先进铁路冷藏车和保鲜、保温技术

目前，我国铁路冷藏车设备状况差、技术落后，要对现有铁路冷藏车进行清理淘汰，逐

步引进新车型,调整冷链运输车辆的结构。同时,借鉴其他运输方式的保鲜、保温技术,在铁路冷藏运输中逐步应用保鲜、保温技术。

4. 改革冷藏车运行组织办法

建议在主要干线上增开"货运快列",尽量将冷藏车编入快运列车,增强其灵活性,加快冷藏货物送达。

5. 开展市场营销,扩大市场份额

由于易腐货物受季节性、运输质量、时效性的影响大,在不同的季节、不同的运输质量和运输期限下,市场价格相差较大,而铁路运价相对固定,形成旺季不能提价增收、淡季价高赶走货源的局面,不利于拓展易腐货物运输市场。因此,要适当改革现有冷藏车运价体系及内部比价关系,按季节与供求灵活定价。此外,制定适当的营销策略,特别是制定好运输产品发展战略和冷链运输网络营销发展策略,充分发挥铁路冷链运输的优势,从而扩大市场份额,增加经营收入。

第三节 水路冷链运输

一、水路冷链运输概述

水路冷链运输主要有两大类,一类是温控集装箱,另一类是冷藏船。温控集装箱分为带有风门的保温箱及带有制冷机组的冷藏集装箱,前者是在20世纪70年代开始使用的技术,这种冷藏集装箱其实只是一种保温箱,在一端有上下两个风门开口,用于将外部的冷空气引入集装箱。下部的开口是冷空气的入口,冷空气进入集装箱后,采用下送风方式,经过T型槽底板冷却货物,然后从上开口流出,达到冷空气循环的目的。但这种技术有很大的局限性,已经逐渐被带有制冷机组的集成冷藏集装箱所代替。冷藏船一般被用来运输大宗的货物,而温控集装箱一般运输高附加值的小批量货物。

1. 水路冷链运输的特点

水路冷链运输的主要优点是能够运输数量巨大的货物,特别适合于长距离、低价值、高密度、便于机械设备搬运的货物运输,其最大优势是低成本。

水路冷链运输的主要缺点是运营范围与速度受到限制。水路冷链运输的可靠性与可接近性也较差,其起始地与目的地都要接近水道,否则必须由铁路和公路补充运输。

2. 水路冷链运输的应用

水路运输方式中的远洋运输是目前国际贸易的主要运输方式,特别是国际集装箱运输,以其高效、方便的特点在海运中占有重要的地位。

二、冷藏船及其分类

1. 冷藏船

冷藏船主要用于渔业,尤其是远洋渔业。远洋渔业的作业时间很长,因而必须用冷藏船将捕获物及时冷冻加工和冷藏。

此外,海路运输易腐食品必须用冷藏船,使鱼、肉、水果、蔬菜等易腐食品处于冻结状态或某种低温条件下进行载运。因受货运批量限制,冷藏船吨位不大,通常为数百吨到数千吨。冷藏船运输在所有运输方式中成本是最低的。随着冷藏船技术性能的提高,运输批量加大,船速加快,装卸集装箱化,冷藏船运输量逐年增加,冷藏船成为国际易腐食品贸易中主要的运输工具。

2. 冷藏船的分类

(1) 根据冷藏船的作用分类

根据冷藏船的作用不同,可分为海上渔船、商业冷藏船、海上运输船的冷藏货船和船舶伙食冷库。其中,前两种是冷藏船的主要类型。

① 海上渔船用于捕捞环节中,船上制冷装置对本船和船队其他船舶的渔获物进行冷却、冷冻加工和储存。

② 商业冷藏船作为食品冷藏链中的一个环节,能完成各种水产品及其他冷藏食品的转运,保证运输期间食品必要的运送条件。

(2) 根据冷藏船的大小分类

根据大小不同,冷藏船可分为3种:冷冻母船、冷冻渔船和冷冻运输船。

冷冻母船是万吨以上的大型船,它配备有冷却、冻结装置,可进行冷藏运输。

冷冻渔船指配备有低温装置的远洋捕鱼船或船队中较大型的船。

冷冻运输船包括集装箱船和冷藏运输船两种。其中,集装箱的隔热保温要求很严格,温度波动不能超过±5℃;冷藏运输船又可分为专业冷藏船、商业冷藏船、冷藏集装箱运输船和特殊货物冷藏运输船4种基本类型。

三、冷藏船的冷藏货舱及其制冷装置

1. 冷藏船的冷藏货舱

为了适应运输的要求,提高冷藏船的通用性,冷藏船的冷藏货舱通常为一般杂货舱,其吨位从几百吨到千吨以上,既可以用于装运冷藏货物,也可用于装运其他杂货。

为达到水路冷链运输的要求、保证运输货物的质量,冷藏船的舱体结构要具有良好的隔热性和气密性,在结构上适应货物装卸及堆码要求;冷藏船应配备运行可靠的制冷装置与设备,要具有足够的制冷量,制冷系统应具有良好的自动控制性能,为冷藏货物提供一定的温湿度和通风换风条件。

2. 冷藏船的制冷装置

冷藏船可采用氨制冷装置和氟利昂制冷装置。制冷压缩机目前多以活塞式为主。采用盘管冷却和冷风冷却两种冷却方式。在利用氟利昂作为制冷剂时，多采用冷风冷却。

冷藏货舱的冷却方式有直接冷却和间接冷却两种。其中，直接冷却是制冷剂在冷却盘管内直接吸收冷藏舱内的热量；间接冷却是制冷剂在盐水冷却器内先冷却载冷剂（盐水），然后通过载冷剂实现冷藏舱的降温。

船用制冷设备与陆用制冷设备的要求不同，主要表现在以下几个方面。

（1）船用制冷设备应具有更高的安全性、可靠性，较高的耐压、抗湿、抗震性及耐冲击性。

（2）船用制冷设备应具有一定的抗倾性能。

（3）船用制冷设备的用材应有较好的抗腐蚀性能。

（4）船用制冷设备的安装、连接应具有更高的气密性及运行可靠性。

（5）船用制冷设备选用的制冷剂应不燃、不爆、无毒，对人体无刺激，不影响人体健康。

（6）船用制冷设备应具有更好的适应性，安全控制、运行调节能力及监视、记录系统应比较完备。

四、水路冷藏集装箱的管理

冷藏集装箱应用于水路冷链运输时，一般在装货前已进行过预检测试（pre-trip inspection，PTI），并在控制器附近贴有预检测试合格标签。

拓展阅读6.2 预检测试

1. 积载

（1）甲板积载：冷藏集装箱应尽量装于甲板通风处，船前部的冷箱务必将制冷机组朝向船尾。

（2）舱内积载：如将冷藏集装箱装于舱内，应尽量将其装于底层；必须保证货舱内机械通风设备正常，有足够的换气量；不得将保鲜箱装于舱内。

2. 检查

装船前，该船大副在收到冷箱温度表及有关资料后，应同大管轮和电机员到堆场对冷箱进行全面检查。检查内容包括温度记录纸盘是否装妥，实际温度与设定温度是否相同，制冷机组外观、运转及制冷情况是否正常等。冷箱应在供电运转状态下进行检查,如果已经断电,应根据纸盘记录判断冷箱前一段时间的工作状况。发现故障及损坏情况应及时做好检查记录,同时,立即通知堆场管理人员检查、维修。如果损坏严重或故障无法排除,应拒装。

3. 水路冷藏集装箱使用注意事项

使用水路冷藏集装箱时需要注意以下事项。

(1) 在装卸货时,值班人员应在现场监督,及时发现破损,并通知理货人员做好记录。一般小破损可以用金属胶带封堵,以防损坏绝热层。

(2) 由于船方负责拉电缆供电,所以卸船前应负责断电,收妥电缆以防在吊运过程中散落损坏或伤害操作人员。

(3) 连接电源时,要确保制冷机组开关和电源开关处于关闭状态,绝不能用电源线直接启动和关闭机组。因为船舶供电一般为460V、380V的高压电,一旦漏电极其危险。

(4) 集装箱制冷机组的盖板和水密门要关紧、拧牢。否则,一旦进水,可能损坏电气和控制系统。

(5) 制冷机组在正常运转时各部分部件可能是高温或低温状态,在检查或近距离作业时应注意做好防护措施,防止烫伤或冻伤。

(6) 在维修前,应关闭开关,以防突然启动造成伤害;维修控制集成模块时必须小心静电释放,以防烧坏电子元件;补充制冷剂应根据不同设备使用不同制冷剂,不得混用。

第四节 航空冷链运输

航空冷链运输主要以装载冷藏集装箱,特别是小尺寸的集装箱和一些专业性较强的行业的非国际标准的小型集装箱为运输手段。航空运输的最大特点是运输速度快,但运量相对较小,成本高,受天气影响大,可靠性较差。而且航空运输只能在机场与机场之间进行,在冷藏货物进出机场时还需要其他冷链运输方式的配合。航空冷链运输主要应用于高价值、易腐烂、对时间要求较高的小批量货物的运输。

一、航空冷链运输的特点

航空冷链运输是所有冷链运输方式中速度最快的一种,但其运量小,运价高。航空冷链运输作为航空运输的一种方式,除了上面介绍的特点之外,还具有以下几个特点。

(1) 航空冷链运输是通过装载冷藏集装箱进行的,既可以减小起重装卸的困难,又可以提高机舱的利用率,对空运的前后衔接都能带来方便。

(2) 飞机上动力电源发电量较小、制冷能力有限,不能向冷藏集装箱提供电源或冷源。因此,空运冷藏集装箱的冷却一般采用液氮和干冰。

二、设备设计及选型

尽管成本高、温控效果也不尽如人意,但运输公司还是选择航空冷链运输作为一种快速的运输手段。通常,航空冷链运输用来运输附加值较高、需要长距离运输或者出口的易腐货品,如鲜花及某些热带水果等。

当采用空运时,为了适合飞机某些位置的特殊形状,需要将货品装入集装箱(unit load device,ULD,也称为航空集装箱),ULD一般有托盘和密闭的集装箱两种形式。底层机舱铝质集装箱是最常用的ULD。类似的材料还有LEXAN(一种聚碳酸酯聚合物)及高冲击成型聚合物。近几年来,广泛使用的材料还有纤维板及各种塑料等。

为了维持货品的温度,一些集装箱采用简单的隔热层,该种集装箱只是在壁面添加保温材料,以达到减弱温度变化的目的。隔热层分临时性和永久性两种。后者采用较厚的保温材料,能达到较好的保温效果。制冷集装箱的温控效果最好,此类集装箱又分为主动式和被动式两种,前者能在一定程度上达到控制温度的目的。这种换热器可以更加均匀地分配气流,避免内部的冷或热集中区域。当环境温度超过产品温度8℃(46°F)时,该类系统可发挥最大功效,特别是对于那些冷冻货品。被动式的制冷集装箱只是在内部装上干冰或者一般的冰,且必须上报给航空公司,因为高浓度的二氧化碳会产生危险。同时,一般的冰融合产生的水也容易引发危险。航空公司应根据上报情况仔细核查相关的附件及条文,以免存在潜在的危险。

在航空领域较少应用传统的制冷系统,集装箱由于受到飞机机舱形状的严格限制,选择面也很小,相对而言设备选型在空运中就比较简单。为确保冷链运输的可靠性。最重要的是正确地准备集装箱,严格产品包装及搬运流程。至于采取主动式还是被动式系统,主要取决于货品的价值。集装箱的材料多种多样,所以还要选择合适的材料。确保在转运货品过程中能有效地保护货品。一般的托盘比较容易使货品遭受损害。另外,由于ULD在等待装卸时,经常会暴露在太阳底下,还应避免使用吸热材料。

三、设备运行及维护方法

在空运中,特别是当采用没有制冷能力的标准集装箱时,相对于正确的包装、装卸及准备工作,设备运行不是主要问题。在使用隔热(保温)集装箱时,应特别注意临时隔热层能覆盖所有的表面,将货品紧固在箱内,避免货物在运输途中受到损害。

在使用带有干冰的温控集装箱时,一定要确认该集装箱能够达到并设定在货品所需温度范围内。另外,由于干冰会融化,所以应确保干冰有足够的供应以满足整个运输过程。例如,Envirotainer公司指定其温控集装器的最大单次加干冰运行时间为72小时。而且,所有的集装箱需要采用无腐蚀性的清洁剂进行清洁和消毒。

严密的监控和记录措施也是鲜活易腐产品空运过程中必不可少的,其中最主要的就是记录运输过程中的温度变化情况,确保冷链不间断。如果空运途中温度急剧变化,对鲜活易腐产品的影响是相当大的。

其他辅助设备对保持货品温度也起着重要作用。比如,卢森堡货运航空公司使用真空冷藏车库存储鲜花,然后运往仓库;阿联酋航空公司则一直在新设备使用上引领潮流,包括冷藏车和隔热毯。中东等地炎热的天气对运输鲜活易腐产品带来了严峻挑战,在迪拜,夏季温度可能高达45℃,而在水泥地面上,温度可能会更高。冷藏车主要在机坪运作,那里的地面温度很高,冷藏车和隔热毯等设备能有效阻隔热量,保护鲜活易腐产品的新鲜度。所以拥有合适的地面设施也非常重要,如冷库。

卢森堡货运航空公司从"卢森堡航空货运中心"受益匪浅,因为那里有20个冷库。同样,汉莎航空在法兰克福拥有多层鲜活易腐产品中心,在许多运营的外站也建设了类似设施,如内罗毕、开罗、曼谷、芝加哥等。达美航空公司在亚特兰大运营了新的冷库,阿联酋航空公司在其全新的货运中心建设了7000平方米的冷库。对于没有冷库设施的机场,航空公司通常会建议客户在航班起飞前尽可能短的时间里将货物运抵机场。

四、航空冷链运输装卸及处理

空运中装卸货品需要考虑很多因素,主要是因为飞机内的存储空间是不制冷的,而且机场里货品的临时停放区也是不制冷的。因此,货品在运输之前的处理及地面运输等,对于整个冷链的完整性就显得很重要,否则,货品暴露于高温环境的可能性将大幅增加。发货人在将鲜活易腐产品交给机场和航空公司之前,必须先做好预冷工作。同样,航空公司也必须实施严格的标准操作流程。阿联酋航空公司的规定是,从飞机卸下货品到冷库或是另一架转运飞机的操作时间不能超过90分钟。

因新鲜果蔬在运输途中会产生呼吸热,所以新鲜果蔬的空运不能采用非制冷的集装箱,而只能使用干冰等冷却的保温集装箱。如果使用被动式的制冷集装箱,因箱内没有较好的空气循环,货品之间及与厢板之间必须保留至少2厘米的空隙,以便有足够的空间保证气流的畅通。

飞机的形状及尺寸,决定了集装箱的形状及尺寸,也决定了货品的堆放方式。有些货运公司通过指定集装箱的最大载重,来限制货品的最大装载量。另外,应确保集装箱内部的洁净,不含有任何残留物质。有时候,在同一个集装箱中会装运不同的货品,所以要事先确认这些货品是否适合一起装运。

交叉堆放箱子可以保证其在运输过程中不易移动,采用角板及网罩等包裹使得货品成为不易移动的整体。将货品包装起来保持内部的冷空气,避免外部热空气渗入。在包裹散装的货物时,应在运送到机场前的制冷房间内进行包裹。采用反光的材料包裹敞开的托盘,这样可以减少漏热,不要使用透明塑料,因为阳光会射入托盘内部。

另外,应注意高海拔时压力的变化。压力较低时,果蔬容易脱水,所以应采用气密性较好的包装盒进行包装,以防止脱水,特别是那些需要在较高湿度下运输的货品。另外,对于那些密封的包装袋,需要考虑因海拔变化导致的压力变化,包装袋应能承受这样的压力变化。

第五节　多式联运冷链运输

一、多式联运冷链运输特点

多式联运指由两种及其以上的交通工具相互衔接、转运而共同完成的运输过程,统称为复合运输,我国习惯上称为多式联运。《联合国国际货物多式联运公约》对国际多式联运所下的定义是:按照国际多式联运合同,以至少两种不同的运输方式,由多式联运经营人将货物从一国境内接管货物的地点运至另一国境内指定交付货物的地点。而《中华人民共和国海商法》对于国内多式联运的规定是:运输方式之一必须为海运。

多式联运特点包括以下4个方面。

(1) 根据多式联运的合同进行操作,运输全程中至少使用两种运输方式,而且是不同方式的连续运输。

(2) 多式联运的货物主要为集装箱货物,具有集装箱运输的特点。

(3) 多式联运是一票到底,实行单一运费率的运输。发货人只要订立一份合同、一次付费、一次保险、通过一张单证即可完成全程运输。

(4) 多式联运是不同方式的综合组织,全程运输都是由多式联运经营人组织完成的。无论涉及几种运输方式、分为几个运输区段,由多式联运经营人对货运全程负责。

二、多式联运冷链运输主要组织形式

根据不同的原则,对多式联运可以有多种分类形式。但就其组织方式和体制来说,基本上可分为协作式多式联运和衔接式多式联运两大类。

(一) 协作式多式联运

协作式多式联运指两种或两种以上运输方式的运输企业,按照统一的规章或商定的协议,共同将货物从接管货物的地点运到指定交付货物地点的运输。

协作式多式联运是目前国内货物联运的基本形式。在协作式多式联运下,参与联运的承运人均可受理托运人的托运申请,接收货物,签署全程运输单据,并负责自己区段的运输生产;后续承运人除负责自己区段的运输生产外,还需要承担运输衔接工作;而最后承运人则需要承担货物交付及受理收货人货损货差的索赔。

在这种体制下,参与联运的每个承运人均具有双重身份。对外而言,他们是共同承运

人,其中一个承运人(或代表所有承运人的联运机构)与发货人订立的运输合同,对其他承运人均有约束力,即视为每个承运人均与货方存在运输合同关系;对内而言,每个承运人不但有义务完成自己区段的实际运输和有关的货运组织工作,还应根据规章或约定协议,承担风险、分配利益。

根据开展联运的依据不同,协作式多式联运可进一步细分为法定(多式)联运和协议(多式)联运两种。

1. 法定(多式)联运

它指不同运输方式的运输企业之间根据国家运输主管部门颁布的规章开展的多式联运。铁路、水路运输企业之间根据《铁路和水路货物联运规则》开展的水陆联运即属此种联运。在这种联运形式下,有关运输票据、联运范围、联运受理的条件与程序、运输衔接、货物交付、货物索赔程序及承运之间的费用清算等,均应符合国家颁布的规章制度,并实行计划运输。

这种联运形式有利于保护货方的权利和保证联运生产的顺利进行,但缺点是灵活性较差、适用范围较窄,它不仅在联运方式上仅适用于铁路与水路两种运输方式之间的联运,而且对联运路线、货物种类、数量及受理地、换装地也做出了限制。此外,由于货方托运前需要报批运输计划,给货方带来了一定的不便。法定(多式)联运通常适用于保证指令性计划物资、重点物资和国防、抢险、救灾等急需物资的调拨。

2. 协议(多式)联运

它指运输企业之间根据商定的协议开展的多式联运。比如,不同运输方式的干线运输企业与支线运输或短途运输企业,根据所签署的联运协议开展的多式联运,即属此种联运。

与法定(多式)联运不同,在这种联运形式下,联运采用的运输方式、运输票据、联运范围、联运受理的条件与程序、运输衔接、货物交付、货物索赔程序,以及承运人之间的利益分配与风险承担等,均按联运协议的规定办理。与法定(多式)联运相比,该联运形式的最大缺点是联运执行缺乏权威性,而且联运协议的条款也可能会损害货方或弱小承运人的利益。

(二)衔接式多式联运

衔接式多式联运指由一个多式联运企业(以下简称多式联运经营人)综合组织两种或两种以上运输方式的运输企业,将货物从接管货物的地点运到指定交付货物的地点的运输。在实践中,多式联运经营人既可能由不拥有任何运输工具的国际货运代理、场站经营人、仓储经营人担任,也可能由从事某一区段的实际承运人担任。但无论如何,他都必须持有国家有关主管部门核准的许可证书,能独立承担责任。

在衔接式多式联运下,运输组织工作与实际运输生产实现了分离,多式联运经营人负责全程运输组织工作,各区段的实际承运人负责实际运输生产。在这种体制下,多式联运经营人也具有双重身份。对于货方而言,他是全程承运人,与货方订立全程运输合同,向货方收取全程运费及其他费用,并承担承运人的义务;对于各区段实际承运人而言,他是托运人,他与各区段实际承运人订立分运合同,向实际承运人支付运费及其他必要的费用。很明显,这种运输组织与运输生产相互分离的形式,符合分工专业化的原则,由多式联运经营人"一手托两家",不但方便了货主和实际承运人,也有利于运输的衔接工作,因此,它是联运的主要形式。

在国内联运中,衔接式多式联运通常称为联合运输,多式联运经营人则称为联运公司。我国在《中华人民共和国合同法》颁布之前,仅对包括海上运输方式在内的国际多式联运经营人的权利与义务,在《中华人民共和国海商法》和《国际集装箱多式联运管理规则》中做了相应的规定,对于其他形式下国际多式联运经营人和国内多式联运经营人的法律地位与责任,并未做出明确的法律规定。

《中华人民共和国合同法》颁布后,无论是国内多式联运还是国际多式联运,均应符合该多式联运合同中的规定,这有利于我国多式联运业的发展壮大。

三、多式联运冷链运输发展概况

冷藏集装箱的出现为冷链多式联运创造了条件,扩大了冷链运输范围。作为一种标准化运输工具,技术水平方面,既具备普通集装箱功能,还具有良好的隔热性、气密性,货物可以不间断地保持在要求温度范围内。同时冷藏集装箱可以整箱吊装,实现不同运输工具间的无缝衔接,适用于冷链多式联运。

适箱货物方面,冷藏集装箱可以运输其他冷链运输装备适合运输的所有货物。目前,冷藏集装箱类型大体分为耗用冷剂式冷藏集装箱、机械式冷藏集装箱、制冷加热集装箱、隔热集装箱、气调冷藏集装箱及其他冷藏集装箱。

冷藏集装箱多式联运是以冷藏集装箱为运载工具,多式联运经营人凭借多式联运合同,将冷藏集装箱货物从接收地以两种以上不同的运输方式运送到指定交付人手中。由于运输商品的特殊性,在运输过程中对运输温度有较高的要求,因此冷链多式联运过程中需要多种设备配合,如冷藏集装箱、冷藏库、制冷机组、电机等,确保冷链多式联运全程不断链。冷链多式联运流程如图6-1所示。

冷链多式联运的关键在于是否使运输商品全程都保持在最佳适温状态,因此要保证冷藏集装箱在运输过程中保持制冷状态。首先,对箱内进行全程温度监控。其次,保证冷藏集装箱在中转换装过程中的正常工作状态,确保冷藏集装箱在中转过程中实现"不断链"。最后,在货物交接过程中,检查箱内温度是否符合要求,从而保证冷链多式联运货物的质量。

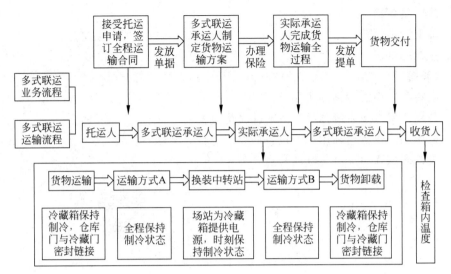

图 6-1 冷链多式联运流程图

本章小结

作为整个冷链的重要环节,冷链物流运输将各个静止的"冷点"连接起来,从而保证整个冷链是个完整的"链条"。本章主要介绍了冷链运输的各种方式,主要有公路冷链运输、铁路冷链运输、水路冷链运输、航空冷链运输和多式联运冷链运输。通过学习本章内容能够对冷链运输有一个更加深入全面的了解。

课后复习题

一、单选题

1. 公路冷链运输的优点不包括（　　）。
   A. 机动灵活　　　　　　　　　　　B. 速度快、可靠性高
   C. 可实现"门到门"　　　　　　　　D. 运距长
2. 铁路冷链运输的优点不包括（　　）。
   A. 机动灵活　　　　　　　　　　　B. 适应性强
   C. 较高的连续性　　　　　　　　　D. 全天候运营
3. 航空冷链运输的特点不包括（　　）。
   A. 速度快　　　　B. 运量小　　　　C. 运价高　　　　D. 可靠性高

二、名词解释

1. 冷链运输。

2. 冷链集装箱。

3. 陆上冷链运输。

4. 预检测试。

三、简答题

1. 简答我国冷链运输的主要特征。

2. 公路冷藏汽车有哪几种？各有什么优点？

3. 船用制冷设备与陆用制冷设备的要求有什么不同？

4. 简答多式联运冷链运输的特点。

拓展阅读 6.3　加强冷链运输系统建设

第七章 冷链物流城市配送

学习目标

1. 熟悉冷链物流城市配送的含义特征与基本类型。
2. 了解冷链物流城市配送现状与共配模式。
3. 掌握冷链物流城市配送体系的构成。

 学习导航

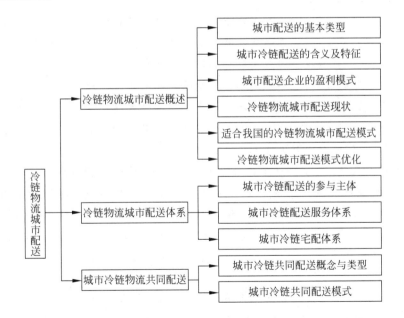

案例引导

沃尔玛、家乐福两大超市的不同配送模式

沃尔玛是全球当之无愧的零售业巨头,然而,在目前的中国,却发生了明显的颠倒。自家乐福开辟中国市场以来,已经深入上海、深圳、天津、沈阳、武汉、重庆等各大城市,而沃尔玛则仅在东北及华南一带布局,其声势和影响明显不及家乐福。

业界人士分析认为,两大零售巨头在中国市场布局、业态选择、物流采购、政府公关、与供应商的关系等方面的运作有着很大的不同,这其实在一定程度上反映了两大巨头的不同"性格",可以形象地认为,家乐福更像不惜违规操作而遍地开店的"狼",而沃尔玛更像是一只温顺而隐忍的"羊"。

沃尔玛配送模式最主要的特征体现在简单高效上面。说它简单,是因为几万名供应商只需要把货送到附近的配送中心,然后通过配送中心就可以分流到全国近300家门店;说其高效,也是因为从下订单开始到门店收货,通过配送中心的话最短只要3天,最长也只要15天时间。

家乐福采用直供模式,主要特征是能够迅速补货,但是这建立在供应商在当地有配套送货体系的基础之上。如果当天出大单,则可以当天下订单补货,最迟第二天可以补到店里,从而缩短了缺货的时间。

沃尔玛通过配送中心转运,对供应商而言意味着费用的降低,对沃尔玛则意味着通过天天低成本实现天天低价格,最终建立长期的优势;家乐福的直送门店这一做法,则拉高了供应商的成本,并且造成了门店周转仓库面积的增加,同样是一种成本的提高。

沃尔玛在全球的成功,主要就是由于其把信息技术与传统的运输结合得非常出色,但在中国却由于受到政策的限制,这一成功模式一直无法复制。深圳综合开发研究院研究员与咨询部副部长刘鲁鱼博士认为,沃尔玛在中国一直没有解决物流的问题,其主要原因就是由于店面较少,所以物流优势无法发挥出来。

在目前的情况下,沃尔玛在中国开店采取的是配送中心先行的方式,即配送中心的建设在前,店铺发展在后。上海连锁经营进修学院院长顾国建教授认为,这种模式在我国的发展初期必定会带来较高的营运成本,同时会制约跨区域的店铺发展速度。从中国连锁企业前期成功的经验来看,保持配送中心发展速度稍滞后于店铺的发展速度,使配送中心的成本始终处在店铺营业总额的可消化之中,才可能使企业在盈利之中不断地成长。

相比较而言,在配送系统和信息系统的建设方面,家乐福则更为滞后。据悉,家乐福至今没有在内地建立配送体系的计划,且计算机系统的开发与建立要落后竞争对手好几年。在这样的情况下,家乐福采取的是组合供应商的物流体系的方法,即充分依托供应商

的物流系统,这样便可大幅降低自己的营运成本,又可以配合在不同地区开店,适时地组织商品供应和配送,从而赢得了在内地市场的发展速度。

资料来源:人人文库,https://www.renrendoc.com/paper/126643543.html。

案例思考

1. 沃尔玛、家乐福两大超市分别采用的是哪种配送模式?
2. 这两大超市采用的配送模式分别有什么特点?

第一节 冷链物流城市配送概述

一、城市配送的基本类型

城市配送指服务于城区及市区近郊的货物配送活动,在经济合理区域内,根据客户的要求对物品进行加工、包装、分割、组配等作业,并按时送达指定地点的物流活动。城市配送的从业者主要包括专业物流服务商、转型搬家、货运公司、邮政和快递企业(主要从事小件、小包裹运输)等。

城市配送有以下几种类型。

1. 自营配送

某些大型生产企业和连锁经营企业创建自营配送中心完全是为本企业的生产经营提供配送服务。选择自营配送有两个基础:一是规模基础,即企业自身物流具有一定量的规模,完全可以满足配送中心建设发展需要;二是价值基础,即企业自营配送,是将配送创造的价值提升到了企业的战略高度予以确定和发展。

2. 协同配送

协同配送指在城市里,为使物流合理化,在几个有定期运货需求的合作下,由一个卡车运输业者,使用一个运输系统进行的配送。协同配送也就是把过去按不同货主、不同商品分别进行的配送,改为不区分货主和商品集中运货的"货物及配送的集约化"。

3. 外包配送

外包配送也就是社会化、专业化的物流配送模式,通过为一定市场范围的企业提供物流配送服务而获取盈利和自我发展的物流配送组织形式。

4. 综合配送

综合配送指企业以供应链管理为指导思想,全面系统地优化和整合企业内外部物流资源、物流业务流程和管理流程,对生产、流通过程中的各个环节实现全方位综合配送,充分提高产品在制造、流通过程的时空效应,并为此而形成的高效运行的物流配送模式。

二、城市冷链配送的含义及特征

城市冷链配送指在城市经济合理范围内,根据客户要求,在适应温度环境中对保鲜、冷冻等冷链对象产品进行拣选、加工、包装、分割、组配等作业,并按时送达指定地点的物流活动。结合城市冷链配送运营现状,其特点可以归纳为以下几点。

1. 配送渠道多元化

城市冷链配送网络涵盖了各种业态的大卖场、综合超市、便利商店、购物中心、酒店餐饮、批发市场、零售网点,以及学校、机关、部队、医院等单位。具体运作中,企业往往会根据自身能力、市场需求等选择合适的模式,而且有时也会有一定的交叉,这在某种程度上反映出了冷链城市配送市场的多元化、个体化等特征。总体而言,目前我国冷链城市配送模式主要有供应商直配、企业自配、共同配送等。

2. 配送温度多层化

冷链食品种类繁多、形状各异,在配送过程中发生的化学、物理、生理变化和微生物的影响也各不相同,而且供货、交易、零售等流通渠道纵横交叉、组合多变。这就要求针对不同的冷链食品采取适当的配送温度、湿冷技术,以保证各种冷链食品的安全和新鲜度。尽管冷藏食品和冷冻食品的配送温度有一定的区分,但没有明显界线,而且还有交叉,这就要求在配送时充分考虑它们的共存性,以免相互影响引起食品变质。对于大城市中心城区而言,冷链物流配送更呈现出鲜明的小批量、多频次特点,对冷链配送的要求差异也较大。

3. 配送时间窗口协调难度大

下游客户为了节约成本或出于其他考虑,往往设定固定收货时间窗口,这给配送企业带来较大的时间约束。同时,随着城市经济社会发展和居民生活水平提高,机动车辆保有量快速增长。为了有效控制市区交通量,多数中心城市通过发放"车辆通行证"的方式控制货车进城。因此,城市配送面临货车通行范围小、城区难以进入、通行证难拿等难题。由于配送车辆通行受限和时间窗口的双重制约,降低了冷链城市配送柔性,增加了企业运营成本。

三、城市配送企业的盈利模式

1. 规模经济模式

城市配送企业通过新增物流设施来扩大配送能力,并通过扩大配送业务量,以期形成规模配送,获得规模效益。其采用统一布局,对客户在配送费用上采取一致的策略,通过较大规模配送能力,取得较快的货物周转速度,大幅降低库存持有时间和持有成本,实现规模化所带来的利润。在规模经济赢利模式中,提高资源利用率是基本竞争策略,通过提高运输工具的装载率和库存周转次数,形成低成本优势,产生利润能力。

2. 基础服务模式

基础服务模式通过提供标准化的物流服务,获得长期稳定的收入,同时带来次生的高利润增值业务。基础服务的利润可能不高,但后继产品的利润却是持续稳定且极具吸引力的。前者包括免费为客户提供信息系统服务,免费帮助客户设计物流衔接设施,利用低价策略为相关企业提供制式基础物流服务(如仓储、运输)等;后者包括延长仓储保管时间或提供其他个性化服务,也将收取较高的费用。由于制式服务的特征,当客户采用了这种服务之后,将不得不长期依赖集中化提供物流服务。

3. 物流金字塔模式

城市配送企业根据不同客户对服务的不同要求及服务个性化等因素,发挥城市的网络仓库和运输方式多样化优势,形成各种形式、各个档次的物流服务,从而形成物流金字塔。在塔的底部是传统的、大批量的物流业务;在塔的顶部是高利润、小批量、个性化的服务。在这种模式中,塔的底部在同行中通过低价策略可以有效阻碍竞争者的进入,保护顶部服务带来较丰厚的利润。这种模式对拥有网络仓库和多种运输方式的城市配送企业是独特的优势。

4. 利润复归模式

利润复归是在传统的无利润模式下,呈现盈利的经营方法。其通过将城市配送重新定义为一种体验,吸引客户。通过在传统的仓储、运输基础上探讨如何获得新的增值服务和新的理念,因此具有利润复归模式特征。城市配送企业相对于原来的相关企业在功能上进一步完善,对外具有配送中心的采购、进发货、配与送等功能;对内具有订单分拣、货物拣选、配送、仓储、加工、信息加工等基本功能,使其专业化程度要求更高。

这种模式具有一些传统物流或简单的配送所不具有的功能,其仓储与运输工具是根据相关物流业务的需要而引进的,能适应相关物流业务的需要。只要通过有限的改造与安排便可使城市配送企业在短时间内形成配送能力,通过城市配送企业的网络仓储能力,根据客户需要对货物的分布灵活安排,实行差异化服务或对仓储分布实行一种更经济的布置方式,这些特点使这种模式下的城市配送企业与其他类型的配送企业不同。

5. 价值链分拆模式

这种分拆模式是从一体化的企业中转移到只控制着价值链一两个环节的专业化运作模式。这种模式是将各个企业不利于自己运作和经营的物流配送业务剥离出来,进而集中于相关环节的运作,并通过城市配送企业的专业化运作,形成原有物流企业所不具有的更高专业化运作手段,通过更专业的物流设施产生更高的效益。

6. 价值链整合模式

价值链整合是通过整合提供给客户的服务,产生增值。城市配送企业很大程度上脱胎于原有相关的物流企业或生产企业，了解行业特点和客户需求，易于设计出符合客户需求的物流业务，提供更好地解决客户问题的方案，并且用于维护客户关系的费用较低，同时能产生更高的客户忠诚度。但客户服务模式的设计要打破原有的物流业务设计理念，在这方面需要一定的资金投入，而且这种设计方案在短期内还存在着客户如何接受与消化等问题，因此在执行上的难度较大，投资回报也具有更大的不确定性。

7. 渠道集中模式

渠道集中是消费者或客户可以在一个地方购买全部所需产品。零售行业在渠道集中方面取得了卓有成效的业绩，购物商城、大型超市是这方面的典型。城市配送集中化的大规模采购将形成广泛的供应商资源，逐步演化为代理上游企业的销售业务，形成广泛的产品代理能力。届时，客户不需要直接和供应商联系，只要联系配送中心即可。

8. 配电盘模式

整个物流市场其实质是一个供应链运作过程，城市配送企业的上下游存在众多的供应商与用（客）户，当配送中心承担联系上下游客户的功能时，这就会导致出现一种高价值的中介业务。城市配送中心通过集中采购，再将货物配送到下游客户，减少了交易次数；下游客户可向配送中心小批量订货，通过配送中心集中处理订单的功能，使下游客户的库存持有成本大幅降低。

通过在不同的供应商与客户之间搭建一个沟通的渠道或是交易的平台，从而降低了买卖双方的交易成本，城市配送企业通过从中介服务中获利和合理解决客户批量运输与库存持有成本之间的矛盾，实现"双赢"的目的。

四、冷链物流城市配送现状

冷链物流业是集联运、冷藏、保温运输、低温仓储管理、区域配送等于一体的综合性物流形式，担负着易腐食品的冷冻加工和储藏任务，起着促进农副渔业生产、调剂市场季节供求的作用。它是随着科学技术的进步、制冷技术的发展而建立起来的，是以冷冻工艺学为基础、以制冷技术为手段的低温物流过程。中国农产品冷链物流业快速发展，国家必须尽早制定和实施科学、有效的宏观政策。冷链物流的要求比较高，相应的管理和资金方面的投入也比普通的常温物流要大。

据有关媒体报道，全国每年仅运输途中腐烂变质的水果、蔬菜等食品价值约为700亿元，造成了巨大的经济浪费。这一损失正是由于采用不恰当的运输方式所导致，如能在农产品运输过程中引入一站式冷链物流服务，可最大限度减少果蔬运输过程中的损耗，因此农产品冷链物流增长空间巨大，预计未来5年内社会投资将新增2000亿元。

2015年，我国初步建成农产品冷链物流网络服务体系，使果蔬、肉类、水产品冷链流通率分别达到20%、30%、36%以上，流通环节产品腐损率分别降至15%、8%、10%以下。

目前,我国果蔬、肉类、水产品进入冷链系统的比重只有5％、15％、23％。在欧美、日本等发达国家地区,农产品进入冷链流通在95％以上。

在市场经济条件下,商业系统、轻工系统、外贸系统、水产系统都在各自独立地生产冷冻食品,没有统一的行业标准和规范可遵循,管理处于无序状态,以致冷冻食品的质量参差不齐。另外,全国多数冷冻食品生产企业仍在使用老旧的冷库、冰柜等生产冷冻食品,没有连续化的快速冻结设备,也没有统一的产品质量标准和卫生规范,以致造成缓慢冻结产品充斥市场,降低了冷冻食品的质量,损害了冷冻食品的声誉。

1. 当前冷冻食品企业规模不大、实力不强、经济效益不高

当前,全国有1000多家冷冻食品生产企业,但生产量稳定在千吨以上的企业数量不多,比较多的是百吨左右的企业,在这些企业中,有相当数量的冷冻食品实际上只是肉联厂、罐头厂、冷饮厂等工厂的分厂或一个车间,这类企业规模效益普遍较差。

2. 冷链物流技术有待提高

我国的冷藏保温技术有待发展,有效的温度控制设施投入有限,专业的冷链物流供应链管理和操作人员严重缺乏,先进的全程冷藏控温运行管理制度亟待建立。这些不足导致各个环节信息阻塞,易腐物品在运输途中发生无谓耽搁,风险增多。

3. 第三方物流发展缓慢

尽管冷链物流具有很大的发展潜力,但是由于专业人员缺乏和基础设施严重滞后,我国的冷链物流业尚处于初级阶段,市场规模有限,区域性特征明显。目前,行业内还缺乏有影响力的、全国性的第三方冷链物流行业领袖。

拓展阅读7.1　提高冷链配送服务质量

五、适合我国的冷链物流城市配送模式

我国冷链物流的发展现状与问题及现有的冷链物流配送模式,反映了我国在冷链物流方面的国情,发展适合我国国情的共同配送模式能够有效地解决上述问题。

共同配送就是多家企业共同组建配送中心,或者共同委托第三方物流的一种高度集约化的物流配送模式。鉴于物流行业是一个存在显著规模经济效应的行业,只有通过不断地整合各种资源,实现高度集约化,才能降低企业和社会的成本。共同配送就是实现高度集约化的首选,也是城市冷链物流配送发展的最高阶段。

共同配送模式有效整合了所有参与客户的商品资源、车辆资源、库房资源以及配送线路资源。然而,当前交通堵塞和超市收货排队等问题,使得车辆的装载率与送货点数形成

一个尖锐的矛盾,每个店送货量少,而门店又在不断增加,如果考虑装载率,把车辆全部装满后同时还要考虑是否能够在收货时间内送完,加上要考虑司机的在途工作时间等,在这一矛盾下只能选择降低装载率以保证完成客户的送货时间要求。

第三方物流的关键点在于整合资源,只有专业化和集约化才可能最大限度地降低成本。同时,第三方物流公司的利润来源不是赚客户的钱而是帮助客户去省钱。共同配送可以最大限度地提高人员、物资、金钱、时间等物流资源的使用效率(降低成本),取得最大效益(提高服务),还可以去除多余的交通运输,并取得缓解交通拥堵、保护环境等社会效益。因此,共同配送将是整合的最佳表现形式。

适合我国国情的冷链物流共同配送指在当前我国冷链物流基础薄弱、较长一段时期内还很难缩小与发达国家的差距的情况下,一方面充分整合现有冷链资源,建立以区域为核心的统一物流配送中心;另一方面,共同配送的模式既包括一家第三方物流公司为多个客户提供服务,也包括多个配送企业联合一起进行配送,还包括多家工商企业联合投资兴建冷链物流设施,即物流配送共同化、物流资源利用共同化、物流设施设备利用共同化及物流管理共同化。

发展冷链物流共同配送,是当前我国冷链物流配送模式的最大化选择,主要理由如下。

1. 食品安全角度

首先,发展冷链物流的共同配送,如多家工商企业联合投资兴建冷链物流设施,不仅能有效降低投资成本和风险,还便于完善冷藏冷冻配套设施,有助于提高冷链物流在易腐商品供应链物流中的比重,减少物流损耗,降低商品的腐烂率。

其次,多家企业参与共同配送,一方面更有条件共建信息系统与网络,实现信息的共享与快速反馈,从而更快地反映市场需求,缩短产品订货提前期;另一方面也有利于物流技术,如RFID、GPS的采用,加强对冷链物流的全程温度监控。

最后,多家配送企业联合进行配送,提高了服务网络的覆盖率,从而提高了配送服务水平和配送速度,有利于降低商品的腐烂率。总的来说,发展冷链物流的共同配送比传统配送模式更有利于确保食品安全,提高食品质量。

2. 易腐商品生产企业角度

发展冷链物流的共同配送,由专业的第三方物流企业完成配送任务,既降低了物流成本,又可以集中精力经营核心业务,促进企业的成长与扩散,扩大市场范围,消除有封闭性的销售网络。同时有利于提高食品质量,助力企业创立食品品牌,提升食品的国际竞争力。而食品国际竞争力的提高,通常会带来产品价格的提高,最终也有利于位于供应链最前端的农民收入的增加。

3. 第三方物流企业角度

发展冷链物流的共同配送，为多家易腐商品生产企业提供配送服务，容易达到配送的经济规模、运输单位的大型化和信息网络化，使得车辆资源充分利用、装载效率明显提高，在实现物流效率化的同时，有利于小批量、多批次配送业务的展开，降低企业自身的运营成本。

4. 社会角度

消费者越来越个性化的消费需求，大幅推动了多品种、少批量、多频度的配送，商品种类的增加、交货提前期的缩短，导致运输车辆增多、交通道路堵塞、城市环境恶化。开展冷链物流的共同配送，在区域配送中心的协调下，将运往同一地区的商品用一辆卡车运送，大幅减少了运输车辆，缓解了城市交通压力，降低了对环境的污染。同时，共同配送的实质是对物流配送要素上各个企业的横向集成，在产品流通中利用各个配送企业的资源、设备及地理条件，提高社会资本的利用率，使得社会效益明显提高。

共同配送是物流发展的新趋势，在西方发达国家有很好的应用。在当前我国冷链物流基础薄弱的情况下，开展适合我国国情的冷链物流共同配送无疑是一种很好的选择。当然，冷链物流共同配送在我国还处于起步阶段，有诸多的问题，如费用分担问题、信任机制问题、路径优化问题等还需要进一步研究。

六、冷链物流城市配送模式优化

共同配送之所以能够降低物流的成本，是因为集约化程度的提高，使得人工、设备和设施费用分摊到了很多共享的客户身上。这些零散客户共享所带来的生意就像大客户所带来的生意量一样大，从而发挥物流的规模效益，进而节约成本，这些成本的节约反过来又可以使销售企业实施更加优惠的低价策略。

冷链物流的3个关键因素就是时间、温度和不可逆，用来保障这3个要素实现的是设备、流程和人员。通过研究近几年的冷链物流发展状况，我们发现3个要素得以保障最重要的不是设备的问题，不是流程的问题，而是人的问题。人，包括冷链物流的从业人员，还包括城市的管理者。冷链物流人才急缺是事实，而食品物流标准的缺失、交通政策的滞后、现存的物流配送模式集约化程度过低等问题更是由于人的原因造成的，所以结合目前的冷链物流设备、技术水平提出以下冷链物流城市配送模式优化措施。

1. 完善和提高终端零售企业的收货标准，由需求方按照收货标准监督供应方

零售终端作为食品流通的最后一个环节，更应该做好食品的检查及验收工作，成为商品到消费者的最后一道"防火墙"，同时，从供应链的需求关系角度而言，需求方对供应方的有效监督是最可执行、最有效果的，特别是对冷链产品的监督。目前，部分零售终端的收货标准较低或标准执行不到位，一定程度上纵容了部分厂商或物流企业的违规行为，因此,商业流通管理部门应该要求零售终端建立科学的、切实可行的冷链商品收货标准,通过规范化的测温、控制收货时间、控制损耗率等手段,提高冷链的品质。

目前,冷链物流由于缺乏行业标准和监管措施,运营水平差异化非常大;政策缺失导致无序竞争,价格直跌;由于设施落后,冷链物流过程中"断链"的现象比比皆是;库温不达标,运输过程中温度不合要求或仅仅使用简单的棉被进行保温;收发货过程长且在常温状态下进行。由于缺乏标准和监管,这些现象得以普遍存在,造成了不公平竞争,不仅影响了食品的质量安全,而且对运营规范的冷链物流企业造成伤害。

2. 实行城市冷链夜间配送

目前,超市收货时间一般集中在白天,然而白天城市交通的拥堵,以及超市分布的街区化、街道化,使得配送环节与此形成一个难以协调的矛盾,同时冷链商品与常温商品同时收货,严重违反了冷链物流的温度要求,如果能吸取北京奥运会期间成功的城市交通管理经验,将部分商品或门店的收货时间调整为夜间,将会给企业和社会带来极大的收益。

3. 政策性扶持参与共同配送模式的相关企业

为鼓励企业积极参与共同配送,政府应提供一定的税收减免或资金支持政策。物流企业可与工商企业结成联盟,先期按条件分配冷链运输环节功能服务,输出有改进针对性的物流管理和运作体系。冷链运输是冷链物流的关键环节,尤其是乳制品要求严格,需实现高频次配送。鲜奶的质量要求比较高,需要特殊的运输条件,零售业可与厂商结盟实现鲜奶的保质运输。因为生产厂商有一整套的冷链物流管理和运作系统,能够在运输中保证鲜奶的质量,建立由厂商直接配送的运输服务。

例如,一些大型超市与蒙牛公司建立长期的合作关系,由蒙牛公司直接配送,利用蒙牛公司的运输工具直接到达超市的冷柜,避免在运输过程中的鲜奶变质,造成超市重大的损失,影响其信誉度。随着合作的开展,与客户建立起的合作关系趋向稳固,操作经验不断积累,通过对生产商自有冷链资源、社会资源和自身资源的不断整合,建立起科学的、固定化的冷链物流管理和运作体系。

4. 多温共配

多温共配是经过长期的发展和探索优化出的一种追求合理化的配送形式,也是美国、日本等一些发达国家采用较为广泛、影响面较大的一种先进的物流配送方式,它对提高物流运作效率、降低物流成本具有重要意义。

从微观角度看,实现冷链物流的多温共配能够提高冷链物流运作的效率,降低企业运营成本,可以节省大量资金、设备、土地、人力等。企业可以集中精力经营核心业务,促进企业的成长和扩散,扩大市场范围,消除有封闭性的销售网络,共建共存共享的环境。

从整个社会角度来讲,实现冷链物流的多温共配可以减少社会冷藏车的总量,减少因卸货妨碍城市交通的现象,改善交通运输状况;通过冷链物流集中化处理,有效提高冷链车辆的装载率,节省冷链物流处理空间和人力资源,提升冷链商业物流环境,进而改善整体社会生活品质。

由于冷链物流的低温特点,物流企业若单独建立冷链物流中心,投资成本高,且回收期较长。冷链食品的特点相同,但是不同食品的温度范围要求又是不一样的,所以将整合社会的冷链物流业联合起来,共同建立冷链物流配送中心,实现冷链物流业的多温共配和共同配送是可行的。

第二节 冷链物流城市配送体系

一、城市冷链配送的参与主体

1. 专业冷链物流企业

冷链物流企业衔接上下游企业,在冷链中扮演着重要角色。面向城市的冷链物流企业的主要业务是冷链仓储、市内配送和一体化城市冷链物流解决方案,部分企业也从事干线冷藏运输业务。然而,由于设施成本投入大、运营管理难度大和行业秩序不规范,专门从事第三方城市冷链配送的物流企业数量不多。

2. 生产企业

生产企业是食品冷链的源头,主要包括初级农产品生产基地、农畜产品加工企业和速冻食品生产企业等。生产企业根据自身经营战略和规模,既可以成为冷链城市配送的需求者,也可以成为城市配送的组织者。多数企业选择外包的模式,实现商品的城市终端的配送。此外,一些生产企业出于多元化经营战略的考虑,或出于第三方市场无法保障服务质量的无奈选择,除实现生产加工功能外,还承担冷链储存及冷链配送等业务,以肉类及部分农产品生产商为典型。

3. 批发企业

批发企业是城市冷链配送的主要中转站,是联系生产企业和零售企业的主要枢纽。近年来,批发市场不断向规模化和专业化的方向发展,农产品批发市场在冷链食品的交易中占有重要的地位,很多大中型冷库和配送中心由批发企业所拥有,兼顾冷链仓储和加工配送的功能。

4. 零售企业

零售企业是冷链的终端,经营业态多元化,典型代表是大型连锁零售企业、电子商务企业等。一些小规模的零售企业往往选择供应商送货或外包第三方冷链物流企业的方式解决物流问题。对于那些以连锁经营模式为主的集团企业,出于经营战略和增加物流可靠性的考虑,它们更倾向于选择自建城市冷链物流配送体系,将供应商货物聚集到配送中心重新分拣组配后,由配送中心统一配送到各门店,实现城市配送效率的提高。对于快速发展的电子商务企业,逐步将竞争重点转向物流领域,自建物流体系与社会物流企业相结合的模式成为主流。

5. 餐饮企业

城市餐饮企业是冷链城市配送的一类重要参与者,主要包括酒店、连锁餐饮企业、学校和部队等单位的食堂,根据企业经营特点和食品采购渠道不同,其扮演的角色也各不相同。酒店、学校和部队的单位食堂多是供应商直接配送上门,而连锁餐饮企业由于其经营规模优势,通常外包给第三方物流企业或自建配送体系经营物流业务,如呷哺呷哺中央厨房就是一种典型的自营物流模式。

二、城市冷链配送服务体系

(一) 面向商超的城市冷链配送体系

连锁经营企业向生鲜食品冷链物流上游延伸,同生鲜食品的经销商、批发商、生产基地及加工企业联合,与规模大、货源充足的生鲜食品供应进行长期合作或者企业自己投资建立生鲜食品生产基地,通过自建自营的连锁经营配送中心向连锁超市及其他业态的店铺进行小批量、多批次、多品种配送新鲜安全的生鲜食品。

这种连锁经营企业以配送环节为主的自营冷链物流模式,有利于降低生鲜食品的损耗,提高了生鲜食品物流效率,确保生鲜食品在整个供应链上始终处在低温状态,形成连锁经营企业自创品牌和建设良好的企业形象。

但是,由于冷链物流不是连锁经营企业的主营业务,生鲜食品也只是连锁经营企业众多经营品类中的一部分。在这种情况下,物流、销售、采购等部门之间容易形成各自为政的局面,供应链节点企业之间经常竞争而不是合作,造成冷链物流交易费用上升,冷链环节"断链"等问题。

拓展阅读7.2 超市食品安全操作规范(试行)

(二) 面向餐饮企业的冷链配送体系

连锁餐饮行业发展势头强劲,从快餐到火锅再到饭店,连锁经营已经成为一线城市餐饮业的主要经营模式。为了使餐饮企业产品的品质得到保证、服务质量得到保证及减少损耗等,面向餐饮企业的冷链配送服务体系应运而生,冷链在连锁餐饮企业以中央厨房的模式发挥作用。餐饮业冷链配送中心最早起源于"洋快餐","洋快餐"的冷链物流服务体系相对比较完善,从生产基地冷链物流中心、生鲜加工中心至城市配送的冷链物流中心已形成一个完整的冷链物流体系。

面向餐饮企业的冷链配送商必须配备配送餐饮产品所需的冷冻保鲜设备,开发餐饮产品物流的冷冻保鲜技术,建立餐饮产品冷藏链,发展冷链物流,使产品可以一直处于产品生理需要的低温状态,并形成一条冷链:餐饮产品原材料—半成品—冷藏车运输—餐饮企业冷柜厨房。只有这样才能提高餐饮产品配送效率,保证餐饮产品的质量,减少餐饮产品的损耗。

连锁餐饮企业主导的冷链终端配送服务以整套的物流解决方案为核心,连锁餐饮企业和物流配送供应商共担风险、共享收益,通过建立有效的合作机制以及搭建信息平台,使其信息充分共享、取得最优的效果。目前,面向餐饮企业的冷链配送服务主要有以下几种典型模式。

1. 百胜支持下的肯德基物流配送服务

中国百胜餐饮集团是目前我国最大的餐饮集团,是肯德基和必胜客的母公司。百胜从1987年进入中国到现在,一直都找不到一家理想的第三方物流公司,因而该公司创造出了业内公认的"灵活而实用"的物流运营模式:自我服务+供应商提供物流服务+第三方物流服务。

百胜自有的物流服务比例占50%,主要进行核心业务、有特殊要求的产品的物流服务,配送核心城市和餐厅密集型区域的核心产品,如必胜客餐厅的沙拉、肯德基餐厅的薯条(温度要求高);第三方提供物流服务的比例占40%,主要是在分散的区域以及对温度要求不是很高的产品;供应商提供物流服务的比例占10%。

百胜打造了一条完整的冷链。货物在冷库、冷藏库及冷藏车之间周转时,都将在低温卸货码头暂存。低温卸货码头为全封闭结构,拥有充气式门封,有效控制了卸货区域的温度,这样冷藏车、低温卸货码头、冷藏库及冻库就形成了恒定温度的货物保存空间,可以使货物在恒定温度下保存、运输,确保冷链的完整性,从而保障食品的安全与品质。

2. 海底捞冷链物流配送

海底捞是一家以经营川味火锅为主的连锁餐饮企业,为保证菜品质量,海底捞制定了完善的食品安全监督体系,还按照麦当劳全球物流配送标准建立了物流配送中心,并引进了一整套的清洗、加工、检验、冷藏和冷冻设备。

海底捞在菜品冷链中的主要做法如下。

(1) 原料采购

所有蔬菜类菜品直接来源于农户,农户将菜从地里采摘后直接送往海底捞,没有中间商的参与,这样就缩短了菜品的市场滞留期,保证了新鲜度。同时,品质监控人员会对每一样蔬菜进行农药残留检测,只有合格的才允许收货,在源头上保证了菜品质量。

(2) 菜品清洗加工

海底捞物流配送中心的蔬菜加工车间控制在6～8℃，每天有专门的品质监控人员对食品的验货标准、各车间和库房的温度、湿度进行严格控制，并对生产现场的卫生标准进行检测监督。

(3) 配送和储存

海底捞要求在食品运输的整个过程必须保持在0～4℃，这就对配送的车辆有了严格的温度控制和设备要求。为了保证食品安全，对配送车辆也进行了检查、清理、消毒，并在车辆中安装好温度记录仪，以便第二天对异常温度进行分析处理，特别是在每年的5—10月和冬季，以防食物在温度不合适时，不能保持鲜度或在低温下蔬菜被冻伤。海底捞每年在运输方面的投资达150万～200万元。同时，海底捞对时间的控制也极为严格，蔬菜类产品在物流配送中心保存时间不超过36h，门店0～4℃保鲜库的保存也不超过36h。

海底捞还建立了从原材料源头到餐桌的全程追溯体系，包括严格的检验、记录和把关制度。门店实行48h各类菜品留存制度，以保证一旦发生食品安全问题，能迅速反应，门店同时还制定了各类菜品保鲜、保质的标准和时间，建立了对过期菜品和陈菜、色泽不好的菜品的处理制度。通过标准化的生产链条，海底捞物流配送中心每天向全国40余家直营门店输送绿色健康菜品。

3. 久久丫冷链物流配送

从构成上来讲，久久丫的冷链系统主要由冷冻加工、冷冻贮藏、冷冻运输及冷冻销售4个环节组成，每个环节都必须保证产品处于必要的低温环境下，以保证食品质量安全，减少损耗。除终端销售环节外，久久丫将大部分流程控制在自己手里，这种标准化生产管理模式使得"全程冷链"成为了可能。

以经典鸭脖为例，鸭脖生产出来后，必须在0～4℃的冷库里保存，为此久久丫斥巨资建立了数个自有冷库。在由工厂送往门店的过程中，久久丫在每辆车上都配备了温度监控设备，实时记录并传输温度数据，下载后会有专业人士进行分析。目前，久久丫有14条物流储运线，未来还会根据情况增加。为了最大程度地保鲜保质，久久丫希望将产品生产出来到门店的时间压缩为4h。

久久丫还要求产品到店后必须保证在陈列柜里0～8℃环境下冷藏保存，为此每个门店都配备了冷柜，而冷柜的成本在5000元左右，加上空调的话，成本会更高。为保证各门店严格执行总部要求，久久丫特设了督导系统每天抽查，若查到违反规章制度的行为，将处以几百到几千元的罚款，情节严重者甚至取消加盟商资格。

三、城市冷链宅配体系

凭借现代IT系统的有力支持，配送体系的逐步健全，以及人们对于高水平生活质量的追求，消费者已由网购传统的日用品过渡到蔬菜、水果等生鲜食品及速冻食品、冰激凌等。电子商务是社会发展的趋势,但其配送过程是否能保证食品的温度及品质,需要特别的关注,由此与之相匹配的冷链宅配应运而生,冷链宅配服务的发展由市场经济的发展决定。

冷链宅配从源头与消费者直接对接的冷链配送方式,既满足了电商配送的需求,保证食品的品质和质量,又使全程冷链得以实现,让人们的生活水平、生活质量得到更大的提升。冷冻、生鲜等食品的在线销售市场一经打开,冷链宅配的服务需求将急剧上升。

冷链宅配是一种个人消费者通过电子商务,订购一定数量和一定品种的冷冻冷藏食品,由服务提供方采用相应的物流技术,把指定的物品在指定的时间送到指定地点的B2C业务。冷链宅配服务在日本、中国台湾已经发展得十分成熟,北京、上海作为国内两大电商发展的领先城市,对于这一服务领域已经抢先做了尝试。

1. 冷链物流企业冷链宅配服务

目前,冷链物流企业普遍运营 B2B 业务,主要在供货商与销售网点之间进行物流配送,宅配业务极少。

在顺丰速运公司通过顺丰优选平台开展进口食品宅配业务的同时,作为食品冷链企业的快行线已经做出前瞻性举措,即与京东商城、淘宝网、1号店等进行业务合作,将服务对象延伸至最终消费者,成为冷冻食品宅配物流中的先驱者。北京市快行线食品有限公司于 2012 年首试冷链宅配业务,计划通过逐步的网络推广,把快行线冷库内的 2000 多种速冻食品全部上线,通过冷链宅配的形式,为速冻食品打通一条新的销售通路。

目前淘宝网上有"顶点生鲜速冻食品"和"盛邦罗兰"两家网店销售快行线的冷冻食品,而淘宝商城网店和 1 号店的产品上线工作也正在运作之中。普通速冻食品的售价+普通快递的物流费用,使快行线冷冻食品更具竞争优势。

快行线冷链宅配的主要运作方式是:散户订单与物流伙伴共同完成宅配;成箱订单由快行线物流自己完成。每日 18 点之前,北京快行线食品物流有限公司的工作人员会为来自淘宝网店的订单进行备货,将散户所需的速冻食品独立包装并放入快行线特殊的配有冰袋的−18℃冷藏保温盒,第二天便可由其物流伙伴"城市 100"以常温快递的费用配送到北京消费者的家中。为了确保产品不会因温度而出现质量问题,顶点公司在"城市 100"的全部 15 个配送站配备了 15 台冰柜,可以及时处理无人收货的状况;而成箱的订单由快行线公司为北京市各区域超市进行配送的 50 多辆冷藏车承担配送任务,每箱产品一般会收取 30 元的配送费。

随着业务量与运营熟练度的双双增大,快行线已经建立起北京宅配物流的框架,冷链食品的宅配体系也越来越完善。同时,快行线愿意配合相关职能部门共同建立北京市宅配物流体系,以解决实际困难。快行线正在努力打造其 2000 多种冷冻食品全部上线来开展北京市食品冷链宅配服务,业务成熟后复制此模式在全国其他城市共同进行。

2. 垂直电商冷链宅配服务

面对亟待开发的市场,为了占据先机,一些实力雄厚的垂直电商采用自建冷链的方式,硬投入进行着陆。

电果网(北京)农产品有限公司由北大光华 MBA 陈肇隆先生和清华经管 MBA 王霜女士联合创立。公司旗下的"电果网"是中国水果 B2C 电商领导品牌,专注于为中国城市高端消费者提供新鲜、优质、平价的水果产品,以及快捷贴心的宅配服务。目前在北京、上海、广州三地开展线上销售和线下配送业务,拥有忠实会员超过 10 万人,每天配送订单量约 5000 单,是目前国内公认最大的水果 B2C 垂直网上商城。

公司旗下的"宅鲜配"是国内领先的生鲜食品冷链宅配独立第三方服务品牌,专注于为生鲜电商、礼品公司、郊区农场等客户提供落地宅配服务。目前,北京、上海、广州三地拥有冷藏库 1200m^2、冷冻库 2000m^2,遍布北京、上海和广州三市区的冷链配送站 35 个,冷链厢式货车 12 台,冷链宅配车 150 辆,专业的冷链物流送货员超过 200 人,每天可处理冷链宅配订单 10 000 个。

公司旗下的"宅鲜配优选"是目前中国高端生鲜礼品领导品牌,专注于为送礼客户提供高品质生鲜食品礼品整体解决方案:种植与养殖基地及产品遴选、干线冷链仓储物流、礼品卡个性化定制、财务咨询、第三方送礼、冷链宅配、售后服务等。基于公司旗下的"宅鲜配"物流体系,实现了高品质原生态农产品、高科技冷链物流、高素质宅配员工贴心服务三者的完美结合,为收礼客户提供贴心、满意的产品和服务,帮助送礼客户实现客户关系维护、员工福利关怀等。

尽管"冷链宅配"市场受欢迎,各方人士也很热情,但是一些问题的出现也困扰了"冷链宅配"的发展。中国制冷学会调查资料表明,由于没有低温保障,在最后一公里物流配送上,即从分销点到客户家里这一段配送路程出现"冷链断链",导致食品、水果、蔬菜等易腐食品的品质被损坏。"断链"问题已经导致消费者对"冷链宅配"失望。目前,在"冷链宅配"最后一公里的冷链配送上,配送设备还停留在泡沫箱和纸箱加水冰这些落后的保鲜、降温设备上,有的甚至都不放冰块降温。这些设备显然不能保证冰激凌、蛋糕、蔬菜、水果等易腐食品的保鲜和保质。可以说,从定制专业的冷藏箱、保温箱、冷冻箱等冷链宅配设备到具体解决方案,这些都是"冷链宅配"所必须解决的问题。

3. 生产基地冷链宅配服务

目前,生产基地冷链宅配服务主要是针对绿色、有机食品来展开。试图打造"都市有机农业第一品牌"的上海多利农庄宅配市场做得如火如荼。其运作方式是:自建农场种植有机果蔬,每日采摘后由玛雅多黑猫宅急便冷链配送到各户家中。随着业务量的增多,黑猫宅急便已经无法满足其冷链宅配业务,由此多利农庄已经自建冷链物流体系,并着手研发自己的质量控制体系,并与留民营生态农场强强携手,成功进驻北京市场。

位于平谷马昌营镇的沱沱工社农场以"当季产出、精心采摘、全程冷链、新鲜直达"为口号,专业致力于提供新鲜生态食品的网上超市。其运作模式为:早晚两次采摘与分拣,包装后每日两次配送,北京市六环以内基本能做到 3h 内送达,实现农产品采摘到直达餐桌的过程。但是在北京,并没有像雅玛多黑猫宅急便那样成熟的第三方冷链宅配物流,为了实现冷链宅配服务,沱沱工社自建冷链物流体系。

沱沱工社的冷链物流配送模式是站点—区域站点—仓库(site district center,SDC)区域站点模式。北京近郊处有其自建的5000m²大型冷藏仓库,作为SDC的第一站点"保鲜点",并拥有10辆冷藏车及200多名配送人员。同时在市区设立十几个区域分站点(包括门店和小型社区房),并配备冰箱、冰柜等冷藏设备。最后,在各分站点用装有保温箱及冰袋的电动三轮车、面包车进行最后一公里配送至客户家中。目前,沱沱工社正在致力于缩短其配送时间至2h,甚至1h,减少消费者的等候时间,真正实现"大仓储中心+小仓储站点"的新鲜有机食品冷链宅配模式。

4. C2C电商冷链宅配服务

C2C(个人与个人之间的电子商务)电商通过与第三方网络平台合作,借助于第三方物流企业开展冷链宅配业务。经营的商品主要以中高端食品、进口食品为主,如海鲜、进口肉类、进口水果等。继淘宝、天猫推出生鲜频道之后,京东商城、中粮我买网、一号店等也纷纷上线生鲜频道,为了避免前期的巨大成本投入,这些网络平台选择开放给第三方企业的运营方式,由入驻商家自行配送或与快递企业合作开展冷链宅配业务。目前C2C电商合作的第三方物流配送商主要有顺丰速运、黑猫宅急便、韵达快递、圆通快递、城市100等。

第三节　城市冷链物流共同配送

一、城市冷链共同配送概念与类型

(一)冷链共同配送定义

《商业经济专业知识与实务》一书认为,共同配送是由几个配送中心联合起来共同制订计划,在具体执行时共同使用配送车辆,共同对某一些地区用户进行配送的组织形式。我国国家标准《物流术语》(GB/T 18354—2021)对协同配送的解释是由多个企业联合组织实施的配送活动。

共同配送实施的主体可以作为物流需求方的制造商、批发商和零售商,也可以作为物流服务供应方的运输企业或仓库企业。物流行业是一个存在显著规模经济效应的行业,只有通过不断地整合各种资源,实现高度集约化才能降低企业和社会的成本。共同配送是实现高度集约化的首选,也是城市冷链物流配送发展的最高阶段。

物流共同化的本质是通过作业活动的规模化降低作业成本,提高物流资源的利用效率。通过开展共同配送不仅有利于企业经济效益的提高,而且会产生良好的社会效益。

这主要体现在共同配送可以减少由于物流服务高度化给社会带来的"外部不经济性"(如噪声、污染、交通堵塞等)。

具体来说,共同配送显著减少了运输车辆的数量。例如,按照共同配送之前的配送方式,一家商店门前一天内要停靠20~30辆货车,不仅阻塞了店铺前的交通,而且装卸作业频繁且单次作业量小,导致了整体配送效率低下。

实行共同配送后,停靠在店铺前的车辆减少到10辆以下,大幅改善了店铺前的环境,提高了装卸、检验及票据处理等事务性工作的效率。车辆运行数量减少意味着运输装载效率的提高、物流共同化程度的提高,对城市环境产生积极影响。正因为共同配送有如此重大的社会效果,因此,发达国家大力提倡物流共同化,积极引导企业,特别是中小企业开展共同配送,并为此制定了相应的政策。

(二)冷链共同配送的类型

1. 按业务范围分类

(1) 冷链运输部分共同化。
(2) 冷链运输与中心内作业的共同化。

2. 按主导企业分类

(1) 厂家等供货方主导。
(2) 零售商等配送对象企业主导。
(3) 冷链物流企业主导。

3. 按运营主体分类

(1) 供货方中的一家企业运营。
(2) 供货方通过建立协作组织来运营。
(3) 由采购方运营。
(4) 由冷链物流企业运营。

4. 按目的分类

(1) 以提高运输效率为主要目的。
(2) 提高运输效率和配送中心内的作业效率。
(3) 在提高作业效率的同时提高物流服务水平。

(三)冷链共同配送的效果

冷链共同配送从国民经济的角度看,通过运输效率的提高,降低由于运输引起的对于环境的破坏程度,节约能源,改善城市的交通秩序。

1. 从货主企业经营的角度看

从货主企业经营的角度看,冷链共同配送的效果主要体现在以下几个方面。

(1) 降低物流成本

有利于提高物流设施的利用效率,提高车辆的装载效率,削减物流成本。

(2) 扩大营业范围

单一企业往往因经济实力有限,难以独自建立广泛的物流网络,这极大限制了其营业范围的拓展。然而,通过共同配送的方式,企业能够共享资源,实现单个企业难以独立提供的运输服务,从而有效扩大其营业范围。

(3) 提高物流服务水平

中小企业在经营上有开展配送的需求,但没有能力建设配送中心设施,即便开展配送,也会因为规模过小影响到设施利用率和运输效率。通过多家企业联合开展共同配送,可以比较好地解决这个问题。

(4) 促进经营合理化

参加共同配送的企业之间通过信息交换,吸收各自经营上的长处,改进本企业的经营。同时,通过配送的开展,加强物流各个部门之间的有机联系,提高企业的物流系统化程度。

2. 从冷链物流企业的角度看

从冷链物流企业的角度看,冷链共同配送的效果主要体现在如下几个方面。

(1) 容易实现经济规模,运输单位的大型化和信息网络化有利于提高物流设施和运输车辆的使用效率,降低经营成本。

(2) 利于小批量、多批次配送业务的开展,有利于为客户提供低成本的物流服务。

3. 从食品安全角度看

(1) 降低投资成本和食品的损耗。发展冷链共同配送,多家企业联合投资共建冷链物流设施,不仅降低了投资成本和风险,而且容易完善冷链配套设施,有助于提高冷链物流在易腐食品供应物流中的比重,减少物流损耗,降低产品的腐烂率。

(2) 保证食品质量和安全。共同配送有利于信息系统的建设,进而实现信息的共享与快速反馈,从而更快反映市场需求,利于缩短产品的订货周期,也利于实现冷链物流的全程温控,保证食品安全。

(3) 共同配送提高了服务网络的覆盖率,从而提高了配送服务水平和配送效率,有利于降低产品的腐烂率。

4. 从社会角度看

(1) 为改善环境做出贡献

开展冷链共同配送,在区域配送中心的协调下,将运往同一地区的商品用同一辆冷藏车运送,大大减少了运输车辆的使用,缓解了城市交通压力,减少了对环境的污染。

(2) 整合社会资源，提高社会效益

共同配送的本质是对物流配送要素上各个企业的横向集成，在产品流通中利用各个配送企业的资源、设备及地理条件，提高社会资本的利用率，使社会效益明显提高。

二、城市冷链共同配送模式

随着城市化进程的加快、城市经济多元化的发展，以及人们生活方式和消费方式的改变，衍生了大量的城市冷链共同配送需求，使得供应链中"最后一公里"的城市配送日益得到重视和发展，城市配送系统成为城市经济发展的重要支撑，但由城市配送引发的交通堵塞、能源消耗、生态环境问题已成为影响城市经济发展、居民正常生活的关键问题。

1. 城市农产品批发市场需求导向的冷链共同配送模式

农产品批发市场是城市农产品经销商户、农产品加工企业、农产品物流服务商聚集地，是城市农产品流通管理的难点，但也为城市冷链共同配送体系的建立提供了机遇。针对农产品批发市场展开冷链共同配送业务，除了需要整合现有的分散需求外，也需要对现有配送供给主体（运输个体户）进行整合，以形成规模化的需求和优化的配送网络，如图7-1所示。

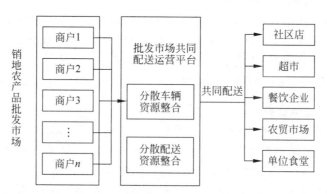

图7-1 农产品批发市场共同配送运作模式

农产品批发市场冷链共同配送系统的主体不仅仅包括配送服务的供给者和需求者，还必须有第三种力量作为整合者存在，以更好地匹配需求与供给的关系，协调各方由于规模、商户、经营意识等带来的差距，解决费用分摊、商业机密保护等方面的问题。在原有批发市场二元结构配送体系中引入第三方力量——批发市场共同配送运营平台，这是一个逐步深入的过程。

第一阶段，以市场管理（运营）者构建配送供需信息的整合平台——虚拟共同配送运营平台。市场管理者作为协调者参与到配送服务之中，由其负责信息平台的构建。批发市场商户与客户达成交易后,由商家负责将发生的配送需求信息及时同步完整地传送至信息平台。配送供给主体依旧是以现有的配送车辆驾驶员为主,但在市场管理者的协同下,依靠信息平台上的参考信息有针对性地组织货源,尽可能地提高车辆空间和载重量的利用率。

第二阶段,以市场管理者或有实力的物流企业为主体构建共同配送运营平台。该阶段的运作模式将更加体现系统优化、资源整合的要求。市场管理者或有实力的物流企业深度参与配送体系建设,成为批发市场共同配送系统的规划者和配送资源的投资者,使批发市场的物流供给市场得到全面升级。批发市场原有的分散配送个体户逐步被有实力的专业规模物流企业所整合或被市场所淘汰,经过升级的配送服务市场为商户配送需求外包创造良好的市场氛围和条件。该阶段依托共同配送运营商强大的信息系统实现与商户的信息无缝对接,配送体系结构也由第一阶段的三元结构升级为配送供需双方无缝对接的二元结构。

城市农产品批发市场冷链共同配送体系构建要点如下。

（1）批发市场要积极推动冷链共同配送体系建设。

（2）政府要鼓励和引导。

（3）培育规模物流企业。

（4）推广和应用城市配送先进技术。

2. 连锁经营需求导向的城市冷链共同配送模式

连锁零售企业实施共同配送可以通过以下方式实现。

（1）通过零售企业自己运营配送中心实现对供应商分散配送的整合,实施共同配送。该模式下的共同配送需要连锁企业门店达到一定规模,以实现共同配送的规模要求。

（2）利用第三方物流企业运营的配送中心,不同供应商通过第三方配送中心对各门店实施统一配送。多个供应商的商品均发送到第三方的共同配送中心,然后根据每家连锁零售企业的需求,实行统一配送,从而提高车辆装载率,减少配送成本。

（3）不同零售企业通过共享各自运营的配送中心,达到共同配送的目的。

在连锁零售企业各自分散拥有运输工具和配送中心的情况下,视各自运量大小,与供应商的距离等因素,协商划分配送区域或地段。通过采取委托或受托的形式开展共同配送,即将本企业配送数量较少的商品委托给其他连锁零售企业的物流部运输,而本企业配送数量较多的商品,则在接受其他连锁零售企业委托运输的基础上实行统一配送,从而提高车辆装载率,削减由于运输过频或装载率低产生的物流费用。此外,连锁零售企业也可以选择向距离零售门店最近的配送中心供货,该配送中心可能并非隶属于本企业,而是共同体内其他连锁零售企业的配送中心,但由于缩短了与用户的距离,可降低下一阶段（送货阶段）的配送成本。这样各连锁零售企业之间可以相互实现配送效率化,共同利用配送中心、装卸机械等设施设备,形成相互协作的配送局面。

(4) 对于小规模业务,通过社会公共配送中心,实现共同集配。

面向城市连锁经营的冷链共同配送体系结构如图 7-2 所示。

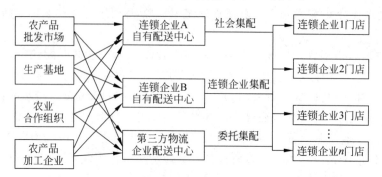

图 7-2 面向城市连锁经营的冷链共同配送体系结构图

3. 电子商务需求导向的城市生鲜冷链共同配送模式

农产品电子商务冷链宅配具有小批量、多批次、快速、及时、准确等特点。面向电子商务的城市农产品冷链共同配送是支撑生鲜农产品电子商务发展、控制物流成本的必然选择。城市冷链共同配送有以下几种实现方式。

(1) 电商企业共享物流资源,通过互相委托和受托物流业务,实现共同配送。

(2) 依托第三方物流企业整合社会需求和物流资源实现物流共同化。

(3) 与生鲜农产品超市、便利店、社区店、批发市场等实体经营企业物流资源共享,实现共同化配送。

生鲜农产品电子商务通过不同的共同化配送方式满足差异化的消费需求,使不同企业间分工较为明确,而整个配送系统更加具有灵活性,如图 7-3 所示。

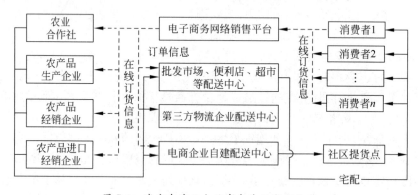

图 7-3 城市农产品电子商务冷链宅配体系

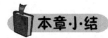

本章小结

冷链物流城市配送模式研究主要是解决冷链物流中"最后一公里"问题。本章主要介绍了冷链物流城市配送的含义特征与基本类型,冷链物流城市配送现状,以及适合我国国情的配送模式,从参与主体、服务体系等方面介绍了冷链物流城市配送体系,提出了冷链物流城市配送模式优化,探讨了城市冷链共同配送概念及模式。

一、单选题

1. 冷链物流的3个关键因素不包括(　　)。
   A. 时间　　　　　B. 温度　　　　　C. 不可逆　　　　　D. 运输
2. 我国传统的冷链物流配送模式的缺点不包括(　　)。
   A. 生产企业自行完成配送任务
   B. 配送成本高专业配送企业各自为政、重复建设、浪费严重
   C. 用户的冷藏设施不足,无法保证冷链物流的全程温度控制,商品质量难以保障
   D. 符合要求的设施设备、合理的成本构成、卓越的工作团队及全方位的人员培训
3. 我国连锁超市的物流配送显著特征不包括(　　)。
   A. 自建配送中心偏多,自营配送模式占主导
   B. 商品种类多,配送要求高,配送效果不尽如人意
   C. 统一配送率低,运作难度大,传统物流资源难以适应
   D. 设施设备齐全、成本构成合理

二、名词解释

1. 协同配送。
2. 物流金字塔模式。
3. 城市冷链配送。

三、简答题

1. 简答冷链物流城市配送现状。
2. 简述冷链物流城市配送模式优化的措施。

四、思考题

请结合我国冷链物流城市配送现状,总结适合我国的冷链物流城市配送模式。

拓展阅读7.3　麦当劳的第三方物流案例

第八章

常规品类冷链物流管理

学习目标

1. 熟悉并掌握食品冷藏链管理的相关知识与操作技能。
2. 掌握医药用品的冷链管理相关知识与技能。

学习导航

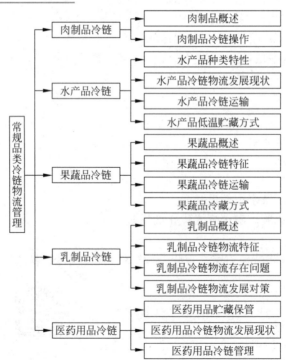

常规品类冷链物流管理
- 肉制品冷链
  - 肉制品概述
  - 肉制品冷链操作
- 水产品冷链
  - 水产品种类特性
  - 水产品冷链物流发展现状
  - 水产品冷链运输
  - 水产品低温贮藏方式
- 果蔬品冷链
  - 果蔬品概述
  - 果蔬品冷链特征
  - 果蔬品冷链运输
  - 果蔬品冷藏方式
- 乳制品冷链
  - 乳制品概述
  - 乳制品冷链物流特征
  - 乳制品冷链物流存在问题
  - 乳制品冷链物流发展对策
- 医药用品冷链
  - 医药用品贮藏保管
  - 医药用品冷链物流发展现状
  - 医药用品冷链管理

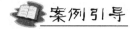

国外医药冷链物流发展经验

医药冷链物流是物流业的一个分支,特指为满足人们疾病预防、诊断和治疗的目的而进行的冷藏药品实体从生产者到使用者之间的一项系统工程。现阶段我国医药冷链物流仍处于初级发展阶段,相较而言,美国、日本等发达国家的医药冷链物流体系较为健全,借鉴国外发展经验,有助于推进我国医药冷链物流的现代化发展。

1. 第三方标准化程度高

目前,国际组织与部分发达国家已出台了相对成熟的医药冷链物流标准指南。

美国联合血液中心对血液成分制品冷链运输的温度控制、制冷剂品种、运血箱规格有严格规定,明令冷链物流各环节都要配备详细的追踪表单。美国冷链协会也发布了《冷链质量标准》,涵盖了冷藏药品包装、温度控制、冷链设施配备标准等内容,用以准确测试医药冷藏、冷链包装、医药冷链运输的标准性,为美国医药冷链运输的标准认证提供了基础。

2. 较高的技术利用率

在医药冷链物流运输方面,美国、英国、日本物联网技术应用率高。

美国应用 RFID、GPS 配备温度控制系统,通过自动控温与温度监控实时监控医药温度,保持医药冷藏运输温度在 2~8℃ 范围内,保障疫苗、生物制剂等医药在冷链运输过程中的温度监控。

英国 C. R. England 冷链服务运输公司,也拥有电子数据交换、卫星定位系统、远程控制平台等先进辅助技术,并为每辆冷链车配备了冷链 GPS 定位、网络跟踪设备和网络账单功能,可实时追踪每辆冷链车辆的运输信息,做到有据可查,保证医药冷链运输过程的质量安全。

日本拥有先进的条形码技术与温度传感器技术,可实时监控医药冷链物流服务质量。同时,日本还引入车载地图系统,为医药冷链配送车辆规划物流配送路线,极大减少物流在途消耗时间,医药冷链物流配送效率较高。

3. 健全的管理体系

国外医药企业市场集中度高,相关管理体系更加完善健全。

以美国为例,美国的医药冷链物流,通常以大型的药品批发企业、制药企业为衔接枢纽,医药制品需集中到大型药品的冷链物流中心,再进行最终的冷链配送。这种高度集中的冷链物流模式,充分利用规模效应,避免了市场中多而杂的小额订单,市场集中度较高。

日本医药冷链物流服务区域集中性也较强,大部分冷链运输医药产品进货需直接面向制造商,因此日本医药冷链收发周期有较强的可控性,并且,日本医药冷链物流市场实行严格的准入制度,区域型的低温药品不允许进行全国范围的运营,因此日本几乎很少进口医药品,整个医药冷链物流市场的安全指数高。

资料来源:中国物流与采购联合会,http://www.chinawuliu.com.cn/xsyj/201708/30/324349.shtml。

案例思考

1. 国外医药冷链物流的优势体现在哪几个方面?
2. 请结合实际案例思考医药冷链物流管理的重要性。

第一节 肉制品冷链

一、肉制品概述

肉的商品学定义,即家畜屠宰后除去毛、血液、头、蹄、尾、内脏后所剩余的部分,通常称为胴体。它包括肌肉组织、脂肪组织、结缔组织和骨组织。

(一)肉的分类

肉的分类方法有很多,从肉的冷藏保鲜的程度可以分为热鲜肉、冷却肉和冻结肉三大类。

1. 热鲜肉

畜禽屠宰后,屠体的肌肉内部在组织酶和外界微生物的作用下,发生一系列生化变化,动物刚屠宰后,肉温还没有散失,柔软且具有较小的弹性,这种处于生鲜状态尚未失去生前体温的肉称作热鲜肉。热鲜肉通常为凌晨宰杀,清早上市,不经过任何降温处理。虽然在屠宰加工后已经卫生检验合格,但在从加工到零售的过程中,热鲜肉不免要受到空气、昆虫、运输车和包装等多方面污染,而且在这些过程中肉的温度较高,细菌容易大量增殖,无法保证肉的食用安全性。农贸市场所谓的"小刀手"在案板上销售的大都是热鲜肉。

2. 冷却肉

冷却肉,也称冷鲜肉。冷却肉是国外广泛食用的肉类制品,近年来也出现在国内市场上,指在严格执行兽医卫生检疫制度屠宰后,将畜体迅速进行冷却处理使胴体温度在24h内降为0~4℃,并在后续加工、流通和销售过程中始终保持0~4℃的肉制品。现在大型超市、肉食专卖店销售的肉基本上是冷鲜肉。

冷鲜肉与热鲜肉、冷冻肉相比具有以下优势。

(1)从营养风味上讲,肉在冷却加工过程中,通过自溶酶的作用,可使部分肌浆蛋白分解成肽和氨基酸,成为肉浸出物的成分。同时 ATP 分解成次黄嘌呤核苷酸,使肉变得柔嫩多汁并具有良好的滋味和气味。

(2) 从安全卫生方面讲,胴体经过快速冷却,体表温度迅速降低,有效抑制了微生物的生长。在随后的冷却加工过程中,始终处在 0~4℃冷链下,肌肉中的肌糖原酵解生成乳酸,抑制微生物的生长繁殖,不但使其在食用时更安全,同时也可延长了保鲜期限。

(3) 从口感嫩度方面讲,在 0~4℃低温下经过 16~24h 的冷却,肉完成了成熟过程,肌肉中的肌原纤维的连接结构会变得脆弱并断裂成小片,由于肌原纤维是肌肉的主要组成部分,它的变化会使肉的嫩度增加,肉质得到改善。

3. 冻结肉

冻结肉,也称冷冻肉,是将宰后的肉先放入 −28℃以下的冷库中冻结,使其中心温度低于 −15℃,然后在 −18℃环境下保藏,并以冻结状态销售的肉。从细菌学的角度来说,当肉被冷冻至 −18℃后,绝大多数微生物的生长繁殖受到抑制,比较安全卫生。但是,肉内水分在冻结过程中,体积会增长 9% 左右,大量冰晶的形成,会造成细胞的破裂,组织结构遭到一定程度的破坏,解冻时组织细胞中汁液析出,导致营养成分的流失,并且口味也会明显下降。

下面分别从安全性、营养性、口味及保质期对 3 种肉进行对比,如表 8-1 所示。

表 8-1 肉类品质对比

内　容	热 鲜 肉	冷 却 肉	冻 结 肉
安全性	有害微生物得不到抑制,易污染,运输、销售环境差,极不卫生	经两次冷却排酸,生产运输过程中全程低温,微生物生长被抑制,使用最安全	有害微生物被抑制,食用较安全
营养性	肉尚未成熟,营养不利于人的吸收	肉已成熟,质地柔软,有弹性,嫩度较高,肉味变佳,营养吸收最充分	冰晶破坏猪肉组织,导致营养流失大
口味	一般,肉质干硬,肉汤混	鲜嫩易熟,肉汤透明,有肉的香味	一般,肉味较淡
保质期	常温下半天甚至更短	0~4℃,7 天	−18℃,12 个月

(二) 肉的化学成分

无论何种动物的肉一般化学组成都包括水、蛋白质、脂肪、矿物质和少量的糖类,这些化学物质因动物的种类、品种、性别、年龄、个体、畜体部位及营养状况而异。

根据中国医学科学院卫生研究所的资料,几种主要肉类的化学成分对比如表 8-2 所示。

表 8-2　肉的化学成分

种类	化学成分/%				
	水分	蛋白质	脂肪	碳水化合物	灰分
猪肉(肥瘦)	29.3	9.5	59.8	0.9	0.5
猪肉(肥)	6.0	2.2	90.8	0.9	0.1
猪肉(瘦)	52.6	16.7	28.8	1.0	0.9
牛肉(肥瘦)	68.6	20.1	10.2	0	1.1
牛肉(肥)	43.3	15.1	34.5	6.4	0.7
牛肉(瘦)	70.7	20.3	6.2	1.7	1.1
羊肉(肥瘦)	58.7	11.1	20.8	0.8	0.6
羊肉(肥)	33.7	9.3	55.7	0.8	0.5
羊肉(瘦)	67.7	17.3	13.6	0.5	1.0
马肉	75.8	19.6	0.8	—	—
驴肉	77.4	18.6	0.7	—	—
兔肉	77.2	21.2	0.4	0.2	1.0

二、肉制品冷链操作

(一) 肉制品包装

肉类的包装主要分为内包装和外包装(运输包装)。其中,运输包装主要采用纸箱、编织袋和塑料周转箱等。

1. 鲜肉的包装

热鲜肉基本属于当日屠宰,当日销售,不存在运输、货架期的问题,运输、销售条件多为常温。热鲜肉一般不采取任何包装措施,这就导致了其冷却时间短、肉表面潮湿、产品肉温较高、污染的致病菌容易繁殖等问题。

冷鲜肉的储存、运输、销售均在 0~4℃ 的冷链条件下,包装形态多采用多层真空收缩包装,包装材料有隔水作用的聚烯烃,有穿刺作用的尼龙,有阻隔氧气作用的偏聚二氯乙烯(PVDC)、乙烯-乙烯醇共聚物(EVOH)等。

冷冻肉作为出口或国内肉制品加工企业的原料,运输条件多为 -25~-18℃。整片运输的冻猪肉、整只运输的禽肉,由于体积较大且形状不规则,基本不采取任何包装,分割后的冻猪肉具有坚硬的质地,内含的骨架可能会刺破包装,因此多采用抗穿刺能力较强的尼龙真空包装。

2. 冻结分割肉的包装

冻结分割肉是需要长期储存或出口、远销的分割肉经整形包装后装箱低温冻结成的。因此,要采用低温储藏,这样能抑制微生物的生命活动,延缓组织酶、氧及光和热的作用,同时可以较长时间保持肉的品质,货架期能达到 4 个月以上,也可采用可封性复合材料,如聚酯薄膜(PET)、聚乙烯(PE)、铝箔等真空包装或充气包装材料,但大多数厂家由于经济原因,往往只采用单层聚乙烯薄膜。

3. 冷却分割肉的包装

冷却分割肉是将经分割加工后的肉经过 20h 左右,将肉体温度冷却至 4℃ 左右进行严格包装,严格控制了微生物的繁殖。包装材料一般采用无毒、耐寒、柔韧性好、透明度高的塑料薄膜,以便于消费者看清生肉的本色。冷却肉可以采用充气包装,充气包装所用气体主要为氧气和二氧化碳,保持肉的氧合肌红蛋白颜色为鲜红。

4. 西式低温肉制品的包装

西式低温肉制品一般是在无菌室进行切片后真空包装,使包装袋内的食品与外界隔绝,通过抽真空后可以造成缺氧环境,降低 pH,抑制酶活性和腐败性微生物的生长,减缓肉中脂肪的氧化速度,延长产品的储存期。

真空包装材料要求具有良好的阻气性、水蒸气阻隔性、香味阻隔性和遮光性,大都采用 3 层以上材料复合而成,以确保最佳的包装效果。

(二)肉制品储藏

冻肉的目的是做长期保存。经过冻结的肉,其色泽、香味都不如鲜肉或冷却肉,但是,它能较长期保存,所以仍被世界各国广泛采用。

1. 肉的仓储条件

依据肉类在冻藏期间蛋白质、脂肪和肉汁的损失情况来看,冻藏温度不宜高于 $-15℃$,应在 $-18℃$ 左右,并应恒定,相对湿度以 95%～100% 为佳,空气以自然循环为宜。

目前,冻藏库内的温度一般为 -20～$-18℃$,在此温度下微生物的生长几乎完全停止,肉制品表面水分的蒸发量也较小,肉体内部的生化变化受到极大抑制,故肉类的保存性和营养价值较高,制冷设备的运转费也较经济。

为了使冻藏品能长期保持新鲜度,近年来国际上生产型低温冷库的储存温度都趋向于 -30～$-25℃$ 的低温。依据著名的 T-T-T 理论,即时间(time)、温度(temperature)、耐藏性或允许变质量(tolerance),储存温度越低,品质变化越小,储存期越长。不同温度下冻肉的储存期限如表 8-3 所示。

表 8-3　不同温度下冻肉的储存期限

种类	储存温度/℃	冻藏时间/d	种类	储存温度/℃	冻藏时间/d
牛肉	−12	5～8	羊肉	−12	3～6
	−15	6～9		−18	6～8
	−18	8～12		−23	8～10
小牛肉	−18	6～8	肉酱	−12	2～3
猪肉	−18	4～6		−12	5～8
	−23	8～12		−18	8～12

拓展阅读 8.1　肉禽类冷链流通渠道

2. 肉制品冷藏库管理

冷藏库的温度应该保持在−18℃以下，温度波动范围控制在 2℃以内，配备的温度显示装置和自动温度记录装置应定期检查。库内保持清洁卫生，并定期消毒，有防鼠、防霉、防虫设备。库内不得存放有碍卫生的物品，同一库存内不得存放可能造成相互污染或者串味的食品。

未冻结过的产品不可放入冷藏库降温，防止降低冷藏库的冷藏能力，避免引起库内其他已冻结食品的温度波动。库内食品与地面距离至少 15cm，与墙壁距离至少 30cm，堆码高度适宜，并分堆放，标志清楚。食品进入冷藏库或者从冷藏库内取出、卸载及卸货应自动化，尽量缩短作业时间。装载及卸货场所的温度要加以控制，维持在 10℃以下的低温。除霜作业期间，食品会不可避免地产生回温现象。除霜结束后应在 1h 内使产品温度降到−18℃以下；或者进行除霜前将产品温度降到−18℃，甚至更低，使产品回温时低于−18℃。

第二节　水产品冷链

一、水产品种类特性

（一）水产品的种类

水产品按生物种类形态可分为鱼类、贝类、藻类和水生哺乳动物；按出产可分为淡水产和海鲜两大类；按其保存条件可分为活鲜、冰鲜、冻鲜和干鲜。

（二）水产品的化学组成

鱼肉与畜禽兽肉相比，肉浆较多、肌肉纤维细致。一般来说，鱼肉的含水量为 50%～80%。

鱼肉含水量少的则脂质含量就高,含水量高的则脂质含量就少。一般红色的肉,水分和脂质之和约为80%,蛋白质含量为20%左右,糖分则非常少,不到1%,灰分最多可达1%。软体动物、甲壳类、棘皮动物的含水量则有所增加,蛋白质和脂质则有所减少。牡蛎、大虾的糖分特别是肝糖含量高,而海参的特点是灰分含量高。

鱼肉即使是同一种类,但由于季节、饵料、产卵等情况和鱼体部位及年龄的不同,其化学成分也会有明显的不同。把脂质贮存在肌肉中的红色鱼类有金枪鱼、松鱼、秋刀鱼、沙丁鱼、青花鱼等,各部位的脂质含量可达30%,而相对来说,水分含量就特别少。而鲨鱼、鲤鱼、鳞鱼等和许多无脊椎动物肌肉中的水分含量过多,其脂肪含量就有减少的趋势。

(三)水产品变化

鱼死后很快会发生变化,这些变化错综复杂,大体分为死后强直、自溶作用及腐烂3个过程。

1. 死后强直

鱼类活着时,肉质柔软且富有弹性,死后不久就硬化,这种现象称为死后强直。这是由于构成肌肉的蛋白质中有肌浆蛋白与肌纤球蛋白相结合而成肌纤凝蛋白所致。

2. 自溶作用

经过强直的鱼肉不久便会开始软化,这种现象称为自溶作用。这是由于肌肉中存在的蛋白质被酶分解,使肌肉中的氨基酸、肽等的含量增加从而使肉质变软。兽类肉需经过强直之后进入自溶时为宜,即所谓成熟后才可食用。与此相反,鱼肉比兽类肉柔软而富含浆汁,细菌易侵入而致腐败,故鱼肉在强直期其新鲜度最为良好。

3. 腐烂

鱼肉极易腐烂,如在常温下放置2~3天即不能食用。这是由于鱼肉的组织软嫩、富含肉汁,再经过自溶作用而变软,这就给细菌繁殖创造了适宜的环境。腐烂是由于细菌繁殖而引起的一种现象,因此控制细菌生长的一些影响因素,如温度或者水分等,就可防止鱼肉腐烂。

二、水产品冷链物流发展现状

(一)我国水产品冷链物流现状

随着人们经济生活水平的提高,居民对水产品的消费能力不断增强,水产养殖业的迅速发展,我国的水产品产量一直保持高速增长趋势,水产品冷链物流呈现出快速发展的势头。但由于我国冷链物流起步较晚,远未形成完整的水产品冷链物流体系,目前约80%的水产品基本上还处在没有冷链保证的情况下运输销售,冷链水产品的品质保障薄弱,水产品流通腐损率达15%,腐烂率非常高,经济损失严重。

中国报告大厅发布的《2013—2020年中国水产品冷链物流发展态势调研与投资战略研究报告》指出:物流作为商品流通的一个方面,在国外已有50多年的发展历史。物流中心已作为一种较成熟的经营模式遍布欧美及日本各地,形成了一套相对完善的运作模式与运作理念。冷链物流中心作为冷链物流网络的节点,依托不同层次物流设施展开一系列物流活动,指导物流运营与管理,是冷链物流实施过程中的一个重要环节。

水产品在物流过程中需快速流转,由于冷链水产品消费的季节与周期性、产品传递渠道的长度等特点,加强水产品冷链物流中心建设显得十分必要。冷库依托冷链物流中心而存在,水产品冷库成为水产品冷链物流中心必不可少的设施。水产品冷链物流中心在水产品冷链物流体系建设中起着决定性的作用。

水产品冷链物流中心是提供水产品集中、分配、配送、增值等功能,拥有码头、渔港补给设备、水产物流中心、深层加工厂、渔获市场、海洋研发中心、水产养殖基地、住宅区等冷链物流运作设施的中心,其主要特征为以下几点。

(1) 水产品冷链物流中心由水产品保存仓库、交易及信息中心、水产加工厂等组成。

(2) 水产品冷链物流中心基本上属产地型物流中心,以水产品冷冻仓储、流通加工、运销配送为主。

(3) 水产品冷链物流中心内的水产加工厂以水产加工为主,是冷链物流中心水产加工品的来源。

(4) 水产品冷链物流中心产销范围涵盖远洋、近海、沿岸及养殖渔业等水产品产业。

(二) 我国水产品冷链物流存在的问题

1. 缺乏统一化冷链设施配置

水产品冷链物流设备落后,直接导致水产品的品质损失比较大。比如,一辆冷藏车上配置的装有活鱼类的运输桶,桶内3/4装水,活鱼产品比例仅占1/4,无疑提高了水产品物流成本,这便是典型的冷链物流基础配置不规范而导致的成本提高。而目前我国大多数菜市场冷链配置建设不完善,尤其经济欠发达地区的农贸水产品市场中,此类现象更为常见。

2. 水产冷链地域性网络系统的建设

我国现存的水产冷链物流多为片段式、分散式的系统,这种"冷链"模式往往使得冷链标准无法连贯执行,全过程冷链温度的记录无法发挥作用,冷链的交接过程比较复杂。对于此种情况,可以多参考学习欧美发达国家的一些成熟的冷链系统,提倡并着手建设全国性、地区性的冷链枢纽中心。

3. 水产品物流冷链物流技术欠缺

我们知道，冷链物流投资是一项大型的投资，尤其前期投入资金较大，而大多数市场中流通的水产品属于中低端货品，单纯性地通过传统的水产冷链物流服务来增值，效果不是非常明显，故而导致水产品冷链物流投资风险较大。因此，依靠先进的冷链技术作为支撑，整体加强水产品冷藏库、冷冻库的基础设施建设，增加温控设备等基础设施，才能有效缓解技术导致的成本增加。

4. 冷链标准建设不到位

在我国，冷链物流可以说还算一个新鲜事物，由于发展起步晚，水产品冷链物流在管理上缺乏统一的作业标准，对各类水产品的产品温湿度及储存期限、冷链标准建设等不能提供一个具体科学的统一范围，如装卸速度、进出货检验、操作流程制度及运输、仓储、配送等各环节低温对接要求等方面缺乏标准，这一短板使得我国大部分水产品不能控制在冷链温度范围之内。

三、水产品冷链运输

活体海鲜水产品的运输方法因地制宜，归纳起来大致有以下几种。

1. 干运

干运也称无水运输法，是将水冷却到一定的温度，这个温度是使鱼虾暂停生命活动的温度，然后脱水运输，到目的地后，再将鱼虾放入水中，它们会重新苏醒过来。在脱水状态下，鱼虾生命可以维持24h以上。这种运输方法不仅使鱼虾的鲜活度大幅提高，而且节省运费，是较为理想的运输方法。

2. 淋水运输

淋水运输适用于贻贝、文蛤、牡蛎、扇贝、青蟹等，运输过程中要定时观察并喷淋海水。

3. 帆布桶运输

帆布桶运输是采用粗帆布缝制成帆布桶，其底部多为正方形，少数为圆形，要根据运输产品的数量和车船的体积来确定高度和长度，一般情况为 0.8～1.2mm。帆布桶制成后涂刷石蜡，用铁架支撑，装运的数量可根据鱼虾个体大小、运输时间长短、水温高低等条件而定。

4. 塑料袋包装运输

塑料袋包装运输首先要把活鱼虾消毒，在塑料袋中装好配备的水，再将鱼虾按不同规格和数量装入，然后挤掉袋中的空气，并灌入适量的氧气，用橡皮圈束紧袋口。做好准备工作后，将塑料袋装入纸皮箱中，最好用泡沫箱装，夏天气温高，可在箱内放一小袋冰块降温。

5. 冷冻运输

活鱼一般采用专用冷冻运输箱运输，运输箱绝热性采用 20cm 厚的聚氨酯板，用不锈钢制成骨架，注入一定比例的海水和淡水，在封闭箱口前，再加入一定量的冰即可。

四、水产品低温贮藏方式

水产品冻结完成后应立即出冻、脱盘、包装，进入冻藏间冻藏，如鱼类经过冻结加工后，变化速度大幅减缓，这是冷冻鱼得以长期保存的原因。然而，即使将冻鱼储存在最适宜的条件下，也不可能完全阻止其死后变化的发生和进行，而且这些变化的量，随着时间的积累而增加。冻鱼在冻藏期间的变化，主要有脂肪氧化、色泽变化、质量损失及冰结晶成长等，因此，冷链物流操作的要点就是要采取相应措施，减少这些变化。

1. 减少干耗的措施

鱼类在冷藏中的干耗不仅会给鱼类的经济价值造成损失，也会导致鱼类的品质和质量下降。食品的干耗不仅同冻藏间的温度与湿度有关，而且同冷库结构、季节温度也有关。一般以镀冰衣、包装、降低冷藏温度等来减少干耗；有的在冻鱼堆垛上盖一层霜，再盖上帆布，帆布上浇上一层水，相对代替鱼体水分的蒸发。鱼货进入冻藏之前，预先要有计划，应保证冻藏间内装满，因为干耗同冻品表面积和冻藏间内留下的容积有关，假设空间所占容积大，干耗自然要大。

2. 防止冰晶成长的措施

鱼经过冻结以后，组织内的水结成冰，体积就会膨胀。冰晶的大小与冻结速度有关，冻结速度越快，冰晶就越小，分布也越均匀。但在冻藏过程中，由于冻藏间的温度波动大，会使冰晶成长。要防止冰晶长大，就要在储藏过程中尽量使温度稳定，出货要迅速，尽量避免外界热量的进入。

3. 防止色泽变化的措施

鱼、贝类一经冻结，颜色就有明显的变化，冻藏一段时间后，变化更为严重。变色的原因包括自然色泽的分解和新的变色物质的产生两个方面。自然色泽的破坏表现为红色鱼肉的褪色与产生新的变色物质。颜色的变化不仅使商品外观不佳，而且会产生臭气，失去香味，营养价值下降。

4. 防止脂肪氧化的措施

在长期冻藏期间，脂肪酸一般在冰的压力作用下，由内部转移到表层，因此很容易同空气中的氧气作用产生酸败。要防止冻鱼在冻藏过程中的脂肪氧化，一般可以采用以下措施。

(1) 避免和减少与氧气的接触。

在水产品表面镀冰衣、装箱都是有效的办法,也是减少干耗、变色的有效方法。对于散装鱼,最好每隔1~2个月镀一次冰衣。

(2) 冻藏温度要低,而且要稳定。

储存库温要稳定,避免冰晶长大产生内压把游离脂肪酸由内向表层转移。

(3) 防止冻藏间漏氨。

在进行水产品冻藏期间,必须防止氨管漏气,因为环境中有氨会导致火灾或爆炸事故。同时注意鲨鱼、红鱼类不能与其他鱼类同室储藏。

(4) 使用抗氧化剂与防腐剂。

要减少鱼类在冻藏期间的脂肪氧化、变色、干耗及冰晶生长,除了镀冰衣、装箱之外,还要使用抗氧化剂,或抗氧化剂与防腐剂并用。库温要保持稳定,尽量少开门,进出货要迅速,以免外界热量传入库内。

第三节 果蔬品冷链

一、果蔬品概述

1. 果蔬的特性

水果指可食用的、多果肉且多汁液的植物或树的果实。而且,由于其水分含量较高,在刚采收的状态下相对易腐。蔬菜表现为各种类型的植物结构,主要包括:种子和豆荚;球茎、根和块茎;花、芽、茎和叶。

和人体一样,水果和蔬菜也是生命体,它们即使被采收以后,仍会继续呼吸。呼吸作用是植物主要的代谢过程,主要表现于采收后的或者任何活体的农产品。其原理是生物体内的有机物,如淀粉、糖、有机酸分解后转化为简单的化合物,如一氧化碳和水。这一过程是释放能量的过程。呼吸速率是生物组织新陈代谢的一个显著标志,因此可以作为农产品储存时间的参考指标。随着环境温度的升高,植物的呼吸速率也增加,而产品的保存期限则相应地缩短。一般来说,水果或蔬菜的呼吸速率越快,其易腐程度也越高。

根据水果在成熟和后熟过程中的呼吸形态和乙烯生成率,可分为跃变型或非跃变型。跃变型水果在成熟时,呼吸强度和乙烯生成率大幅度增加,而非跃变型水果在成熟时,呼吸强度和乙烯生成率仍保持较低的水平。由植物生成的乙烯是一种天然的有机物。植物中的乙烯用于控制植物的生长、成熟和老化。所有水果在生长过程中都会产生少量的乙烯。而在成熟期,跃变型水果比非跃变型水果会产生更多的乙烯。

农产品产生乙烯的多少与其腐败速度并没有直接关系。但是,避免这些产品与乙烯直接接触,可减缓其腐败过程。因为食品释放的乙烯以及排放的其他气体(包括机械设备,如叉车产生的尾气、香烟烟雾或其他烟雾)可能会积聚在封闭的房间里,造成食品不良的过快成熟。这就是为什么不建议把乙烯生成率较高的农产品和对乙烯高度敏感的农产品进行混合储存的原因,详见表8-4。

表8-4 产生乙烯的农产品和对乙烯敏感的农产品

产生乙烯的果蔬产品	对乙烯敏感的果蔬产品
苹果、杏、鳄梨、香蕉、香瓜、樱桃、蜜瓜、猕猴桃、油桃、番木瓜、西番莲、桃、梨、柿子、梅花、木瓜、番茄	香蕉(未成熟)、比利时菊苣、青花菜、白菜、胡萝卜、花椰菜、黄瓜、茄子、猕猴桃(未成熟)、生菜、豌豆、辣椒、菠菜、西瓜

2. 控制温度的要求

温度是果蔬农产品在采收后周围环境的卫生情况的重要反映,对果蔬产品在目标储存时间内的卫生状况产生巨大影响。比如,新鲜草莓富含维生素C,在1℃的环境中,其维生素C的含量在8天内流失20%~30%;在10℃的环境下,则流失达到30%~50%。温度引起了果蔬体内"内环境"较大改变。在世界上的很多区域,尤其是热带和亚热带地区,果蔬类农产品由于采收后处理不当、技术落后,造成的损失估计超过总产量的五成,而目前的温室效应的显现实际上令这些区域不断扩大,损失增加。

适当的温度管理对于减缓果蔬类农产品的腐烂变质是较为重要,也是较为便捷的措施。同时,适当的温度条件可以延缓水果和蔬菜的老化和脱水,降低其质地和颜色的(品相)改变,也能阻碍不良代谢反应和因致病源入侵而造成的损害。温度是可以方便而迅速控制的因素。要保证果蔬的新鲜卫生必须在采收后迅速对其进行冷藏处理并始终维持在合适的环境温度范围。

总体来说,新鲜采收的果蔬储存环境温度越低,储存期越长。比如,芦笋是卫生要求较高的易腐蔬菜,一些研究结果表明,芦笋放置于模拟航空运送的运输环境温度中,储存温度为0~15℃,储存期大致上是4天以内;而在20~25℃的情况下,芦笋只能储存2天。在高于15℃的情况下,芦笋会在短时间内发生萎蔫现象。因此。在整条供应链中维持0℃是保证芦笋良好品质的关键。

温度的控制是重要的因素,但是各种果蔬的最佳卫生条件还取决于具体特性、相对湿度和乙烯耐受性方面的具体要求。

3. 控制湿度的要求

大部分的果蔬都含有丰富的水分,而某些含水量特别高的瓜果,如黄瓜、生菜、葡萄和西瓜含有超过90%的水分,这些果蔬外形丰满、水分足且口感爽脆。但是由于这一类瓜果往往表皮细胞的细胞壁较薄,保水能力不强,在采收以后,在常温甚至低温环境中,水分蒸发流失非常快,尤其是深受人们喜爱的绿叶蔬菜,如菠菜和白菜。脱水导致了果蔬快速萎蔫,组织结构硬化,影响外观直至口感和营养成分,最终变得不适宜食用。

这种有机生命组织的水分流失称为蒸腾作用，蒸腾作用的快慢通过蒸腾速度来衡量，只有当蒸腾速度减慢到最低限度，才能较好地控制果蔬产品的萎蔫和质量减轻。因为，水分的流失意味着果蔬产品可出售的总质量的减少和外形与品质下降带来的减值。

最常用的环境空气湿度的参数是相对湿度（relative humidity，RH）。随着温度的升高，空气的含水能力也提高，即果蔬蒸腾水分的能力越大。同样是相对湿度为90%的两间储存室，10℃的储存室中果蔬的失水率约为0℃条件下的两倍。因此，在同等相对湿度的条件下，高温储存比低温储存失水率更高。对具体的农产品而言，推荐的相对湿度应该实际考虑既减缓水分蒸腾，又可以抑制有害微生物的滋长。

水蒸气具有气体扩散的特征，也就是从高浓度区域流向低浓度区域。几乎所有的水果和蔬菜内环境中的相对湿度都达到99%以上，而外环境的相对湿度通常低于内环境，因此果蔬组织中的水分蒸发似乎难以避免。储存环境的空气越干燥，所储存的果蔬产品的失水率也越高。即使水分损失3%~6%，也会严重影响果蔬的品质，并可造成易腐水果和蔬菜萎蔫或干枯。

影响果蔬失水率的另一个主要因素是果蔬的比表面积，较大的比表面积水分蒸发流失较快。比表面积指单位体积或单位质量物体的总表面积，因此在其他条件相同的情况下，一片菜叶会比一个表皮完好的苹果更快地流失水分。体积较小的水果、块根和块茎会因为水分蒸发而更快地减轻质量。

进一步考察水果或蔬菜的表面组织和内部组织的类型对失水率也有重要影响，例如，某些果实外皮有蜡质层，阻碍水分的通过。果蔬受到机械损伤会在很大程度上加速农产品的脱水，表面的碰撞伤会改变气体通过速率，更多的水蒸气透过受损表皮区域；而果蔬切割伤比碰撞伤更糟糕，当果蔬表皮组织开放性破损，会导致内部组织直接暴露于大气环境中。

二、果蔬品冷链特征

由于果蔬产品保质期短，极易腐败变质，所以对流通作业的各个环节提出了很高的要求。果蔬冷链物流有着行业的特殊性，主要体现在质量安全、时效性和成本3个方面。

1. 质量安全要求高

食品的质量与安全一直是人们关注的焦点，果蔬产品自然也不例外。果蔬冷链物流是一项复杂的低温系统工程，包括采摘、加工、储藏运输等多个环节，确保果蔬各环节的质量安全是最基本、最核心的问题。

2. 时效性强

果蔬产品保鲜期短，要想极大限度地保持原有的新鲜程度、色泽及营养，就必须快速准确地送到消费者手中。如果果蔬运送时间增加，新鲜度将会下降，虽仍能食用，但被销售出去的概率会降低，销售量减少，从而造成损失。

3. 成本高

果蔬冷链物流体系建设的投入较大,保温、保鲜、节能、环保等技术应用于库房规划设计、进出库作业、在途运输、商品交换的多个环节,而且运作成本较普通商品要高,一般中小型企业难以实现自建。

三、果蔬品冷链运输

果蔬的运输需要根据果蔬种类品种的特性而定。要选择有利于保护商品、运输效率高且成本低廉,受季节、环境变化影响较小的运输方式。

(一) 果蔬品冷藏运输的条件

1. 果品质量

果品质量是果蔬储运保鲜的先决条件。要注重果品的外在质量和内在质量,如等级、果形、色泽、光洁度、成熟度、营养含量、硬度、香味等。

2. 包装

包装既是商品化处理的一个内容,也是长途运输中的一项技术和措施。包装好劣直接影响运输质量和流通效益。用于果蔬包装的材料大体分为三类:①内包装,包括箱装内衬薄膜、塑料袋、包装纸、泡沫网套等;②外包装,包括纸箱、泡沫箱、塑料箱等;③附在外包装或者果单上的商标、专利或绿色食品标志等。

3. 温度

运输温度对新鲜果蔬的品质也有着同样重要的影响,采用适宜的低温流通措施对保持果蔬的新鲜度、品质和降低损耗是十分重要的。根据国际制冷学会规定,一般果蔬的运输温度要等于或略高于储藏温度,并对一些新鲜水果蔬菜的运输温度提出了建议,如表8-5和表8-6所示。

表8-5 国际制冷学会推荐的新鲜蔬菜的运输温度(单位:℃)

蔬菜种类	1~2天的运输温度	2~3天的运输温度	蔬菜种类	1~2天的运输温度	2~3天的运输温度
芦笋	0~5	0~2	菜豆	5~8	未推荐
花椰菜	0~8	0~4	豌豆	0~5	未推荐
甘蓝	0~10	0~6	南瓜	0~5	未推荐
苦菜	0~8	0~4	番茄(未熟)	10~15	10~13
莴苣	0~6	0~2	番茄(成熟)	4~8	未推荐
菠菜	0~5	未推荐	胡萝卜	0~8	0~5
辣椒	7~10	7~8	洋葱	−1~20	−1~13
黄瓜	10~15	10~13	马铃薯	5~10	5~20

表 8-6　国际制冷学会推荐的新鲜水果的运输温度（单位：℃）

水果种类	2～3 天的运输温度		5～6 天的运输温度	
	最高装载温度	建议装载温度	最高装载温度	建议装载温度
杏	3	0～3	3	0～2
香蕉	≥12	12～13	≥12	12～13
樱桃	≥15	15～18	≥15	15～16
板栗	20	0～20	20	0～20
甜橙	10	2～10	10	2～10
柑和橘	8	2～8	8	2～8
柠檬	12～15	8～15	12～15	8～15
葡萄	8	0～8	6	0～3
桃	7	0～7	3	0～3
梨	5	0～5	3	0～3
菠萝	≥10	10～11	≥10	10～11
草莓	8	−1～2	建议运输≤3	
李子	7	0～7	3	0～3

（二）运输过程管理

果蔬产品采用不同的运输工具，要做好以下工作。

1．防止果蔬在运输中受冻

原产于寒温带的苹果、梨、葡萄、猕猴桃、核果类、胡萝卜、甘蓝、洋葱等适宜储存温度均在 0℃ 左右；但是原产于热带和亚热带地区的果蔬对低温比较敏感，应在较高的温度下运输，如香蕉运输适宜温度为 12～14℃，番茄、辣椒、黄瓜等的运输温度在 10℃ 左右，低于 10℃ 就会导致冷害发生，冬季运输果蔬应有草帘、棉被等保温防冻措施。

2．防止运输中温度的波动

运输中要尽量维持恒定的适温，防止温度的波动。温度波动频繁或过大都对保持产品不利。新鲜果蔬的呼吸作用涉及多种酶的反应，在生理温度范围内，一些反应的速度随着温度的升高而加快。

3．保证运输中的温度和湿度

在运输中要严格控制好不同蔬菜对温度和湿度的要求。

4．坚持"安全、快速、经济、准确"的运输四原则

确保运输工具的技术状况良好，才能准时到达目的地，当运输过程中发生机械事故或交通事故时，要及时采取措施，坚持"安全、快速、经济、准确"的运输四原则。

(三) 卸车

果蔬产品到达目的地后，首要工作就是尽快卸车，然后通过批发商或直接上市交易。在进行卸车的过程中，尽量使用斜面卸车，一定要使斜面足够宽且牢固，并能同时承受货物和装卸工人的重量，也可采用折叠梯来帮助卸车。果蔬产品卸车完成后，要及时入库，以防止长时间在室外由于温度过高或过低而受损。

拓展阅读 8.2　果蔬进行冷藏运输需要注意什么问题

四、果蔬品冷藏方式

果蔬储藏方法主要根据各种果蔬的采后生理变化、基本储藏原理和储藏期间对环境条件的不同要求而异。归纳起来主要有三类：第一类是低温储藏，利用自然冷源或者人工降温的方法，使储藏环境保持低温；第二类是控制气体成分，多数是在降温的条件下调节储藏环境中的气体成分，使之达到果蔬储藏的气体指标，可以获得更好的储藏效果；第三类是近年来发展起来的新技术。

(一) 利用自然冷源储藏

利用自然冷源储藏即常温贮藏，一般指在构造较为简单的贮藏场所，利用自然温度随季节和昼夜变化的特点，通过人为措施，引入自然界的低温资源，使贮藏场所的温度达到或接近产品贮藏所要求温度的一类贮藏方式，包括堆藏、沟藏、窖藏、通风库储藏、冻藏等。

1. 堆藏

堆藏是设在果园或者空地上的临时性储藏方法，堆藏时将果实直接堆放在果树行间的地面或浅沟中，并根据气温的变化，逐渐分次加厚覆盖，以便进行遮阴或防寒保温。

2. 沟藏

沟藏是果品储藏方法中较为简便的一种。核桃、板栗、山楂等可以利用沟藏，苹果等也有用此方法进行保存的。果品埋藏以后，埋藏沟内能够保持较高且稳定的相对湿度，可以防止果品的萎蔫，减少失重。埋藏沟内的果品经过反复覆盖后，比较容易积累一定的二氧化碳，形成一个自发气调的环境，起到降低果实呼吸作用和微生物活动的作用，减少腐烂损失并延长保存期。

3. 窖藏

窖藏的种类很多，窖藏既能利用稳定的土温，又可以利用简单的通风设备来调节窖内的温度。

(二) 冷库储藏

冷库储藏是指机械冷库储藏。机械冷藏起源于 19 世纪后期，是当今世界上应用最广泛的新鲜果蔬贮藏方式，现已成为我国新鲜果蔬贮藏的主要方式。目前世界范围内机械冷藏库向着操作机械化、规范化、控制精细化、自动化的方向发展。机械冷藏库根据对温度的要求不同分为高温库（0℃左右）和低温库（低于－18℃）两类，用于贮藏新鲜果品蔬菜的冷库为 0℃ 左右的高温库。

机械冷藏是在利用良好隔热材料建筑的仓库中，通过机械制冷系统的作用，将库内的热传送到库外，使库内的温度降低并保持在有利于延长产品贮藏期的温度水平。根据容量不同，可将机械冷库的大小进行分类，如表 8-7 所示。

表 8-7　机械冷库的大小分类

规模类型	容量/t	规模类型	容量/t
大型	>10 000	中小型	1000～5000
大中型	5000～10 000	小型	<1000

冷库储藏有一定的管理及操作方法，具体如下。

1. 温度

冷藏库温度管理的原则是适宜、稳定、均匀及产品进出库时的合理升降温，温度的监控可采用自动化系统实施。

2. 相对湿度

对绝大多数新鲜果品蔬菜来说，相对湿度应控制在 90%～95%，较高的湿度条件对于控制果品蔬菜的水分蒸发、保持新鲜十分重要。

3. 通风换气

通风换气即库内外进行气体交换，以降低库内产品新陈代谢产生的 C_2H_4、CO_2 等废气。通风换气应在库内外温差最小时段进行，每次 1h 左右，每间隔数日进行一次。

4. 库房及用具的清洁卫生和防虫防鼠

常用方法：①硫黄熏蒸（$10g/m^3$，12～24h）；②甲醛熏蒸（36% 甲醛，12～15mL/m^3，12～24h）；③过氧乙酸熏蒸（26% 过氧乙酸，5～10mL/m^3，12～24h）；④0.2% 过氧乙酸或 0.3%～0.4% 有效氯漂白粉溶液喷洒。

5. 产品的入贮及堆放

堆放的总要求是"三离一隙"。"三离"指离墙、离地面、离天花板。"一隙"指垛与垛之间及垛内要留有一定的空隙。

6. 贮藏产品的检查

对于不耐贮的新鲜果蔬每间隔 3~5d 检查一次,耐贮性好的可间隔 15d 甚至更长时间检查一次。

(三)气调保鲜储藏

气调保鲜储藏就是将空气中的 O_2 浓度由 21% 降到 5% 或 3%,在冷库的基础上,再加上一套气调系统,利用温度和控制氧气含量两个方面的共同作用,达到抑制果蔬采摘后呼吸的作用。气调储藏的方法有自然降氧法、快速降氧法、混合降氧法、塑料包装气调储藏法等。

(四)果品蔬菜储藏的辅助措施

1. 辐射处理

辐射效应是多方面的,对果品蔬菜主要有以下影响:干扰基础代谢、延缓成熟与衰老;对产品品质产生影响;抑制和杀死病菌及害虫。

2. 电磁处理

(1) 磁场处理

产品在一个电磁线圈内通过,控制磁场强度和产品移动速度,使产品受到一定剂量的磁力线切割作用。磁场处理可增强果蔬的生命力和抗病能力。

(2) 高压电场处理

一个电极悬空,一个电极接地,两者间便形成不均匀电场。产品置于电场内,接受间歇的或连续的或一次性的电场处理,具有杀菌和破坏乙烯的作用。

第四节 乳制品冷链

乳制品冷链物流指原产地牛奶在通过贮藏运输、分销、零售的全过程中,以冷冻工艺学为基础,以制冷技术为手段,始终保持乳品所要求的低温条件的物流。牛奶是一种易腐食品,新鲜牛奶、酸牛奶等产品如不将其处在低温下储运或保存就很容易变质。在我国,从原奶、生产到加工都在 24h 内,整个物流过程都要求有低温冷藏设备。

一、乳制品概述

乳制品指以生鲜牛(羊)乳及其制品为主要原料,经加工而制成的各种产品。《乳制品企业生产技术管理规则》中将乳制品分为以下 7 类。

（1）液体乳类：杀菌乳、灭菌乳、酸牛乳、配方乳等。
（2）乳粉类：全脂乳粉、脱脂乳粉、全脂加糖乳粉和调味乳粉、婴幼儿配方乳粉、其他配方乳粉等。
（3）炼乳类：全脂无糖炼乳（淡炼乳）、全脂加糖炼乳、调味炼乳、配方炼乳等。
（4）乳脂肪类：稀奶油、奶油、无水奶油等。
（5）干酪类：原制干酪、再制干酪等。
（6）乳冰激凌类：乳冰激凌、乳冰等。
（7）其他乳制品类：干酪素、乳糖、乳清粉、浓缩乳清蛋白等。

二、乳制品冷链物流特征

冷链物流是以冷冻工艺学为基础，以制冷技术为手段，在低温条件下进行的物流活动。乳业冷链物流按产品的温度控制要求主要分为 3 类：一是常温液态奶，二是巴氏奶、酸奶等乳制品的保鲜冷链物流，三是冰激凌等冷饮乳品的冷冻冷链物流。在冷链的各个环节，如加工、储藏、配送、销售等都需要特殊的冷藏设施和特定的冷藏技术。而乳制品的要求更高，不同种类的乳品对冷链温度有不同的要求，或是在一条冷链中要求不同的温度，故要加强对整个链条环境的控制。

乳制品冷链物流具有以下 3 个特点。
（1）比常温物流的建设投资要大很多。
（2）乳制品的时效性要求冷链各环节具有更高的组织协调性。
（3）乳制品冷链的运作始终与能耗成本相关联，所以有效控制运作成本尤为重要。

我国的冷链最早产生于 20 世纪 50 年代的肉食品外贸出口。多年来，一些食品加工行业的龙头企业作为先导，已经不同程度地建立了以自身产品为核心的食品冷链体系，包括冰激凌和乳制品企业、速冻食品行业、肉食品加工企业及大型快餐连锁企业，还有一些食品类外贸出口企业。在冷库的管理上，也渐渐地走上了正轨。但是，尽管目前我国的冷链物流有了长足的进步，但与发达国家相比，还有很大的差距，如法制的不健全、资源利用的不合理，使食品安全存在巨大隐患。

三、乳制品冷链物流存在问题

1. 企业内完整独立的冷链体系尚未成形

目前，我国乳制品企业能独立开展采购、仓储、运输、配送等一条龙综合冷链物流服务的企业很少，常常出现"断链"现象，各地虽有一定数量的冷库和冷藏运输车队，但服务功能单一，规模不大，服务范围小，跨区域服务网络没有形成，无法提供市场需求的全程综合物流服务。

2. 乳制品冷链第三方物流发展缓慢

我国的乳制品冷藏物流业尚处于初级阶段，市场规模还不大，乳制品的核心企业特征比较强，缺乏有影响力的、全国性的第三方冷链物流行业领袖。第三方冷链物流市场发展滞后，服务网络和信息系统不健全，大幅影响了乳制品的质量。同时乳制品冷链的成本和损耗都很高。当前，很少有供应商能保证对整个供应链环节的温度控制，使得多数生产厂家不愿也无法放心地将冷链物流业务外包，这在一定程度上阻碍了乳制品第三方冷链物流的发展。

3. 乳制品冷链缺乏整体规划和整合

我国乳制品市场体系发育还不完善，流通渠道还是以大型的乳制品企业为主，相对独立封闭，呈现繁杂无序的状态。供应链上下游之间缺乏协调，局部发展中存在严重失衡，如重视销售端冷链建设而轻视生产和加工端冷链建设等，整体规划的欠缺导致乳制品冷链薄弱环节无法改善，极大影响了整个行业的发展。

4. 乳制品冷链行业缺乏统一标准

目前，乳制品冷藏监管的力度依然不足。此外，在现行的乳制品冷链物流中还存在着效率低，成本高，运输基础设施落后，运输损耗大，基础设施严重不足，冷链物流各个环节信息不对称、库存、装卸、运输等缺乏透明度等诸多问题。

四、乳制品冷链物流发展对策

1. 加大软硬件设施的投入

从宏观层面来说，一方面，政府应加大对冷藏车生产企业的支持，目前我国的冷藏车保有量为4万多辆，仅占货物需求的20%～30%，冷藏车的数量存在严重的缺口；另一方面，政府应投资建设公共的冷链物流信息平台，让第三方冷链物流企业与冷链物流需求方之间可以共享信息，降低冷藏车的空载率，提高冷链物流的效率。

从微观层面来说，在硬件投入方面，乳制品企业首先要加大基础设施的投入，包括冷库及配套设施的建设、冷藏车的使用等，有些乳制品企业虽然在冷库的建设上投入很多，冷库面积也很大，但是它们忽视了装货区缓冲地带的建设，从而造成装货时，乳制品完全暴露在室外，并没有实现乳制品全程的冷链；在软件投入方面，乳制品企业要加快冷链物流信息系统的建设，以便于对乳制品的监控，可以及时了解产品的相关信息，防止产品超过保质期现象的发生。

2. 进行全程冷链物流的控制

如何确保乳制品始终处于冷链的环境下，关键在于乳制品企业能够对乳制品的物流进行全过程的监控，而这一过程中最重要的一环即是乳制品的配送过程。目前，乳制品企业的产品配送主要有两种模式：自己配送和配送外包。在这两种配送模式下，即使所用的配送车辆都是冷藏车，乳制品企业也无法保证乳制品始终处于冷链的环境下，因为企业缺少对配送车辆的监控，司机为了省油（在这两种模式下，省油所产生的利益都归属于司机个人），通常会在中途关闭制冷设备，从而使得乳制品离开了冷链的环境。

如何杜绝这一现象的发生，关键在于加强对配送车辆的监控。乳制品企业可以在配送车辆上安装温控系统，随时监控车厢的温度，并将监测到的温度通过无线网络传输到企业的调度中心，一旦监测到车厢内温度超标，调度中心可以即刻对配送司机发出警告，调度中心还可以通过温控系统查出温度超标的原因，若完全是由人为因素造成的，企业可以对司机采取一定的惩罚措施。配送车辆安装温控系统，将会使乳制品的冷链物流更加完善，从而保证为顾客提供质量安全的产品。

3. 培育专业的第三方乳制品冷链物流企业

目前，我国的冷链物流企业较少，并且大多数都是从一般的物流企业转型而来，冷链物流的服务水平不高，而专业的第三方乳制品冷链物流企业更是少之又少，因此，一些乳制品企业宁愿自己来做冷链物流，而不愿意将冷链物流业务外包，这在一定程度上限制了第三方乳制品冷链物流企业的发展，反过来又会阻碍乳制品冷链物流的发展。

为了加速我国冷链物流事业的发展，冷链物流的第三方化是必由之路，因此，我国需要培育一批有实力的、专业的第三方乳制品冷链物流企业，让乳制品企业能够放心地将冷链物流业务外包给第三方。在第三方乳制品冷链物流企业培育的过程中，政府应给予一定的政策支持，如降低税收、购买冷藏车的价格补贴等，以支持企业做大做强，形成行业内的龙头企业，带动整个行业的发展。

第五节 医药用品冷链

目前，我国已有冷链物流能力仅占社会需求量的20%～30%，尤其在医药用品冷链方面存在缺陷，许多需冷藏药品由于储存、运输的条件不能满足冷链要求而导致潜在隐患。

药品的冷链物流不仅仅是技术专业问题，更是关系药品安全、质量的问题。冷链应该是一个封闭的链条，如生物制品的全程冷链就是一个必然要求。可是由于冷链物流不足、管理机制、忽视安全质量等原因，许多需冷藏的药品从出厂一直到患者使用的整个链条上，常常出现"断链"现象。数据显示，浙江省2016年所查处的近5000件药品质量案件中，就有30%左右涉及需冷藏药品的储存、运输不符合冷链要求。为推动和规范我国需冷藏药品冷链的管理，保障公众用药的安全，冷藏药品的储存、运输问题已受到国家有关部门的关注。

一、医药用品贮藏保管

(一)药品的保藏方法

(1) 遮光:指用不透光的容器包装。

(2) 密闭:指将容器密闭,以防止尘土及异物进入。

(3) 密封:指将容器密封以防止风化、吸潮、挥发或异物进入。

(4) 严封或熔封:指将容器熔封或用适当的材料严封,以防止空气与水分的侵入并防止污染。

(5) 阴凉处:指不超过 20℃。

(6) 凉暗处:指避光并不超过 20℃。

(7) 冷处:2~8℃。

(二)不同性质药物商品的保管方法

1. 易受光线影响而变质的药品

(1) 应采用棕色玻璃瓶或用黑色纸包裹的遮光容器,并尽量采用小包装。

(2) 放在阴凉干燥或光线不易直射到的地方。库房门、窗可悬挂黑布帘或用黑纸遮光。

(3) 不常使用的药品,可储存于严密不透光的药箱或药柜内,以防阳光射入。

2. 易受湿度影响而变质的药品

(1) 对极易吸湿的药品,应根据药物的不同性质采取密封、严封甚至熔封方法储存。

(2) 对少数易受潮的药品,可采用石灰干燥器储存。

(3) 易挥发的药品,应密封置于阴凉干燥处。

(4) 控制药库内的湿度,以保持相对湿度在 50%~70% 为宜,否则需采取相应的升湿措施或降湿措施。

3. 易受温度影响而变质的药品

(1) 常温储藏:一般药品储存于常温下,即 10~30℃ 为宜。

(2) 低温储藏:如指明须储于"阴凉处""凉暗处"或"冷处"储存的药物均应按药典规定的相应温度条件储存。对挥发性大的药品,如浓氨溶液、乙醚等,在温度高时容器内压力大,不应剧烈振动。开启前应充分降温,以免药液冲出(尤其是浓氨溶液),造成伤害事故。

(3) 保暖储藏:对易冻裂或经冻结后易变质和失效的药品,必须采取保暖储藏。保暖措施可采用保暖箱,有条件者可建立保暖库。

4. 麻醉药品、精神药品和放射性药品

（1）麻醉药品、一类精神药品和放射性药品应严格执行专库（柜）存放、双人双锁保管，专人专账记录制度。

（2）放射性药品的储存应具有与放射剂量相适应的防护装置；放射性药品置放的铅容器应避免拖拉或撞击。

（3）入库、出库均应执行双人验收或双人复核制度。

（4）由于破损、变质、过期失效而不可供药用的药品，应清点登记，列表上报当地药品监督管理部门处理。

5. 医疗用毒性药品

（1）必须储存在设有必要安全设施的单独仓间内（如窗铁栅、铁门）或专柜加锁并由专人保管，专账记录。

（2）毒性药品的验收、收货、发货，均应由第二人复核并共同在单据上签名盖章。严防收假、发错，严禁与其他药品混杂。

（3）对不可供药用的毒性药品，经单位领导审核，报当地有关主管部门批准后，按毒性药品的理化性质，采取不同方法，由熟知药品性质的人员指导销毁，并建立销毁档案。

6. 易燃、易爆等危险性药品

危险品指易受光、热、空气等外来因素影响而引起自燃、助燃、爆炸或具有强腐蚀性、刺激性、剧烈毒性的药品。保管危险性药品应熟悉其性质，注意安全，设立专用仓库，分类保管，单独存放，并采取坚固、耐压、耐火、耐腐蚀的严密包装和堆放。

7. 近效期药品

近效期药品，特别是稳定性较差的药品，如大多数抗生素及生物制品在储存期间，因受外界因素的影响，当储存一定时间后，可能引起毒性增高，甚至不能再供药用。因此，必须严格按照规定的储存条件，尤其是温、湿度条件储存。为确保销售或使用药品的质量，避免造成浪费，应经常注意期限，随时检查。药品出库更应做到"先产先出、先进先出、近期先出、近期先用"。同时，健全近效期药品的催售或使用管理制度，凡过期的药品，不可再销售和使用。

（三）常见易变质剂型的养护

1. 片剂

因片剂中含淀粉等辅料，在湿度较大时，淀粉等辅料吸湿而产生碎片、潮解、粘连等现象。糖衣片吸潮后产生花斑、变色、无光泽，严重的产生粘连、膨胀、霉变等现象，因此一般片剂的保管首要是防潮，糖衣片最好储存于阴凉库；其次是避光，某些片剂的活性成分对光线敏感,受光照易变质。

2. 糖浆剂

糖浆剂受热、光照等因素,易产生霉变和沉淀,且因含丰富糖分等营养物质,很易受细菌污染而霉变,因此应存放于阴凉处,避免阳光直射,采取有效措施防微生物污染。

3. 水剂类

温度过高,含乙醇的制剂会受热挥发或产生沉淀影响质量;芳香水剂会挥发;乳剂温度过高会凝结,温度过低会冻结分层。所以储存水剂类药品时应控制库房温度,存放在30℃以下的常温库或置于凉暗处,冬季应有防冻措施。

4. 胶囊剂

胶囊在受热、吸潮以后容易粘连、变形或破裂。有色胶囊会出现变色、色泽不均等现象,所以胶囊剂的保养主要是控制温度和湿度,应存放于阴凉库,保持合适的温度,但不要过于干燥,过于干燥的胶囊也会因失水而脆裂。

5. 软膏剂

乳剂基质和水溶性基质制成的软膏,在冬季应注意防冻,以免水分和基质分离,一般在常温库保存。此外,还要注意防止重压,以免锡管变形。

6. 栓剂

栓剂基质的熔点一般都较低,储存温度过高会熔化变形,影响质量,温度过低或环境太干燥则会开裂,故栓剂一般宜在30℃以下的常温库密闭保存,并控制好相对湿度。

7. 注射剂

大部分注射剂都怕日光照射,因日光中的紫外线会加速药品的氧化分解,因此储存注射剂的仓库门窗应采取遮光措施。其中,水针剂应注意防冻,温度低于0℃以下时,易冻裂受损。抗生素、生物制品、酶制剂等注射剂,受温度的影响较大,最适宜的温度是2~10℃。除冻干制剂外,一般不能在0℃以下保存,以免因冻结而导致蛋白质变性而变质。

粉针剂由于压盖、储存、运输中的原因,可能造成密封不严,在潮湿空气中易产生吸潮、黏瓶、结块等现象,影响质量,因此在储存保管中要注意防潮,不宜置于冰箱,应严格控制空气湿度,相对湿度保持在45%~75%。

二、医药用品冷链物流发展现状

目前,我国在医药研发和生产环节上已经具有较高的水平,有些甚至达到或超过国际水平,但是储藏和运输环节仍得不到保证,特别是需冷藏药品,经常发生"断链"的情况,影响最终的使用。而冷藏药品需要以低温方式保存和运输,因此冷链物流已成为保证冷藏药品品质、保障人民群众用药安全的关键环节。

（一）我国医药用品冷链物流的发展现状

1. 冷藏药品冷链物流需求激增

近年来，我国制药行业得到迅猛发展，冷藏药品冷链物流行业迎来了广阔的发展空间，以疫苗、血液制品等为代表的冷藏药品冷链物流发展较快。以疫苗为例，严重急性呼吸系统综合征（SARS）疫情激发了对我国流感疫苗的需求，2002年消费量不超过500万人份，而2004年则突破了1500万人份，中央财政2007年和2008年分别投入国家免疫规划专项费用27.2亿元和29.2亿元，相当于2006年的10倍左右。由此可见，我国冷藏药品冷链物流有着广阔的发展空间。

2. 冷藏药品安全与冷链管理受到重视

2008年，国务院颁布《疫苗流通和预防接种管理条例》（国令第434号），规定了经营和接种点应具有符合疫苗储存、运输管理规范的冷藏设施、设备和冷藏保管制度，以保证疫苗的使用质量；2007年，国家食品药品监督管理局公布《药品流通监督管理办法》，规定药品生产经营企业应当按照有关规定，使用低温、冷藏设施设备运输和储存；2008年11月，省级标准《药品冷链物流技术与管理规范》经浙江省质量技术监督局批准正式发布实施，这标志着我国冷链药品物流管理将有规可循，将有利于我国药品冷链体系的建立，做到行业的整体规划协调，以打造我国冷藏药品冷链物流的服务平台。

（二）我国冷藏药品冷链物流面临的问题

1. 冷藏药品冷链物流体系尚未成形

目前，我国的药品冷链检测还接近于空白状态，约有80%的药品和疫苗是在几乎没有检测的情况下储藏运输的，冷藏药品的全程冷链是一个必然要求，可是由于管理机制等原因，许多需冷藏药品从出厂一直到患者使用的整个链条上，常常出现"断链"现象。

据悉，我国已有冷链物流能力仅占社会需求量的20%～30%，许多需冷藏药品由于储存、运输的条件不能满足冷链要求而导致潜在隐患。目前，我国医药冷链物流存在着发展相对滞后、完整独立的冷链体系尚未形成、缺乏上下游的整体规划和整合、第三方介入少等问题。从全国各地的统计情况来看，疫苗的冷链流通环节存在着各种问题，不容乐观，在一定程度上影响着制药产业的发展。

2. 冷链物流行业缺乏有执行力的监管机制

目前，我国冷藏药品冷链物流的实施尚无国家或行业的专项标准，主要依靠的法规标准是2008年国务院颁布的《疫苗流通和预防接种管理条例》和2007年国家食品药品监督管理局公布的《药品流通监督管理办法》，另有浙江省的地方标准《药品冷链物流技术与管理规范》。

冷藏药品冷藏标准制定上的滞后是整个冷链行业落后的重要因素,在监管上缺乏具有执行力的冷藏药品质量监控体系。总体来看,我国冷藏药品冷链物流技术的实施仍没有国家或行业的专项标准,缺乏具有执行力的冷藏药品等药品质量监控体系,冷藏药品质量安全形势严峻。

三、医药用品冷链管理

(一) 医药用品冷链管理的要点

医药用品冷链管理是一套用于药品储存和运输的物流系统,它使用各种方法使药品处于恒定低温状态下。通俗来讲是指冷藏药品在流通的(生产药厂—铁路、航空运输—商业公司—汽车运输—医院药库—药房—临床—患者)整个链条中,必须在各个环节都保证冷藏效果。

药品中的生物制品、血液制品、疫苗及部分特殊药品性质相对不稳定,对温度尤其敏感,只能储藏在合适的温度区间(2~8℃),才能确保药品疗效不受温度变化的影响,使药品效价降低或失效,避免出现严重不良反应:温度过低(低于0℃以下),会出现药品冻融过程,使药品出现变性而不能再使用。

冷链的两个要点:一是组织和管理药品的储存和运输的人员,如药房主任、药库保管员、药房领药管理人员、药房发药人员;二是安全储存和运输药品的设备,如冷库、温控包装箱、冰排、温度记录器等。在冷链环节中最重要的是负责的各级管理人员。

(二) 医药用品冷链管理的注意事项

1. 冷藏药品的验收

冷藏药品的入库验收要求优先验收、严格手续、快速办理。首先,冷藏药品可以优先于其他药品验收;其次,要有温度措施且温度在规定的范围内(药库配备有检测温度的红外线温度检测仪),要求冷藏药品的验收要在15min内完成。

2. 冷藏药品的储藏

要求有冷库、大容量温控转运箱,保证冷藏药品从药库到药房的配送途中的质量安全;各药房备有专用冰箱、小容量温控转运箱,保证冷藏药品从药房到临床科室的配送途中的质量安全。

各版《中国药典》对"冷处"的规定均为2~10℃。但是从1995年版起,对生物制品的储藏温度严格要求为2~8℃,故《中国药典》对"冷处"的温度规定,不再完全适用于生物制品。而生物制品是"冷处"储藏药品的主体,因此,在实际工作中将"冷处"的温度范围调整为2~8℃。使"冷处"温度范围调整为2~8℃后,对于原来需要冷处储藏的药品不受任何影响,简化了实际操作,便于储藏保管。

3. 冷藏药品温度的控制

冷藏药品在药库、药房、临床科室保存期,各级管理工作人员每天检测和记录冷库、冰箱、温控转运箱温度,一天两次,而科室质控小组每周质控冷库、冰箱温度一次,保证温度在正常温度范围内。冷库建有自动监测系统,可实现三级(报警前、报警中、报警后)报警管理,建立对断电事件的应急处理预案,健全药品冷链管理文档备案体系,便于追溯。

4. 冷藏药品的运输

冷藏药品的运输,要求根据药品的多少、路途的远近、运输的时间、当时的环境温度,选择大小不同的温控箱及冰排的大小、数量进行包装。由药库运输到各个药房的采取较大的箱子,专人负责运送;由药房运输到各个临床科室的采取小的温控箱,通过药品物流系统直达各个科室的治疗室,立即进入科室的冰箱储藏,保证冷藏药品在医院内的质量。

5. 冷藏药品的回退

根据《医疗机构药事管理规定》(卫医政发〔2011〕11号)第二十七条的精神,冷藏药品一经发出,不得退换。

(三)加强冷藏医药用品的冷链管理

目前,药品在运输过程中的质量管理工作在医院经营企业《药品经营质量管理规范》认证相关条款中虽有要求,但规定不明确,可操作性不强,是一个被忽视的药品质量管理环节。特别是医院内的冷藏药品,因其温度控制要求高,更应重视运输环节的质量管理工作。

保证冷藏药品在合适的条件下储藏,是保证药品质量的一个重要环节。冷链药品在运输过程中的质量管理工作,是冷链药品生产、经营企业和使用单位(包括医院)质量保证体系的重要组成部分。药品质量监管行政部门,生产、经营企业和使用单位应高度重视冷链管理,并采取切实有效的措施,把冷链药品运输过程中的质量管理纳入日常监管内容,出台可操作性的文件规范冷链药品的运输工具、明确冷链药品的操作程序和工作标准、做好冷链药品质量管理的工作记录、强化冷链药品质量管理过程的监管。

本章小结

本章主要介绍了常规品类物品的冷链物流管理相关知识,分别对肉制品、水产品、果蔬品、乳制品及医药品的品质特性、贮藏方式、冷藏链条等进行阐述,并对不同品类冷链存在问题及发展提出管理对策。

课后复习题

一、单选题

1. 下列哪个选项说法不正确。（　　）
   A. 热鲜肉是刚屠宰后带有生前体温的肉，因此营养价值最高，最易吸收。
   B. 冷却肉经两次冷却排酸，生产运输过程中全程低温，微生物生长被抑制，使用最安全。
   C. 冷却肉的肉已成熟，质地柔软，有弹性，嫩度较高，肉味更佳，营养吸收最充分。
   D. 冻结肉可以在－18℃下保存12个月。

2. 生物制品"冷处"的储藏温度是（　　）。
   A. 0～4℃　　　　　B. 0～8℃　　　　　C. 2～8℃　　　　　D. 2～10℃

3. 果蔬在运输过程中要防止受冻，（　　）低于10℃就会导致冷害发生。
   A. 苹果、梨　　　　　　　　　　　B. 猕猴桃、核果类
   C. 番茄、黄瓜　　　　　　　　　　D. 胡萝卜、甘蓝

二、名词解释

1. 干运。
2. 气调保鲜储藏。
3. 乳制品冷链物流。

三、简答题

1. 简答水产品冷链物流中心的主要特征。
2. 简述肉制品冷藏库的管理要点。
3. 果蔬品运输过程管理要注意哪些方面？
4. 乳制品冷链物流具有什么特点？
5. 简答常规药品的保藏方法。

拓展阅读8.3　欲啃"冷链物流"这块硬骨头，先提升企业管理软实力

第九章

冷链物流企业运营与服务

学习目标

1. 掌握冷链物流企业的运营目标、内容与模式。
2. 了解多种类型产品的冷链物流运作。
3. 熟悉并掌握冷链物流市场定位及营销策略。

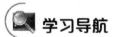学习导航

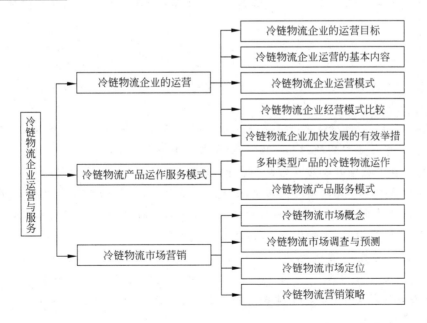

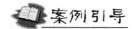

林德特巧克力的全球配送

巧克力几乎人所共知,但是真正了解巧克力物流操作程序的人却并不多,尤其是其分销程序经营管理的巧妙性、复杂性远远超过人们的想象。

林德特巧克力公司欧洲公司年产品销售总额超过 12 亿美元,拥有 32 家配送物流专业队的林德特巧克力公司物流中心。该中心除仓储配送实力强大外,似乎与众不同,因为其主要职责除了负责从荷兰鹿特丹港进口原料运送到瑞士阿尔腾道夫加工厂之外,还把巧克力产品从阿尔腾道夫的工厂源源不断地输送到世界各地,因此对所有的配送物流公司实施严格的质量管理,其中包括运输车辆的卫生检疫、车辆驾驶员和物流服务操作人员的健康证明、冷藏集装箱温度控制机械系列的技术保障、交通运输安全和食品法规考核等。

物流中心不乏食品专家、卫生检疫专家和报关经纪人,凡是有可能影响到林德特牌巧克力质量和信誉的海陆空物流服务项目都被纳入该物流中心管辖范围内,尤其是卡车的集装箱运输是质量管理的重点。因为,从瑞士出口的巧克力大多是用冷藏集装箱卡车运输到欧洲各地的,所以必须确保从阿尔腾道夫出发直至欧洲任何国家收货人的冷藏集装箱对产品的运输,其中还包括温度、包装、配送,分销到零售商的各物流服务项目等均被实施全程监控。

由于林德特巧克力是瑞士的拳头产品,与瑞士名表一样对瑞士经济贡献巨大,所以获得瑞士海关当局验放优惠服务,凡是在出厂的时候完成海关清关手续的巧克力产品在出境的时候,只要单证齐全,没有其他问题,一律免于海关检验,从而加强了林德特牌巧克力的市场竞争力。

令人惊讶的是,无论是在瑞士本土阿尔腾道夫,还是在欧洲其他国家工厂生产的林德特牌巧克力,凡是出口到欧洲其他国家,通常都是用冷藏集装箱卡车从巧克力加工制造厂运送到靠近荷兰鹿特丹港的奥德贝杰仑德(Oud Beijerland)物流中心,因为在陆地上集装箱卡车运输成本尽管比铁路运输昂贵,但是容易管理,而且机动灵活,运到鹿特丹港附近的奥德贝杰仑德物流中心以后,该中心根据与客户的合同规定,负责安排集装箱班轮的适当冷藏箱舱位,即订舱,支付运费,办理集装箱的装船手续。

林德特巧克力公司巧克力产品的出口贸易总量大约 60%,是以工厂交货条款(exworks)或者离岸价格(free on board,FOB)条款成交,即卖方以货物装船前的出口价格,卖方在合同规定的装运港负责将货物装上买方指定的船上,并且负责货物装到船上为止的一切费用和风险。

由此,林德特巧克力公司就没有必要为集装箱船舶和航线的选择而煞费苦心了,其余一切,如把货物运抵卸货港,或者最终目的港等过程均受制于"国际贸易条件解释通则",但是出于林德特巧克力质量保证的考虑,奥德贝杰仓德物流中心在为买方选择远洋承运人、班轮订舱和安排码头泊位的时候必须与瑞士苏黎世湖附近的阿尔腾道夫镇的(Altenfor)林德特巧克力公司物流中心保持全面沟通,根据双方签订的协议。前者必须向后者报告有关集装箱船舶及其冷藏集装箱舱位的信息和承运条款,并且必须取得后者同意,否则一旦发生质量问题,林德特巧克力公司就不会承担经济赔偿或者补偿责任。

资料来源:食品伙伴网,http://www.foodmate.net/topic/176/56750.html。

案例思考

1. 从以上案例思考林德特巧克力公司是如何管理冷链物流配送的。
2. 请思考林德特巧克力以质量取胜的关键点在哪里。

第一节 冷链物流企业的运营

一、冷链物流企业的运营目标

冷链物流企业的运营目标主要体现在 4 个方面:服务、快速及时、低成本和质量。

1. 服务

物流作为第三产业,就是根据客户的需求来提供相应的服务。因此,物流运营要以客户为中心,树立"客户第一"的理念。物流系统的流通加工、送货、配送业务,就是其服务性的表现。在技术方面,近年来出现的"准时供应方式""柔性供货方式"等,也是其服务性的表现。

2. 快速及时

及时性是服务性的延伸,既是用户的要求,也是社会发展进步的要求。随着社会大生产的发展,对物流的快速、及时性的要求更加强烈,在物流领域采用直达运输、联合一贯运输、时间表系统等管理和技术,就是这一目标的体现。

3. 低成本

在物流领域中除流通时间的节约外,由于流通过程消耗大而又基本上不增加或不提高商品的使用价值,所以依靠节约来降低收入是提高相对产出的重要手段。物流领域依靠推行集约化经营方式,提高物流能力,采取各种节约、降耗措施,实现降低物流成本的目标。

4. 质量

冷链物流与其他形式的物流最大的不同之处,在于商品流通过程中必须将易腐、生鲜食品从产地收购、加工、储藏、运输、销售直到消费的各个环节都置于适当的低温环境之中,以保证食品的质量,减少食品的损耗,防止食品的变质和污染。因此,质量是冷链物流一个不可或缺的目标。

二、冷链物流企业运营的基本内容

冷链物流企业运营的基本内容包括冷链物流需求预测、设施选址、冷链物流中心设施及设备管理、冷链物流中心运输管理、冷链物流中心组织管理、客户服务及订单管理、冷链物流中心库存控制、冷链物流信息管理、冷链物流成本控制、冷链物流质量控制等。

1. 冷链物流需求预测

冷链物流需求指一定时期内社会经济活动对生产、流通、消费领域的生鲜食品及易腐原料等在空间、时间和费用方面的要求,涉及运输、库存、包装、装卸搬运、流通加工,以及与之相关的信息需求等冷链物流活动的各个方面。通过预测,准确及时地把握客户物流需求,使物流公司能够将资源分配到服务于该需求的活动中去,从而提高客户满意度和公司核心竞争力。

2. 设施选址

冷库的战略性选址能帮助企业改善客户服务水平。合理的设施位置还能使生鲜食品从生产基地到冷库,或从冷库到客户的移动取得更低的运输费率。

3. 冷链物流中心设施及设备管理

冷链物流中心设施及设备是冷链物流系统运行的物质基础和条件,直接影响冷链物流服务的质量和成本。冷链物流中心设施及设备的管理包括冷链物流设施的规模、中心平面图布置、设备类型选择、单元负载的选择、设备的指派等。

4. 冷链物流中心运输管理

运输费用通常是冷链物流过程中的最大单项成本,因此,它是一个必须得到有效管理的重要因素。运输管理涉及运输工具类型和数量的选择、运输方法(航空、铁路、水路、管道、汽车、联运)的选择、运输路径的选择等。

5. 冷链物流中心组织管理

它是对冷链物流系统人力资源的管理,是建立合理化的冷链物流系统并使之有效运营的根本。冷链物流中心组织管理决策包括企业管理构架设计、工作设计、劳动定额制定、定员编制等。

6. 客户服务及订单管理

客户服务及订单管理应体现"以客户为中心"的管理思想,其目的是提高冷链物流客户的满意度,改善客户关系,从而提高冷链物流企业的竞争力。

7. 冷链物流中心库存控制

库存是生产和消费间的过渡,生产和消费间的时间间隔越长,新需的库存水平或金额就越大,也就越需要加以规划和管理。库存管理包括储存设施的选择是自己拥有还是租赁、储存设施的布局和设计、产品组合的考虑(如应该储存什么样的产品)、安全和服务流程、人员培训及生产率测算等。

8. 冷链物流信息管理

冷链物流信息系统是通过对与企业冷链物流相关的信息进行加工处理来实现对冷链物流的有效管制和管理,并为冷链物流管理人员提供战略及运营决策支持的人机系统。冷链物流信息系统是提高冷链物流运营效率、降低冷链物流总成本和实现冷链物流信息化管理的重要基础设施。

9. 冷链物流成本控制

冷链物流成本控制是冷链物流管理的重要内容和手段,也是冷链物流经济效益的量化指标。冷链物流成本控制涵盖以下几个方面:冷链物流成本的计划与预算、冷链物流成本核算、冷链物流劳动定额、冷链物流考核指标和方法、冷链物流成本控制措施等。

10. 冷链物流质量控制

冷链物流质量是多方面的,包括冷链物流商品质量、冷链物流服务质量、冷链物流工作质量、冷链物流工程质量等。在冷链物流中,我们着重强调冷链物流商品质量,即在冷链商品流通过程中必须注意冷链物流作业的速度、质量及温度控制,将易腐、生鲜食品从产地收购、加工、储藏、运输、销售直到消费的各个环节都置于适当的低温环境之中,以保证食品的质量,减少食品的损耗,防止食品的变质和污染。

三、冷链物流企业运营模式

进入 21 世纪以来,随着居民生活水平的不断提高和对食品安全的重视,我国冷链物流得到了迅速发展,冷链物流运营效率得到较大提高。但是我国整体生鲜食品冷链水平还比较低,综合冷链应用率仅为 19%,经常出现冷链不"冷"、冷链不"链"的现象;第三方冷链物流企业以中小型为主,规模小,实力弱,使我国冷链物流业呈现多种运营模式。目前,我国冷链物流企业主要有 4 种运营模式:第三方冷链物流模式、以加工企业为主导的自营冷链物流模式、以大型连锁经营企业为主导的自营冷链物流模式、以批发市场为主导的自营冷链物流模式。

1. 第三方冷链物流运营模式

第三方冷链物流指独立于生鲜食品的生产商、加工商、批发商及零售商以外,为冷链物流需求方提供高效和完备的冷链解决方案,实现冷链物流的全程监控,具有整合冷链产品供应链的能力的服务模式。生鲜食品的生产商、加工商、批发商及零售商将一部分或全部的生鲜食品物流活动委托给专业的第三方冷链物流企业来完成，并与之签订契约，建立利益共享、风险共担的长期合作伙伴关系。

在整个生鲜食品供应链中，第三方冷链物流企业是连接生鲜食品供销的桥梁纽带，将生产者、加工者、加工企业、批发市场、零售商和最终消费者紧密衔接起来。第三方冷链物流运营模式如图9-1所示。

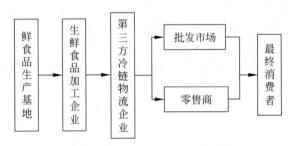

图9-1 第三方冷链物流运营模式

夏晖物流是典型的3PL冷链物流企业，可以实现全程温度控制和自动化管理。夏晖物流主要为麦当劳提供一站式综合冷链物流服务，业务主要包括运输、仓储、各环节的信息处理、存货控制、产品质量安全控制等。夏晖物流根据麦当劳店面网络的分布情况建立了分拨中心和配送中心。

2. 以加工企业为主导的自营冷链物流运营模式

生鲜食品加工企业利用企业自有物流资源，首先自建或联合建设社区专卖店，控制销售终端，进而建设生鲜食品物流中心或配送中心，再进一步向原料供应商延伸，形成"产供销一体化"的自营冷链物流模式。这种模式是为了将企业做大做强，并逐渐形成以加工为核心节点，从原材料生产供应、产品加工、物流、销售到最终消费者的供应链。

比较典型的以加工企业为主导的"产供销一体化"的自营冷链物流模式有光明乳业冷链物流、众品集团等，众品集团冷链物流运营模式如图9-2所示。

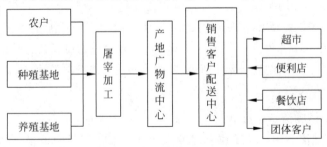

图9-2 众品集团冷链物流运营模式

3. 以大型连锁经营企业为主导的自营冷链物流运营模式

大型连锁企业向生鲜食品冷链物流上游延伸,同生鲜食品经销商、批发商、生产基地及加工企业联合或联盟,与规模大、货源充足的生鲜食品供应商进行长期合作或者企业自己投资建立生鲜食品生产基地,通过自建自营的连锁经营配送中心向连锁超市及其他业态的店铺进行小批量、多批次、多品种配送新鲜安全的生鲜食品。连锁经营企业自营冷链物流运营模式如图9-3所示。

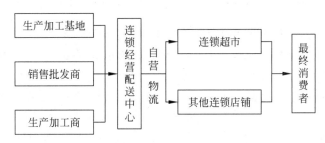

图9-3 连锁经营企业自营冷链物流运营模式

大型零售商独自兼营以配送环节为主的冷链物流模式,比较典型的企业是联华超市股份有限公司。该公司于2000年建成联华生鲜食品加工配送中心,总投资6000万元,建筑面积35 000m^2,年生产能力20 000吨,是国内目前设备最先进、规模最大的生鲜食品加工配送中心之一,为其下属的3609家连锁经营店铺提供冷链物流服务。

这种连锁经营企业以配送环节为主的自营冷链物流模式,有利于保障生鲜食品质量,统一加工和管理标准,有助于实现店铺"零库存"及减少生鲜食品的损耗,提高了生鲜食品物流效率,确保生鲜食品在整个供应链上始终处于低温状态,形成连锁经营企业的自创品牌和建设良好的企业形象。生鲜食品仅是连锁经营企业众多经营品类中的一部分,而且物流、销售、采购易各自为政,供应链节点企业之间经常竞争而不是合作,易造成冷链物流交易费用上升、冷链环节"断链"等问题。

4. 以批发市场为主导的自营冷链物流运营模式

生鲜食品批发市场同生鲜食品的生产基地、经销商、专业合作社、零售商建立供应链,自建冷库和购置冷藏运输工具,负责生鲜食品在储存、运输、配送、批发等环节处于低温状态的一体化的冷链物流运营模式,如图9-4所示。

这种运营模式是生鲜食品批发市场以批发环节为中心的自营冷链物流模式,便于生鲜食品的供需、价格、质量等信息在供应链内部的加工、处理和交换,有利于生鲜食品物流资源的整合,为生鲜食品稳定、持续交易提供保障。大型生鲜食品批发市场运营商具有大量的冷冻冷藏设施及运输工具,使生鲜食品的储存保鲜更加专业化、规模化,有利于控制批发零售环节,为消费者提供新鲜、安全的食品。但是,该模式使生鲜食品的流通环节较

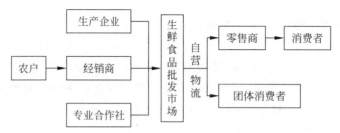

图 9-4 生鲜食品批发市场主导的冷链物流运营模式

多,增加了物流成本,不利于生鲜食品的全程监控,整体管理难度大。

比较典型的企业是武汉白沙洲冷链食品有限公司,该公司通过与农产品大市场联成一体,形成产品生产、收购、加工、储运、配送和提供市场信息服务等一体化的冷链物流运营模式。武汉白沙洲冷链食品有限公司建成20万吨冷库和冷冻食品、海鲜、干鲜、板栗四大专业市场。无论从市场建设规模、市场交易量和市场辐射范围看,还是从设施设备、库容、管理等方面比较,武汉白沙洲冷链食品有限公司都在全国同类市场中位居前列。

四、冷链物流企业经营模式比较

(一) 经营的优势比较

1. 第三方冷链物流模式

第三方物流企业拥有现代化的冷库配送系统,常温库容量、冷库库容量、冷藏库容量非常大,自备有大吨位的温控汽车,能够开发出食品全程自动检测监控系统。夏晖冷链是冷链物流产业专业化、现代化的领头人。作为第三方冷链物流企业的代表,夏晖物流拥有现代化的冷库配送系统,常温库容量2000吨,冷冻库容量1100吨,冷藏库容量超过300吨。自备5~20吨的温控汽车40辆,开发出食品全程自动检测监控系统。

该企业无论是在软件管理方面还是硬件设施建设和配套方面,都走在行业的前列。利用现有的物流资源优势,夏晖物流可以与更多的跨行业大客户开展业务,提升自己的市场定位,突破对单一餐饮业提供服务的限制,向零售业和加工业等行业延伸。

2. 以加工企业为主导的自营冷链物流模式

以加工企业为主导的自营冷链物流模式效率高、环节少、市场灵敏度高、信息反馈及时,有利于对冷链物流的全程控制,实现对质量安全的全程跟踪。这一模式促进了冷链各环节的有效沟通和信息化对接,使得企业能够对市场需求的变化能够做出及时、迅速、准确的反应。光明乳业冷链是"产供销一体化"的冷链"领导者",为支持自身的主营业务,光明乳业多年来一直在不断完善它的冷链物流,充分整合和利用自身企业长期积累的冷链物流设施、人才、管理经验等资源,为上海冷鲜物流有限公司向第三方物流企业的转换打下了坚实基础。

3. 以大型连锁经营企业为主导的自营冷链物流模式

这种冷链物流模式,有利于实现产品质量、加工和管理的标准化,能够有效控制和减少店铺的存货和损耗,具有规模、质量优势。有利于提高生鲜食品物流效率,确保生鲜食品在整个供应链上始终处于低温状态。企业以便捷的运输、先进的技术、优质的服务能够树立良好的企业形象,产生很好的社会效益和经济效益。

4. 依托批发市场型冷链物流模式

企业拥有规模、资金优势,毗邻批发市场而建,又有区位优势。拥有公路、铁路、水运、航空等绝佳的交通优势,能够有效整合农产品资源和生鲜农产品物流功能,显著提高运输效率。企业拥有先进的冷冻冷藏设施及运输工具,对生鲜农产品的储存保鲜专业化程度高,利用规模优势可有效控制销售终端,为消费者提供新鲜、安全的农产品。

(二) 经营劣势比较及发展策略

1. 第三方冷链物流模式

随着物流业的快速发展,夏晖冷链物流将面临更加激烈的市场竞争。一方面是与同类型第三方冷链物流企业的竞争,另一方面是与逐渐转型为第三方物流企业的自营物流企业竞争。同时,随着食品安全问题受重视程度的提高,为确保食品安全和质量,市场对物流企业硬件设施和设备提出的更高要求也是一大挑战。

虽然夏晖在软件、硬件方面都具有一定的优势,但是为迎合市场对高质量物流服务的需求,夏晖冷链应该投入更多的人力、物力、财力来发展壮大企业实力,确保不断提高市场竞争力。在食品供应链体系中要综合考虑食品安全管理和全程质量监控问题,为市场提供高效、完善的冷链物流解决方案,以取得先发优势。

2. 以加工企业为主导的自营冷链物流模式

以光明乳业的"产供销一体化"物流模式为例,这种模式适用范围较窄,低温生鲜食品易发生变质,物流辐射半径特别是配送半径相对较小,不利于企业的长期发展。光明物流应向第三方物流方向发展,尽早实现从企业物流向物流企业的转换和"成为物流企业和食品行业内冷藏物流的航空母舰"的最终发展目标。凭借强大的冷链配送能力,2011 年 6 月底光明物流已经拿到了第三方物流的经营执照,开始为两家外资食品企业提供配送服务,在充分利用自身物流资源的同时也为客户带来经济效益,形成了双赢局面。

3. 以大型连锁经营企业为主导的自营冷链物流模式

以联华生鲜加工配送中心的冷链物流模式为例,联华生鲜加工配送中心冷链物流,并非该连锁经营集团的主营业务。生鲜食品是其连锁经营配送中心内众多品类中的一部分,但在该业务中物流、销售、采购易形成各自为政、条块分割的局面,供应链节点企业之间时常出现竞争大于合作的情况,造成物流交易费用上升、冷链部分环节脱节等问题。联华生鲜加工配送中心与供应商及店铺对接时,各方更多的是关注自身业务的利益,三者难以协调一致。

针对这种情况,联华冷链要尽可能完善管理上的配套制度和设施,将冷链管理直接反应在每个生产环节中,在提高自营冷链物流运作效率的同时,也要考虑向第三方冷链物流型企业发展,在完成企业内部物流作业的基础之上,利用开展第三方业务为企业带来更多的经济效益。

4. 依托批发市场型冷链物流模式

依托批发市场发展的武汉白沙洲冷链,服务目标客户群数量多、需求各异、业务规模参差不齐、上游采购及下游销售线路分散,物流业务处于零散不稳定状态,难以与市场多方客户达成"合约式仓储、一体化运输"的合作业态,不利于企业整体效能的发挥和潜能的发掘。

对于重点经营冷库和批发市场租赁业务的武汉白沙洲冷链来说,很难像专业的物流机构一样,通过大规模投入建设全国货站网络。为解决这一问题,武汉白沙洲冷链可以采用"建立物流产业园,引进第三方物流"的模式来配套网络的发展。

拓展阅读9.1　冷链物流运营模式

五、冷链物流企业加快发展的有效举措

1. 政府应加大对冷链物流业的扶持力度

目前,中国冷链物流业还处于起步发展阶段,而且冷链物流具有投资大、运营成本高的特点,冷库和冷藏车投资是一般库房和干货车辆的3～5倍,冷链物流运作过程中,需要耗费较多的电、油等资源。应充分发挥政府的宏观调控作用,加大政府的资金支持和政策引导,在政策上给予冷链企业一定的优惠,扶持其迅速发展。例如,优先安排冷库新增用地,对冷链物流企业的用水、用电、用气价格与工业企业基本实现同价,对大型冷藏保鲜设施、冷藏运输工具、冷链企业信息化等重要项目提供必要的支持,简化冷链物流企业设立时的审批手续等。

2. 做大做强第三方冷链物流企业,打造品牌化冷链物流企业

由于生鲜食品的特性及冷链物流的设施设备投资成本大、回收期长,传统的自营物流不能适应将来生鲜食品的发展要求,而专业化、规模化、组织化的第三方冷链物流才是未来冷链市场发展趋势。

应通过兼并、合资、合作等多种形式整合冷链物流资源,培育和壮大一批发展潜力大、经营理念和管理方式先进、辐射带动能力强的大型第三方冷链物流企业,完善一体化的生鲜食品冷链物流系统,实现农户、服务商、生产商和销售商"多赢"。第三方冷链物流企业通过为客户提供导向服务和延伸服务等方面的个性化服务,提高冷链服务质量,强化品牌意识,树立正确的冷链物流品牌理念,统一冷链物流品牌标识,打造第三方冷链物流知名品牌。

3. 完善冷链物流法规及标准,推进专业认证

冷链物流包括生产、加工、储存、运输配送、销售等多个环节,只有规范各个环节,才能保证冷链物流的安全运作和整个链条的顺畅。政府应制定相应的冷链法律、法规,建立冷链物流质量标准和行业服务行为规范,如生产加工基地的操作标准与规范、产品预冷与储藏标准、包装标准、检测标准、运输标准、销售标准、环境标准、服务标准等,积极推进有机产品、危害分析和关键控制点(hazard analysis and critical control point, HACCP)及ISO等专业认证制度、原产地保护和地理标识管理等,以标准化管理跟踪与监控生鲜食品在冷链各环节中的运行状况,确保食品安全,提高生鲜食品行业效率。

4. 培养专业冷链物流人才

目前,冷链物流人才极其短缺,包括研发人员、管理人员、操作人员、信息管理人员、流程再造和优化及运作规划设计人员等。大部分冷链物流企业对员工普遍存在重使用、轻培养现象,人才问题已经严重制约冷链物流发展,培养冷链物流人才势在必行。

为了解决冷链物流人才缺口问题,冷链企业可以通过社会招聘和冷链物流职业技能培训,大力培养一线冷链物流实际操作人员;冷链企业中层管理和技术管理人员参加各类冷链物流课程和短期培训,努力提高企业的冷链物流管理能力;引导冷链物流企业采取委托培养、订单培养等方式,联合具有冷链物流专业的职业教育机构和大、中专院校,共同实施职业培训和继续教育,培养技能型和智能型人才,为冷链物流的发展提供长久动力。

第二节 冷链物流产品运作服务模式

一、多种类型产品的冷链物流运作

(一)果蔬冷链物流

1. 果蔬冷链物流原理

抑制果蔬产品的呼吸作用和蒸腾作用,主要方法是采用预冷、低温冷藏、冷藏运输等措施降低温度,或者通过气调冷库调解空气中二氧化碳浓度等。

果蔬采收后,仍然是一个有生命的有机体,继续进行一系列生理生化变化,如呼吸作用和蒸腾作用。充分了解果蔬的变化规律和对外界环境的要求,并有效地调节和控制环境条件,达到保鲜保质,延长保质期,获得更好的经济效益。

在果蔬流通中,一是要降低温度,来减缓呼吸作用进程,并且保持温度恒定,减少营养物质消耗和蒸腾作用;二是保持干燥,抑制呼吸作用,如柑橘类在采收和流通过程中都要进行风干,不宜冷藏,抑制呼吸作用;三是适当提高二氧化碳浓度,抑制呼吸作用,如香蕉等由于成熟后不宜贮运,因此远销产品通常在成熟度达到七八成时采摘,在产地用12～14℃的通风库储存,并加入高锰酸钾和消石灰吸收乙烯和二氧化碳,减缓产品的有氧呼吸,在销地用11～13℃的气调冷库贮藏3～7天时间进行人工催熟处理。

蔬菜和水果依据产品特性、采摘季节、运销距离以及产品定位的不同,对冷链物流也有不同的要求。以蔬菜为例,各种类蔬菜对冷链物流的需求如下。

(1) 叶菜类,含水分多,不宜冷藏,易发生霉变,如白菜、菠菜、甘蓝等;雨季时,南方叶类菜处于淡季,北方叶类蔬菜通过预冷并使用冷藏车运输到南方弥补市场空缺。

(2) 茎菜类,富含淀粉和糖类,含水分少,适于长期储存,但储存过程中必须控制温度,否则会出芽,如土豆、竹笋、蒜、姜、洋葱、蒜薹等,其中蒜薹于5月上市,为了趋淡避旺,平抑物价,可储存至翌年2—3月。

(3) 根菜类:富含糖分和蛋白质,耐贮藏,如胡萝卜、白萝卜、山药等,通过产地冷库储存,气调库贮藏的产品可以填补翌年4—7月市场淡季,实现跨季销售。

(4) 果实类:如黄瓜、番茄、南瓜、毛豆等,夏季时,南方的毛豆、花生等通过预冷并使用冷藏车运输到北方批发市场内销售。

(5) 花菜类:如菜花、西兰花等,10月—翌年5月南方的西兰花采用加冰包装运至北方市场,并入冷库预冷储存。

2. 果蔬冷链物流操作

(1) 采后预冷

常用的方法:一是冷水预冷,将果蔬浸入冷却的水或用喷淋冷却的方法,适用于果实类、根菜类等;二是空气预冷,在专门的预冷库内冷却24h到接近贮藏温度,然后转入正常贮藏,对于没有预冷间的冷库,较高温度的果蔬入库会引起库温大幅波动,影响果蔬冷藏质量;三是冰预冷,融化的冰直接与产品表面接触,快速吸收呼吸热,变成0℃的水,使整个物流过程处于低温环境,同时增加湿度,减少水分蒸发。

(2) 冷藏

根据各种不同果蔬的采后生理变化、基本贮藏原理、贮藏时间对环境条件的不同要求而异,一种是低温贮藏,利用自然冷源(窖藏、通风库等)或机械制冷(冷藏库),使冷藏环境保持低温;另一种是气调贮藏,在降温的条件下调节贮藏环境中的气体成分,通常将二氧化碳浓度由21%降至3%。目前,冷藏的果蔬主要有:樱桃、葡萄等保鲜期短的产品,延长2～3个月上市;苹果、梨、蒜薹等保鲜期较长的产品,最长保存10个月,实现跨季销售；金针菇等菌类食品和四角豆、竹笋等，以减少损失成本为目的。

（3）运输

采用冷藏车运输和普通卡车加冰运输两种方式。目前，只有部分高价值、运销距离长、保鲜期短的果蔬使用冷藏车运输，如进口水果、江西蜜橘、樱桃、草莓等，而大部分果蔬夏季通过加冰或冰瓶等达到降温保鲜目的，冬季通过加盖棉被防止冻伤。

3. 果蔬冷链流通渠道

目前果蔬类产品已形成以批发市场为中枢，以农贸市场、社区菜店和超市为基础，以果蔬配送企业为辅的冷链流通体系，流通渠道整体框架如图9-5所示。

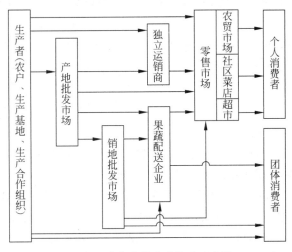

图9-5 果蔬冷链流通渠道示意图

从流通模式来看，一是经由批发市场流通的批发零售模式，依据产品运销距离、上市季节、保管时间、销售周期及保鲜期的不同决定是否采用冷链，冷链采用率较低；二是由生产者直接通过果蔬配送企业、零售市场或团体消费者流通的一体化模式，冷链采用率较高。

其中，果蔬配送企业主导的流通渠道主要指大型果蔬配送企业发展起来的果蔬生产基地，直接将产品销售给团体消费者或者通过零售市场将产品销售给个人消费者，如北京东升方圆种植农业开发有限公司、首都农业集团等均有自己的生鲜品牌，可以保证全程冷链，经营的产品以绿色食品、有机食品、无公害食品等高端食品为主。

采取冷链物流的果蔬类产品主要有如下。

（1）长时间储存的产品

① 国家战略储备产品，为了应对紧急情况，避免生鲜食品价格大幅波动，政府在各批发市场内建设储备冷库储存蔬菜等产品，并及时更新循环调配，确保储备库内生鲜食品的

品质;为补充市场供应量,在周边地区储备产地蔬菜等。

② 依据产品特性进行储存的产品,如香蕉、柿茄等青果采摘后在销地气调冷库内进行储存催熟的产品。

③ 商业储备产品,为了规避市场风险、调节流通、平抑物价,在果蔬类产品大量上市时通过冷库储存,然后合理安排上市时间,实现延迟上市或者跨季销售的产品,如苹果、土豆、蒜薹、葡萄、胡萝卜等。

(2) 远距离运输的保质期短的产品

① 进口水果和南方北运及北方南运果蔬,由于运输距离长、进货量大,导致产品销售周期长,在产品保鲜期较短的情况下,采用预冷并冷藏运输等冷链措施才能保证产品不变质。

② 夏季上市极易腐烂变质的生鲜食品(草莓、樱桃等),由于气温较高,远距离运销的产品需要采取冷链措施保持产品鲜度。

(二) 肉禽类冷链物流

1. 肉禽类冷链物流原理

肉禽类冷链物流基本原理:一是通常采用 0~2℃ 的低温成熟方法,即冷却排酸,促使肉的成熟;二是抑制肉的自溶、腐败及失重。

(1) 肉的成熟,指畜禽在屠宰后,肉体在一定的温度和组织酶的作用下发生一系列的生物化学变化,主要是肌肉中的肌醣元在酶的影响下,酵解为乳酸,使肉的酸度增加,为了减少微生物的繁殖,通常采用 0~2℃ 的低温成熟方法,即冷却排酸。

(2) 肉的自溶,是指畜禽在屠宰后的 24h 内,如果保持较高温度或未经冷却即进行冷藏,会引起组织自体分解,产生强烈难闻的强酸气味(硫化氢),肉体逐渐变黑,不宜食用或经特殊高温处理后才能食用。

(3) 肉的腐败,主要指由微生物作用引起的腐败过程,是变质最严重的形式,加工、运输、储存和销售的卫生条件越差,细菌污染越严重,耐藏性就越差。

(4) 肉的失重,指在一定的条件下,经过一定的时间,由于血液滴出、水分蒸发、肉汁渗出、肌肉收缩等造成的质量减轻。

从肉的冷藏保鲜程度可以分为热鲜肉、冷却分割肉和冻结分割肉三大类,这三大类肉在冷链物流操作过程中,有不同的方法和要求。

(1) 热鲜肉,也就是畜禽刚宰杀后得到的肉。刚宰杀的畜禽在死后僵直过程中会产生一定的热量,导致肉温略有升高,而后慢慢降至常温。此时的热鲜肉为微生物的生长繁殖提供了适宜的温度、丰富的营养物质、较高的水分活度,导致细菌过度繁殖。同时,热鲜肉尚未经历成熟阶段,食用时嫩度差。

(2) 冷却分割肉,将宰杀后的白条肉送入 0~4℃ 的冷却间进行 20h 左右的冷却排酸,将肉体温度冷却至4℃,即可进行分割加工并包装。经过冷却排酸的白条肉或分割肉由冷链车运至批发市场或设有冷藏陈列柜的超市销售。

(3)冻结分割肉,将需要长期储存或出口、远销的冷却分割肉按照规格进行整形包装后装入纸箱或专用的金属冻盘内送入-25℃的冻结间进行冻结。采用纸箱包装的分割肉冻结时间较长,一般为72h,国内肉类加工企业为缩短冻结时间,通常采用先装入金属冻盘内进行冻结,再脱盘装入纸箱进行冻藏的方式。

随着消费者对冷却肉的逐渐青睐,肉类冷链物流逐渐从屠宰、加工、运输、销售等环节一直延伸至普通消费者家庭,形成了以大型龙头企业为先导的、全过程的完善肉类冷链物流体系。近年来,政府和企业在不断加速冷库的技术改造,提高冷库利用率;除大力支持肉类冷链物流中心和配送中心建设外,还鼓励利用现有的国有冷藏设施;在运输和销售环节,大力倡导冷藏集装箱运输和按规定温度展示销售产品的新形式。

2. 肉禽类冷链物流操作

(1)加工包装

冷却分割肉入0~4℃冷却间进行20h冷却,将肉体温度降至4℃再进行包装;冻结分割肉通常经整形、包装后装入纸箱或金属冻盘入-25℃冻结间冻结。

(2)贮藏

肉类冷藏的目的是长期保存,冷冻库的温度在-20~-18℃,并恒定,相对湿度以95%~100%为佳,空气以自然循环为宜。目前,各地政府建设储备冷冻库储存猪肉等产品,并及时更新循环调配,确保储备库内食品的品质。

(3)运输

通过有制冷装置的冷藏汽车、冷藏列车等采取悬挂运输方式,其高度以不接触车厢底为宜。目前,北京市已明确要求批发鲜肉需使用冷藏车运输。

(4)销售

中高档肉禽类产品,通过连锁超市、专卖店等零售终端冷柜销售,实现全程冷链;低档肉禽类产品,通过批发商户销售,从销地批发市场批发环节开始处于常温状态,出现断链现象。

3. 肉禽类冷链流通渠道

肉禽类冷链物流逐渐从屠宰、加工、运输、销售等环节一直延伸至普通消费者家庭,形成了以大型龙头企业为先导、全过程的肉禽类冷链物流体系,如图9-6所示为肉禽类冷链流通框架图。

从流通模式来看,一是经由连锁超市、专卖店等销售的流通模式,主要是针对中高档肉禽类产品,此类模式的产品通过连锁超市、专卖店等零售终端冷柜销售,可实现全程冷链;二是经由批发市场销售的流通模式,主要是针对低档肉禽类产品,通过批发商户到达

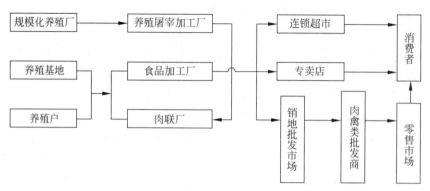

图 9-6 肉禽类冷链流通渠道框架

消费者手中,此类模式的产品从销地批发市场批发环节开始处于常温状态,出现断链现象。

目前,批发市场内的鲜肉销售,多在常温下进行。每天傍晚与批发市场签订场厂挂钩协议的屠宰厂家,使用冷藏车将冷库排酸后的白条猪肉悬挂运至批发市场内的猪肉批发大厅并上杆,在凌晨前与批发市场内的猪肉批发商户进行交易。批发商户将采购的白条猪肉搬运至本市场猪肉交易大厅的店铺内常温储存,待清晨开始进行分割鲜肉的常温批发零售,当天销售不完的货物放入冰柜贮藏。

(三)水产品冷链物流

水产品生产者主要包括淡水养殖户和养殖基地,远洋捕捞业者或者捕捞企业。水产类根据客户不同需要以及产品种类不同,分为鲜活水产、冰鲜产品以及冷冻产品三大类。其冷链流通渠道如图 9-7 所示。

从流通模式看,一是以鲜活鱼类、虾类、蟹类和贝类等水产品经营为主的流通模式,这类产品通常用无色玻璃有氧鱼缸进行陈列展示,使用带氧气瓶的专用车进行有氧运输;二是以冷冻水产品和冰鲜水产品经营为主,经由加工企业流通的模式,可以实现全程冷链。

不同的水产品有不同的贮藏温度,温度越低,保鲜期越长,质量越好。一般鱼类在 $-18℃$ 可储存 9 个月,$-24℃$ 可储存 1 年,金枪鱼需要在 $-60℃$ 超低温环境下储存;虾在 $-18℃$ 可储存 12 个月,$-23℃$ 可储存 14 个月;贝类 $-25\sim-18℃$ 可储存 $6\sim10$ 个月。

水产品冷链物流原理是保持新鲜状态和品质,不同的水产品对冷链物流的需求如下。

冰鲜水产品主要是采取快速冷却方法,使鱼体中液汁温度接近冰点。冰冷却法的保冷温度为 $0\sim3℃$,保鲜期 $7\sim12$ 天;冷海水冷却法的保冷温度为 $-1\sim0℃$,保鲜期 $9\sim12$ 天。

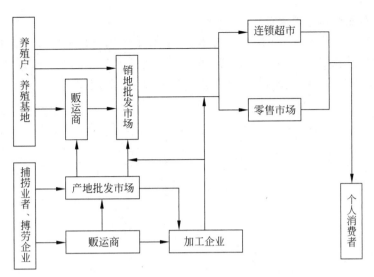

图 9-7 水产品冷链流通渠道框架

冷冻水产品主要是在 $-25 \sim -18$℃冻结完成后,立即出冻、脱盘、包装,送入冻结间冻藏,延缓或抑制腐败变质、避免气味污染。冷链物流操作的要点是,在冻结期间防止水产品脂肪氧化、色泽变化、质量损失(干耗)及冰结晶成长等。

(四)速冻食品冷链物流

1. 速冻食品冷链物流原理

速冻食品冷链物流基本原理是使用低温措施保持产品的客观属性,否则会发生变质。不同类型的速冻食品对冷链物流的温度需求也不同。新鲜食品或处理后的原材料在 -25℃下进行深度快速冷冻,在 30 分钟内将产品的中心温度迅速降到 -18℃以下,并低温(通常 -18℃)储存、运输和销售,以保持温度恒定。

2. 速冻食品冷链物流操作

(1) 冷藏

冷库温度必须达到 -18℃以下,在运行中须维持速冻食品温度在 -18℃或更低,昼夜温度波动不超过 2℃,同时堆垛时必须保证库内空气流动顺畅。

(2) 运输及配送

运输速冻食品的车辆厢体必须符合卫生要求,厢内温度保持在 -15℃以下,产品从冷库运出后,运输过程中其温度上升应保持在最低限度,最高温度不得高于 -12℃,但交货后必须尽快降至 -18℃。

3. 速冻食品冷链流通渠道

速冻食品从生产、加工、储存、运输和配送,直到上柜销售整个过程都要求在低温环境下进行。目前,速冻食品企业已形成以三全、思念、龙凤和湾仔码头为领军的品牌阵营,实现了速冻食品100%冷链流通,其流通渠道框架如图9-8所示。

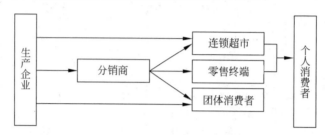

图9-8 速冻食品冷链流通渠道框架

从流通模式看,按不同的终端用户可将速冻食品冷链流通模式分为直销方式和经销商方式。目前,速冻食品生产企业在一线城市主要采取直销方式,即通过连锁商超等进行全程冷链销售,由生产企业直接送货至第三方冷链物流配送中心,再由第三方冷链物流企业完成冷藏末端配送,此模式下的冷链流通链条短,控制力度大,标准严格,从而保证冷链质量。在二、三线城市主要采取分销商方式,由于中间流通环节多,冷链流通链条长,冷链质量难以控制,存在"断链"现象。

(五)乳制品冷链物流

乳制品冷链物流基本原理是最大限度地保持其新鲜度、色泽、口感和营养成分。不同的乳制品对冷链物流的需求如下。

(1)巴氏奶,是一种"低温杀菌牛奶",保质期短,保存了绝大部分的营养和口感的同时,也保留了一些微生物,因此这种牛奶从离开生产线,到运输、销售、存储等各个环节,都要求在4℃左右的环境中冷藏。

(2)酸奶,保质期短,需要冷藏运输和冷藏。

(3)UHT奶,即常温奶,采用高温灭菌方法,保质期长,一般无须冷藏。

乳制品冷链物流主要针对巴氏奶、酸奶等保鲜乳制品。乳制品冷链物流要求从挤奶到加工、运输、贮藏、销售及消费的整个过程中均处于规定的低温环境下。乳制品冷链的主要环节包括牛奶挤出后的冷却、原奶的冷藏运输、保鲜牛奶的生产、保鲜牛奶的冷藏运输和配送、冷藏销售及储存等。由于乳制品冷链物流要求全程冷链,同时第三方冷链物流难以满足奶企冷链物流需求,因此多数品牌奶企自建冷链物流系统并自行管理,如图9-9所示。

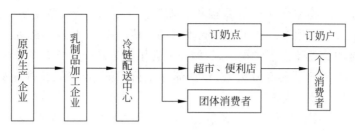

图 9-9 乳制品冷链流通框架

从流通模式看,乳制品的冷链流通主要是通过奶业企业自建冷链物流中心进行统一配送,从源头上保证冷链物流的质量;同时由于从原奶到乳制品生产、加工都可在 24h 内完成,整个过程要求有低温冷藏设施,为了争夺市场,奶业企业向零售商免费提供冷藏设备,从而实现了乳制品全程冷链。因此第三方物流企业很难做到,多数品牌奶企自建冷链物流系统,加大产品的销售配送半径,并自行管理。

目前,主要有两种乳制品冷链物流模式:一是以生产企业为核心的冷链物流模式;二是以物流中心为核心的冷链物流模式。在以生产企业为核心的冷链物流模式下,生产企业处于核心地位,具有强大的市场力量,从奶农处收购奶源,至奶站贮藏,进而在企业内加工,最后分销至各零售企业,保证了生产的可持续性。在该模式下,乳制品企业的素质成为整个供应链的关键,提高了企业的管理成本,增加了风险。

对于以物流中心为核心的冷链物流模式,其形成原因是生产企业本身物流的有效半径和目标消费市场的制约。这种模式实现了生产企业和消费市场的有效配送,减少了流通环节,提高了反应速度。并且物流中心与生产企业的联系采用先进的信息技术,根据销售订单及销售计划进行发货,是连接生产、销售的核心环节。

(六) 医药冷链物流

医药冷链物流是指医药产品在一定的温度范围内进行生产、加工、贮藏、运输、配送、销售等过程,在整个过程中不仅医药产品质量可以得到保证,还可以降低储运损耗,控制时间,节约成本。医药冷藏品主要包括疫苗类制品、血液制品,还包括注射针剂、口服药品、外用药品中需要在低温下储运的药品。

疫苗冷链指为保证疫苗从生产企业到接种单位运转过程中的质量而进行的冷藏运输、冷藏。疫苗由于其产品的不同特性,在物流配送方面也不同于普通药品,有着严格的温度控制规定,即全程保持 2~8℃恒温,从疫苗制造到使用现场之间的每个环节,都可能因温度过高而失效。

2010 年 10 月,国务院常务会议通过《疫苗供应体系建设规划》,中央财政投入 94 亿元资金,用于鼓励重点疫苗品种研发、提高已有疫苗的实际接种率、强化疫苗应急生产保障能力、加强生产和物流配送环节监控等方面。为了保证计划、免疫所应用的疫苗从生产、储存、运输、分发到使用的整个过程有妥善的冷藏设备，使疫苗始终处于规定的保冷状态下，保证疫苗的合理效价不受损害，我国与联合国儿童基金会建立了冷链合作项目。目前，全国各地已基本配置了冷链装备，包括储存疫苗的低温冷库、冰排速冻器、专用冷藏车、冰箱、冷藏箱、冷藏背包等。

血浆冷链是一套用于血液或血浆制备和储运的系统，以尽可能安全的方法维持血浆中各项成分的功能，包括血液采集、分离、贮藏及运输各环节。作为血浆产业链中的下游产业，血液制品冷链要求更加严格，不同于其他药品，血液制品是由人血浆纯化而来，具有生物易变性，储存温度、时间、物理状态和溶液浓度对血液制品的稳定性均有影响。若贮藏条件不当，会导致活性降低，产生沉淀、酸败、生霉等变化，而贮藏过久，可能发生分解、聚合而产生杂质。

为规范药品经营行为，整顿药品流通秩序，防止伪劣药品流入市场，切实保障用药安全、有效，我国 2000 年推行了《药品经营质量管理规范》(GSP)。按照 GSP 要求，药库分为冷藏库、阴凉库、常温库。常温库温度为 0～30℃，阴凉库温度不高于 20℃，冷藏库温度为 2～8℃。

近年来，我国政府对药品的流通进行了更加严格的监管，将药品冷藏运输的要求纳入政策文件中。2007 年，国家食品药品监督管理局发布的《药品流通监管管理办法》规定，对于需要低温、冷藏储存的药品，药品生产、经营企业应按照有关规定，使用低温、冷藏设施和设备储存。

地方政府关于医药冷链也出台了地方标准，2009 年浙江省出台的《药品冷链物流技术与管理规范》是我国第一个冷藏药品物流的标准；2010 年江苏省食品药品监督管理局出台的《江苏省药品冷链物流操作规范》对药品的冷链物流操作做出了明确的规定。

二、冷链物流产品服务模式

冷链物流服务体系是一个涉及农产品生产、批发、零售和物流服务等多个主体和环节的复杂系统，冷链物流服务体系包括干线冷藏运输、城市冷链配送和冷藏存储、流通加工和销售等环节，目前已形成批发市场冷链服务模式、生产加工企业冷链服务模式、终端冷链配送服务模式、冷链干线运输服务模式及商品储备冷链服务模式，如图 9-10 所示。

（一）批发市场冷链服务模式

批发市场冷链服务模式是指生鲜食品批发市场同生鲜食品的生产基地、经销商、专业合作社、零售商建立供应链，自建冷库和购置冷藏运输工具或整合上下游企业拥有的冷库和冷藏运输工具，负责生鲜食品在储存、运输配送、批发等环节处于低温状态的一体化的冷链服务体系。批发市场冷链服务体系是社会生鲜食品冷链物流系统的重要组成部分，

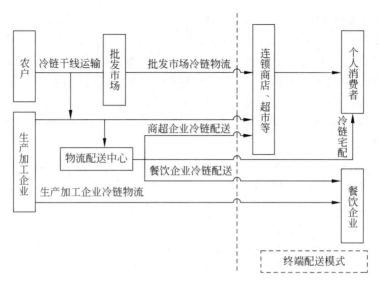

图 9-10 冷链物流服务体系示意图

批发市场中的冷链服务对于完善食品冷链物流系统和批发市场自身的升级改造具有重要意义。

1. 批发市场冷链服务模式类型

批发市场冷链服务模式主要有以下几种：一是冷库服务，是批发市场内主要的冷链服务内容；二是交易场所的温控建设，目前此项冷链服务在批发市场内出现断链；三是冷藏运输车辆配置，是未来批发市场冷链服务的主要方向，即要求进出批发市场生鲜农产品的货运车辆(含送货、采购及市场内配送车辆)根据所运产品的需要，配置冷藏车辆，如批发市场对猪肉冷藏运输车辆的规定。

2006 年以来有关支持农产品批发市场的政策文件都涉及完善冷链系统的内容，具体包括：加强冷链物流加工配送中心建设，配置农产品预选、分级、包装、配送等设施设备，建设改造冷库等仓储设施；加强对交易厅、棚的温控改造等。《物流业调整与振兴规划》指出，进一步加强农副产品批发市场建设，完善鲜活农产品贮藏、加工、运输和配送等冷链物流设施，提高鲜活农产品冷藏运输比例，支持发展农资和农村消费品物流配送中心。

政府及其有关部门在农产品批发市场改造中，采取了财政专项资金、贴息等多种支持方式。《农村物流服务体系发展专项资金管理办法》指出，在"双百市场工程"项目中，支持大型鲜活农产品批发市场对冷链系统、质量安全可追溯系统、仓储、分拣包装、加工配送等设施升级改造；支持县乡农贸市场对经营设施进行标准化改造。对批发市场质量安全、冷链系统等准公益项目给予直接补贴。

2. 批发市场冷链服务现状：以北京市为例

目前，冷链在批发市场内主要通过建设冷库发挥作用，服务进驻商家的临时产品存储。冷库对生鲜食品的保鲜具有重要作用，尤其是产地农产品批发市场的冷库是农产品冷链流通的源头。受销地地价高、冷库运营成本高等因素影响，生鲜食品批发商倾向于在产地建冷库，然后根据市场销售情况，有计划地小批量调运商品，因此对销地批发市场内的冷库依赖较小。城市中心区农产品批发市场内的冷库主要用于储存少量的周转货物或者销售不完的货物。

（1）农产品批发市场内各类型冷库的分布情况

目前，北京市各批发市场均建有蔬菜保鲜库、水果气调库、冷冻库等，以商户自建和市场租赁两种经营模式为主（见表9-1）。市场租赁冷库多以大型冷库为主，采用集中式制冷系统，能量调节能力低，通常被分为多个区域分别出租，由于商户经营的产品品种不同、节奏差异等，常见大型冷库内仅存少量商品运行。商户在经营区内自建小型冷库，由于对制冷技术生疏等原因，尚未完全消除食品的损耗。

表 9-1　新发地和八里桥批发市场部分冷库统计

市场名称	冷库类型	数量/个	容量/t	冷库租金或建设成本
八里桥批发市场	蔬菜保鲜库	15	约 155	租金 1600 元/(t·年)
	水果气调库	17	约 333	租金 1600 元/(t·年)
	门店小冷冻库	66	约 450	自建成本 3 万～4 万元
	大型冷冻库	41	约 960	自建成本 5 万～6 万元
新发地批发市场	蔬菜保险库	26	约 312	租金 6666 元/(t·年)
	政府蔬菜储备库	12	约 10 000	
	水果气调库	215	约 18 000	租金 3333 元/(t·年)
	冷冻库	118	约 12 000	租金 3500 元/(t·年)
	规划建设储备库		冷冻库 3.6 万 保鲜库 8.4 万	总投资 2.5 亿元

蔬菜保鲜库主要分布于蔬菜配送中心、特菜批发厅、菌类批发厅及政府储备库，批发市场内交易的其他蔬菜均在露天车载市场待销；水果气调库主要分布于进口水果批发区、精品水果批发区和香蕉批发区，批发市场内交易的苹果、梨、西瓜、哈密瓜、山楂、蜜橘、柑橘、甘蔗等水果在露天车载市场待销。冷冻库主要分布在猪肉厂家直销店和专卖店、牛羊肉批发区、冷冻产品（水产品、分割鸡、牛羊肉）批发区，鲜肉多在常温下待销。

通过对新发地农产品批发市场等的调研，发现冷冻品摊位每家有 1～2 个冷柜和 1 个小型冷库，冷柜的功率因冷柜大小而不同，但 2000W 左右的较多，温度基本保持在 -10℃以下，小型冷冻库成本在 3 万元左右，可放 10t 货物，纯制冷电费消耗约为 2000 元/月，而摊位租金为 3000 元/月，制冷的费用约占租金的 2/3。

冷库根据存放的货物不同,最低温也有区别,海鲜类、肉类货物最低温度在-18℃,水果在0~3℃。大部分商户对货源不进行加工,直接对外销售,属于纯批发作业。从以上分析可以看出,电费是运行成本的一个重要组成部分,电费的调整与冷库使用率息息相关。

(2) 农产品批发市场内各类型冷库的使用情况

由于缺乏先进的冷库管理理念,导致冷库的利用率并没有随着库容总量增加而增加。当生产淡季或者原料资源不足时,冷库往往处于闲置耗能状态,造成了极大的资源浪费。目前农产品批发市场内各类型冷库的使用情况如下。

① 蔬菜保鲜库利用率与销售季节直接相关。目前,由于销地冷库建设成本高、市场内限电、蔬菜销售利润低、销售时间短等原因,蔬菜批发商拥有冷库的仅占15.93%。蔬菜冷库使用率最大是在5—10月,最高利用率可达到90%以上。在气温较高时期,批发商会将销售不完的蔬菜进行冷藏,其中菌类等蔬菜需要冷库进行储存待销;而对于其他菜种,批发商会采用较低成本的冷藏方法,如把菜放入泡沫或塑料箱子并加冰的方法保持蔬菜的新鲜度,还有一些商户会将蔬菜腐烂的部分去除后继续销售。

② 水果气调库利用率与产品品类直接相关。各个批发市场内水果批发商户拥有冷库的约占40%,其中香蕉、荔枝等热带特果和进口水果的经营商户用冷库保存水果。水果冷库的利用情况与经营者所经营的水果品种有关,大部分经营应季水果的商贩都不用冷库保存水果,尤其是经营不适宜冷藏保存的西瓜、甜瓜、部分南方水果的商户;夏季时经营易腐水果的商户会租用市场内冷库进行水果的保鲜。

③ 肉禽类冷库利用率较高。由于肉禽类的易腐性非常高,大部分冷鲜肉、冻肉及肉制品的经营商户都会租用市场内的冷库或自建冷库,冷库利用率可以达到80%~90%。销售量少的商户也会使用冷柜对产品进行保存,部分商户在销售鲜肉过程中会采用加冰的方式减少肉类产品鲜度的损耗。

④ 水产品冷库利用率较高。对于冻品大部分小型商户由于销量小,通常采用冰柜对产品进行保存,而大型商户由于存货量大,通常会租用市场内的冷库进行储存待销产品,冷库利用率可以达到80%~90%。市场内鲜活水产品的经营商户不需要租用或者自建冷库,在运输和保存过程中只用加水和打氧就能保持水产品的鲜活。

(二) 生产加工企业冷链服务模式

1. 生产加工企业冷链物流服务模式类型

生鲜食品生产加工业是农业产业化发展的核心,是延长农业产业链的关键环节。伴随着农产品加工业的发展,生鲜食品生产加工企业逐步从分散零乱向园区聚集、从家庭作坊向现代企业转变,生产加工产品也从低质普通型向优质品牌型转变。

生鲜食品加工企业利用企业资源,首先自建或联合建设社区专卖店,控制销售终端,进而建设生鲜食品物流中心或配送中心,再进一步向原料供应商延伸,这种"产供销一体化"的自营冷链物流是为了将企业做大做强,并逐渐形成以加工为核心节点,从原材料生产、供应、产品加工、物流、销售到最终消费者的供应链。生产加工企业冷链物流服务运作流程如图9-11所示。

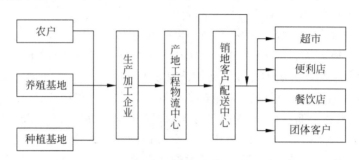

图9-11 生产加工企业冷链物流服务运作流程

生鲜食品生产加工企业自营的冷链物流服务,由于整个流程物流环节少,便于冷链物流的全程控制和质量安全跟踪,有利于冷链各环节的有效沟通和信息一体化,信息能够及时传递,对市场变化能够迅速做出反应,有助于提高生鲜食品附加值。但是,"产供销一体化"冷链物流服务模式适用范围较窄,低温生鲜食品易发生变质,导致该模式的物流辐射半径特别是配送半径相对较小。

2. 生产加工企业冷链物流服务现状

农业龙头生产企业和大型食品生产加工企业,在冷链物流发展中起带头作用,发展了以龙头企业为主,辐射供应链上下游,逐步形成覆盖各类食品产业的冷链保障体系。目前,提供"产供销一体化"的自营冷链物流服务的典型生鲜食品加工企业有北京顺鑫农业集团等肉类联合企业、乳制品生产加工企业等。

通常鲜奶(巴氏奶)保质期较短,一般销售半径不超过500km,需要依托完善的冷链物流系统,在最短时间内,将鲜奶配送到城市的各个销售终端,从挤奶到销售全程处于2~6℃冷藏环境中。在乳品市场上,巴氏奶,三元独占鳌头;UTH奶,伊利、蒙牛、三元"三分天下";酸奶,伊利、蒙牛、三元、光明"四雄逐鹿"。

正是由于该行业产业集中度高,大企业收益稳定,且皆为上市公司,融资能力、抗风险能力也很强。因而,企业本身完全有能力投资最现代化冷链设备与系统。在我国第三方物流整体水平落后情况下,以巴氏奶与酸奶为主营产品的乳业集团,为了保证冷链配送品质,都组建了自己的运输车队,建立自己的配送网络系统。

例如,三元在北京的物流公司负责自己产品的仓储、运输与配送系统。蒙牛已在全国主要的生产销售网点投建14个立体仓库,其中和林第六期工程的高度现代化立体化仓库,堪称全国样板;且在和林至京津的运输车辆上安装了GPS,以监察运输状况;另外,还聘请双汇计算机软件公司,通过采用双汇软件的SW-ECAP企业协同应用平台打造全程供应链管理系统,以实现蒙牛在高速扩张过程中始终能够对运营进行灵敏控制,能够对市场做出快速反应。

由于北京生猪屠宰定点规制,目前北京市定点屠宰已集中在 14 家企业手中,形成 5 个供应市区为主、单班屠宰 3000 头的大型机械化屠宰肉类联合企业,以及 5 个以销地为主、单班屠宰 1500 头的中型机械化屠宰场。这 14 家屠宰企业基本控制北京市 2000 多家年产 1500 头的规模养猪场,以及年出栏 100 头的养猪大户,形成生猪养殖—屠宰企业—超市(专卖店)的供应链。虽然产业集中度远低于乳品加工业,但作为供应链核心的屠宰企业,也有一定能力投资专用冷链设施。

北京顺鑫农业股份有限公司鹏程食品分公司是一家集种猪繁育、生猪养殖、屠宰加工、肉制品深加工及物流配送于一体的农业产业化龙头企业,是北京地区最大的安全猪肉生产基地,单场屠宰量位居全国首位,生鲜产品在北京占有 40% 以上的市场份额,始终位居北京市场领导者地位。公司拥有国内领先专业冷却库,配备了对温度、湿度自动记录装置和运行状态进行监控的设备,采用先进的冷却工艺,进行低温冷却,抑制微生物生长,保证了肉品新鲜、营养、卫生、健康。在产品流通环节,公司配备了 200 多辆专业冷藏车,并对车辆安装了 GPS,实现了生产运输全程冷链,全程监控,真正实现了从"田园到餐桌"的全程质量控制。

(三)终端冷链配送服务模式

终端冷链配送服务模式类型主要有以下几种。

1. 面向连锁经营企业的冷链配送服务模式

从超市冷链物流配送来看,其主要有自营配送模式、生产企业或供应商直接配送模式、第三方物流配送模式及共同配送模式。

(1)自营配送模式是指商超自行创建并完全为本企业生产经营提供配送服务的组织模式。这种模式对供应链各环节有较强的控制能力,实现从商品采购到商品配送的一体化过程。但其一次性投资大,运作成本较高,容易造成资源的浪费和配送人员与设备的闲置。

(2)生产企业或供应商直接配送模式是指由生产企业或供应商直接将连锁企业所需商品送到各连锁门店甚至上架的配送方式。其优点是密切生产企业或供应商与连锁超市的联系;由生产企业或供应商直接配送,减少连锁超市的物流成本和实际操作步骤。其缺点是不能满足连锁超市商品多品种、小批量、配送频率高、配送地点多的要求。

(3)第三方物流配送模式是指连锁超市将物流配送业务部分或全部委托给专业的物流企业来运营的一种运作模式。其专业配送机制通过规模性操作能够大幅度降低成本,取得规模经济效益,减少经营风险;配送中心人员具有专业的配送知识,提高了服务水平,提高了顾客的响应能力,不过连锁超市要承担连带经营责任,企业不能保证供货的正确和及时性。

(4) 共同配送模式也称共享第三方物流服务,指多个客户联合起来共同由一个第三方物流服务公司来提供配送服务。它是在配送中心的统一计划、统一调度下展开的,是由多个企业联合组织实施的配送活动。

共同配送服务有两种运作形式:一种是由一个配送企业对多家用户进行配送,即由一个配送企业综合某一地区多个用户的要求,统筹安排配送时间、次数、路线和货物数量,全面进行配送;另一种是送货环节的混搭配送,仅在送货环节上将多家用户待运送的货物混载于同一辆车上,然后按照用户要求分别将货物运送到各个接货点,或运到多家用户联合设立的配送货物接收点。共同配送指企业采取多种方式,进行横向联合、集约协调、求同存异及效益共享,其本质是通过作业活动的规模化降低作业成本,提高物流资源的利用效率。

2. 面向餐饮企业的冷链配送服务模式

实际上,在买方市场的市场状况下,连锁餐饮企业已经进入微利时代,通过生产领域降低成本获得竞争优势只能降低顾客的满意度。终端冷链配送是连锁餐饮企业的竞争优势的重要源泉,对提升餐饮行业水平,推动经济发展和满足社会需求具有重要意义。

随着物流企业之间的竞争加剧,物流配送供应商在服务理念上应以客户为中心,提供的服务内容从广义上讲有两个层次:一是物流配送基本功能,二是根据客户需要提供的各种延伸业务活动。物流配送企业为连锁餐饮业对温度敏感的产品提供快速可靠的服务,以及相关的记录报告、运输设备的清洁或消毒等卫生服务;利用对数据的积累和整理,对客户的需求预测,提供咨询支持;运用网络技术向客户提供在线数据查询和在线帮助服务等。

众所周知,快餐连锁企业一般都有专门的食材产地和固定的加工场所,大部分门店的食材都是由总部统一配送的,如百胜餐饮集团自营冷链物流配送为肯德基、必胜客服务,此外还有海底捞和久久丫等餐饮企业也采用自营模式。但是,目前一些餐饮企业不具备专业的冷链物流运作体系,也没有专门的冷链物流配送中心,而冷链物流配送中心的建设是一项投资巨大、回收期长的服务性工程,所以这些企业与社会性专业物流企业结合,采用第三方冷链配送,进一步实现冷链物流业务的发展。麦当劳一直是采取第三方物流的合作方式,夏晖是麦当劳的全球物流服务提供商,在北京、上海、广州都建立了分发中心,有力地保障了麦当劳在中国的迅速扩张。

3. 电子商务主导的冷链宅配服务模式

冷链宅配一种个人消费者通过电子商务订购一定数量和一定品种的冷冻冷藏食品,由服务提供方采用相应的物流技术,把指定的物品在指定的时间送到指定地点的 B2C 业务。冷链宅配指利用现代 IT 技术和冷链物流设备,实现"小批量、多批次、多品种、多温区"的冷藏冷冻产品的冷链配送。冷链宅配从源头与消费者直接对接的冷链配送方式,既满足了电商配送的需求,保证食品的品质和质量,又使全程冷链得以实现,让人们的生活水平、生活质量得到更大的提升。同时,冷链宅配为快递及物流商提供新的利润增长源,开辟了新的业务市场。

冷冻、生鲜等食品的在线销售市场一经打开,冷链宅配的服务需求将急剧上升。冷链宅配服务在日本、中国台湾已经发展得十分成熟,北京、上海作为国内两大电商发展的领先城市,对于这一服务领域已经抢先做了尝试,效果可鉴。天猫、京东、苏宁易购等一线电商全面进军生鲜市场,带动中国冷链宅配迅速崛起。"电商+冷链宅配"的冷链模式将开启家庭零售市场的二次成长。

目前,天猫宣布试水生鲜冷链物流,首期为"水果生鲜"提供配套冷链服务,配送范围覆盖"北上广深杭"及天津、武汉等26个网购热门城市。天猫采取的是C2B预售订单,再加上冷链配送的模式,缩短供应链路,减少水果生鲜从田间到餐桌的时间。

据了解,目前冷链物流企业普遍运营B2B业务,在供货商与销售网点之间进行物流配送,客户是数量有限的门店。而冷链宅配是对冷链末端覆盖范围的升级,通常采用B2C模式,配送对象是规模庞大且呈几何级数增长的网购人群。以京东为例,公司表示将加速拓展生鲜品类市场首先在北京推出冷链产品销售;而京东的冷链宅配采用与快行线合作,采取B2B+B2C二段式冷链宅配模式,自动将买家需求与供应商精准匹配。

目前冷链宅配主要有以下3种服务模式。

(1) 由冷链物流企业借助于电子商务平台开展的B2C冷链配送业务,如北京快行线食品有限公司开展的宅配业务、顺丰优选在北京地区生鲜食品的配送业务等。

(2) 垂直电商采用自建冷链物流方式开展的宅配业务,如电果网(北京)农产品有限公司运营的"宅鲜配"等。

(3) 绿色有机食品生产基地通过自建物流或者凭借第三方物流开展的冷链宅配业务,如上海多利农庄通过雅玛多黑猫宅急便开展冷链宅配;北京顺义沱沱工社、上海天天果园等凭借京东商城等网络平台经营生鲜食品并自建冷链物流进行冷链宅配。

(4) C2C电商通过第三方网络平台和第三方物流开展的冷链宅配业务,如淘宝、天猫、1号店、京东商城等网络平台上的商家通过顺丰速运、城市100等快递进行冷链宅配。

(四) 冷链干线运输服务模式

食品需求量日益剧增,这些食品大多为高附加值的生鲜食品,而中心城市本地生鲜食品的产量远远不能满足居民的消费需求,这样就需要大量的外埠生鲜食品运进来。干线运输处于商品流通中间环节,把商品从生产引入流通,从产地运往销地,从农村运往城市,是生产与销售、农村与城市及地区之间商品流通的枢纽,干线运输一直是冷链市场最主要的运输方式,冷链在中转环节主要通过干线运输企业冷藏运输发挥作用。

目前,大型冷链干线运输企业有双汇物流、荣庆物流、永贵冷链物流、河南众荣物流、中铁铁笼冷藏集装箱、康新物流、安得物流、重庆雪峰冷链、华日飞天等,冷链干线运输服务呈现出以下特点。

（1）完善的冷链物流服务设施。能提供冷链高端物流服务需要完善的冷链服务设施，从预冷的冷库、低温仓储设施到符合温度要求的长途运输冷藏车、市内冷藏配送车等冷链各环节必须保证冷链运行。

（2）以现代科技为支撑。所有运输车辆上都装备了GPS，采用GPS进行车辆调度、跟踪。冷藏车上安装车载温控仪，配合GPS使用TMS、WMS。通过统一的信息管理系统，实现信息的快速传递。完善从公司接单、调度、运输、回单、财务结算及客户信息反馈的所有业务有机结合的信息系统，以提高整体管理水平及整体协作能力。

（3）遍布全国的服务网络。如荣庆物流形成以长三角、珠三角为业务龙头、集团公司为后勤保障基地，"二纵一横"辐射全国20多个省市公路货物营运网络。在上海、北京、广州、杭州、武汉等110多个大中城市设立有分公司和办事处。

（4）管理规范。企业拥有严格的管理制度和操作规范，通过制定冷藏货物从接单到预冷、运输、装卸、仓储，再到市内配送每一个环节的严格管理制度、衔接制度和操作规范，保证货物流通的数量和质量，实现管理的规范化。

第三节　冷链物流市场营销

市场营销又称市场科学、市场销售或销售，指个人或集体通过交易获得了一种产品或创造了价值，并把必要的商品交易看成一个双赢或长期的过程。这包括两个含义：一是将公司的具体活动或行为作为动词指出，如市场营销或市场管理；二是理解名词，这被称为市场营销或市场科学，其中部门正在研究公司的营销活动或行为。冷链物流企业处于市场经济体系下，面临激烈的市场竞争和优胜劣汰，正确的市场营销手段有助于冷链物流企业发展和壮大。

一、冷链物流市场概念

（一）什么是冷链物流市场

市场经济认为，市场是实现资源配置的手段。市场要素包括市场主体和市场客体及市场体系。

1. 市场主体

市场主体是指在市场中从事交易活动的一些组织和个人。它以特定的组织形式存在，包括自然人和法人，以及直接参与产品生产和交换的经济环节和为他们提供服务的中介。市场参与者有明确目标的活动，可以采取多种多样的战略和手段，使市场管理和职能复杂化。冷链物流企业在冷藏货物运输过程中向客户提供各种服务，属于市场主体。另外，与冷链物流企业有关联的物流公司、运输公司、生鲜食品公司、代理商、货主、政府部门与机构都属于冷链物流市场主体。

2. 市场客体

市场对象是指以市场为目标的市场实体。它包括生产和服务各种有形商品、无形商品、各种服务和产品所必需的一切经济资源。例如,生产资源和生活方式的产品,以知识形式出现的技术产品和信息产品,以动态能力出现的动力产品。冷链物流企业依靠自身的资源和设备为客户提供各种应服务,如水产品、果蔬产品、乳制品、肉制品、医药制品、运输设备运输信息,属于冷链物流市场客体。

3. 市场体系

市场体系是指为维护市场要素运转而形成的互相依存、相互制约的有机整体。在冷链物流体系的构成中存在冷链商品市场(包括冷链消费品市场和冷链生产市场);还有资本市场、劳动力市场、技术市场、信息市场等冷链物流生产要素市场。除此之外,冷链物流市场体系还包括政府管理机制、商品质量监管机制、检疫部门监管机制、金融管理机制、税务监管机制等。

在整个市场的体系之中,每个独立的市场之间都存在着一定的关系,不断地相互联系、相互影响。如果某一种市场发展不到位,或者发展滞后,就会对其他市场产生很大的影响。因此,市场体系必须具有统一性和开放性,跨链或行政区划不应存在。市场上的部门或地区划分,通过缩小市场规模和限制资源的自由流动,降低了市场效率。市场体系的开放性不仅要求向国家开放,而且要求向外部开放,使国内市场嫁接到国际市场中,参与到国际竞争中。

冷链物流市场的参与者可以概括为以下 4 个方面。

(1)需求方面。冷藏食品的运输包括各种经济因素,如公司、军队、政府、消费者等。

(2)供应商。包括冷藏食品营办商的专业组织,如水产品养殖、加工企业与个人;乳品养殖、加工企业与个人;肉类养殖、加工企业与个人;果蔬种植、加工企业与个人、药品生产企业及以上批发商、零售商等。

(3)中介机构。包括运输代理、中间商、信息咨询公司等,它们作为中介,在物流冷链双方之间提供与物流相关的各种服务。

(4)政府。包括有关的政府机构和各级的运输和管理服务。它们代表着监管冷链物流市场的国家部门和大众利益。这些部门主要有金融、金融、税务、城市规划、环境保护、工贸、价格、商品管理、标准计量、仲裁等。

(二)冷链物流市场的特点

1. 冷链物流是关系国计民生的产业

冷链物流的对象是水产品、果蔬产品、乳制品、肉制品和医药制品,涉及民众生活的最基本环节,也是关键环节,这些物品供应的质量不但会直接影响人们的幸福指数和生活质量,而且与整个国家及社会的和谐和稳定密切联系。

2. 冷链物流市场主体复杂

冷链物流服务对象众多,涉及面广泛,有航空船公司、铁路和公路运输部门,有众多的贸易企业、生产厂家、种植企业、养殖企业和个人等。冷链物流企业不仅提供冷链货物的装卸搬运、仓储、简单加工和货运等基本服务,还可提供货运交易服务、信息服务、物流咨询等延伸服务,但如果一个环节出现问题,则上下牵连,最终影响冷链物流企业效率,降低了冷链物流企业经济效益和公众美誉度。

3. 国家对冷链物流日益重视

由于冷链物流商品的特殊性,国家对冷链物流越来越重视,从政策、资金、税收、运输等各方面为冷链物流创造优越条件,如税收减免、财政补贴、资金扶持、运输绿色通道等,以提高冷链物流质量与效率,提高人民生活水平。

二、冷链物流市场调查与预测

市场研究是随着社会生产力水平的提高,伴随着商品生产的发展出现的,它是对市场实践活动的总结与指导。市场调研,有适时发挥重要作用的必要性。目前,市场研究无论是在其自身的理论体系和方法体系上,还是在其研究问题的内容上,都得到了发展和完善,成为研究市场分析不可缺少的工具。

对于冷链物流企业而言,市场研究的目的是为企业选择合适的市场定位,为企业开拓新的市场,为企业开发新的产品,为企业顺应市场变化而调整经营战略提供依据。市场研究主要包括市场分析、市场调查、市场预测。在我国,随着公司的发展,市场调查被越来越多的管理人员使用,其方法也越来越多地被用来分析和研究各种市场问题。

(一)冷链物流企业进行市场研究的作用

(1)市场研究为冷链物流企业制订了科学的发展规划。能否站在较高的角度为冷链物流企业设计未来的发展方向,往往关系到冷链物流企业的成败。发展规划定位太低会错过企业发展的关键期;发展规划定位太高则会浪费资源,最终一无所获。发展规划是一种重要的经济和管理手段,冷链物流企业的发展在制订计划和项目的过程中,必要的市场分析数据、统计数据和预测数据是非常重要的。计划的制订必须与实际调查相衔接,否则,缺乏科学性和相关性。科学、系统的市场调研数据无疑为低温物流企业的发展和政策提供了保障。

(2)准确推理的前提之一是科学分析。很明显,市场预测将通过对生产和消费市场的分析,以及调查和预测的重要作用,增加生产部门或企业的经济影响。

(3）市场研究有助于冷链物流企业生产合理化，不仅可以确定不同冷链生产部门的总产量，而且可以改善不同生产部门之间的生产环节。这个非常重要的作用体现在：促进供需平衡冷链产品的总量，调整冷藏仓库的产品类别，保证供需平衡的主要冷链产品，等等。

（4）市场调研在促进和满足消费者需求方面具有重要作用。冷链产品的生产与消费密切相关，市场分析、调查和预测在满足冷链产品需求以及促进冷链产品消费方面发挥着重要作用。通过市场分析、调查和预测，可以全面地了解冷链产品的需求情况，包括需求总量、需求结构和应用演变规律。

（二）市场调查与预测内容

1. 市场分析

市场分析是指通过对冷链物流市场调查和供求预测，依据市场的复杂情况，深入分析受众需求，采取恰当的策略。冷链物流市场分析的研究对象是整个冷链物流市场，从纵向角度看，冷链物流整个过程从最前端的生产者到最末端的消费者，包含的所有商业活动都遵循市场的特征和总体的消费活动。从横向角度看，现代冷链物流市场经济体系中，市场活动是一个全方位的市场的特点和运行规律，是市场分析的又一重点的研究对象。

市场分析是冷链物流产业发展与产业布局研究的组成部分之一。按其内容分为3类：市场需求预测分析、需求层次和地区市场需求量分析、估计产品生命周期及可销售时间。

预测分析包括冷链物流市场需求量估计和未来冷链物流市场容量及冷链物流产品竞争能力预测。通常采用调查分析法、统计分析法和相关分析预测法。

2. 市场调查

市场研究系统地收集了冷藏链物流市场分析的信息和材料相关的记录，分析物流市场情况，冷藏链物流市场和发展趋势的发展，未来的前景和营销政策，是客观和准确的数据。

市场调查的内容很多，包括对物流政策环境、经济环境、社会文化环境的调研。市场基本面研究主要包括低温物流市场规范、总需求、市场趋势、同行业的市场分布份额。市场调查包括以下方法。

（1）观察法。它分为直接观测和实测两种方法。直接观测法包括有针对性、有计划和有系统地记录在调查现场接受采访的人的行为、言语和表情，以便获得第一手资料。它的特点是，它总是在自然条件下进行，在这种条件下获得的材料是真实的和有生命的，但由于观察对象的特殊性，观察结果是片面的。实测法指实际观察给定事件留下的痕迹，通常用于调查用户的流量、广告的影响等。

（2）询问法。它包括以面谈、邮件、电话或书面的方式询问所要求的资料。这是市调查中最常用的方法之一。四种方法各有优缺点,面对面的调查可以直接听取对方的意见,比较灵活,但成本较高,而且调查结果很可能受到调查者技术水平的影响;邮件调查又快又贵,但回收率很低;电话调查速度快,成本最低,但仅限于拥有手机的用户;书面方式可以弥补上述不足,由调查人员交给被访者,明确填写方式,侦查人员定期回收。

(3)实验法。一般用于研究冷链物流市场中某一因素对销售量的影响。其范围非常广泛,冷冻链的每一个物流产品都可以通过改变品种、质量、包装、设计、价格、广告、展示方式等因素研究用户的反应。

3. 市场预测

市场预测是使用科学的方法调查和研究所有影响冷链物流市场供给及需求变化的因素,分析和预测冷链物流市场的发展。决策预测能够提升科学性,减少未知性,不盲目,掌握规律的供给和需求的变化,深刻了解冷链物流市场的动向,为经营决策提供科学可靠的依据,使决策目标能够顺利实现。

冷链物流市场预测的内容非常丰富,从宏观到微观,既有联系又有互补。具体讲主要包括以下几个内容。

(1)预测冷链物流市场容量及变化

冷链物流市场的能力预测,是通过对国家经济发展的方向、优先顺序和生产技术的综合分析及产品结构调整的研究来进行的。冷链物流市场力量预测的重点有以下3个方面。

① 连锁物流对冷链物流消费者购买力的预测,首先是人口与变化的预测,通过两种预测,可以预见消费者的购买力。人们的数量和发展速度决定了消费者的消费水平。其次是消费者日常生活中对收益和支出的预测。

② 预测购买力的方向。消费收入水平决定消费结构,换句话说,消费支出决定了冷链物流产品的消费支出与非商品消费支出的比例。冷藏链物流收入水平越高,消费越高,物流产品的冷藏链质量越高,更多开支的前景将是重要的。此外,应充分考虑消费者心理对购买力方向的影响。

③ 预测低温下物流产品需求的变化及其发展趋势。通常都是依据总功率及购买的方向进行预测各种冷藏物流产品所需要的数量、物品、质量等因素。

(2)预测程序

冷链物流市场预测应该遵循一定的程序和步骤,以使工作有序化、统筹规划和协作。

冷链物流市场预测的过程大致包含以下几个步骤。

① 确定计划的具体目标。

要想做好冷链物流市场的预测工作就必须要有一个明确具体的目标。目标的变化对于内容和项目都会产生巨大的影响,同时也决定着最终执行的方式和方法。

② 信息收集。

冷链物流市场的预测必须有足够的信息。调查收集与市场相关的预测是市场分析的重要部分,信息是实现市场预测的重要组成部分,是预测市场的基础性的工作。

③ 预测分析与校正。

将通过调查收集的数据进行全面分析和确定,通过推理,将情感意识转化为理性感知,预测市场未来的发展趋势。在分析和评价的基础上,根据最新的信息对原有的预测进行评估和修正。

④ 创建预测报告。

预测报告应总结预测研究的主要活动,包括预测目标、相关要素的分析、关键材料和数据的选取、预测方法、模型的构建、预测结论的评价分析和修正。

⑤ 预测方法的选择。

根据预测目标及不同预测方法的应用条件和性能,选择合适的预测方法。有时可以使用几种预测方法预测同一个目标。预测方法的相关性直接影响预测的准确性和可靠性。运用预测方法的关键是描述研究对象的特征和变化规律,创建一个模型总结、计算可以获得可预测的结果。

拓展阅读9.2 冷链物流发展前景预测的四个基本要素

三、冷链物流市场定位

(一)市场定位内容

(1)低温物流产品的位置。一般来说,冷链物流产品最主要的位置跟踪是体现在质量、特点、可靠性、成本、可用性、设计等方面。

(2)低温物流公司的位置。企业形象品牌、员工技能、知识、信誉、信任等。

(3)地位是由低温物流企业竞争决定的。

(4)低温物流消费者位置确认公司的目标客户群。

(二)市场定位步骤

(1)分析低温物流目标市场现状,识别公司潜在竞争优势。

(2)准确选择确定竞争优势,是一种非常重要的能力,对于低温的物流运输市场来说是一种巨大的潜力。选择竞争优势是低温物流企业比较竞争对手及其技能的一个过程。

(3)显示独特的竞争优势和重新定位。

低温物流公司的主要任务是采取一系列促销活动,创造竞争的优势,给潜在客户以深刻的印象。为此,冷链物流企业需要了解、熟悉并认识公司的市场地位。

(三) 市场定位策略

冷链物流企业力图避免与实力最强的或较强的其他企业直接发生竞争,而将自己的产品定位于另一市场区域内,使自己的产品在某些特征或属性方面与最强或较强的对手有比较显著的区别。

1. 迎头定位

强劲实力是冷链物流业的重要标志,进入与其在市场上的优势、最强或最强的竞争对手相同的市场地位,从而能够在市场中占据更好的位置。其优势在于,竞争过程中,公司和它们的产品可以更快被消费者或用户所知,可以很容易地创建一个市场形象。当然它风险较大。

2. 创新定位

寻找新的拥有潜力的未开发的岗位,弥补市场上的空缺。例如,内蒙古伊利实业集团股份有限公司生产的新一批产品创新了小冰产品,公司因此受益,抓住机会迅速成长,成为我国最大的冷冻乳品企业。

3. 重新定位

冷链的物流在定位上已经被选择,或者由于定位不足而起步较好,但情况已经发生了变化,如定位和竞争对手、市场份额已经由于某种原因(消费者的偏好或竞争用户的转移改变)要进行重新定位。重新定位是实现更有效定位的回归策略。

四、冷链物流营销策略

(一) 肉制品冷链物流市场营销

1. 市场规模

国内肉类消费将继续稳步增长。截至 2015 年,中国国内的肉类消费量将从 250 万 t 增加到 1800 万 t 左右,并且在接下来的一段时间之内都会显现出增长趋势。肉类加工业经历了一个市场启动阶段,还在成长。这一阶段的特点是消费群体迅速增长,生产和销售持续增长。未来十年,肉类加工业将进入一个快速发展的新时期。

2. 营销对策

根据对上述情况的总结,以肉制品为主要业务的冷藏物流公司,必须留住公司的大客户,与大企业合作,如双汇等。除此之外,还要立足于重点的区域,使国内肉类加工业的集中地山东、河南成为企业冷藏物流的控制中心,发展全方位、多形式的冷藏运输业务。

(二)速冻品冷藏链物流市场营销

1. 市场规模

冷冻食品使用现代制冷技术迅速冻结。目前,我国冷冻食品生产量每年增长20%。根据不完全的计算,最近几年,有多家速食品生产厂家销售额已经达到了100亿元。

2. 营销对策

从整体上看,如果是以速冻食品的物流运输企业作为冷藏物流的主要营业项目,建议应该锁定大客户,重点开拓销售收入超过亿元的大企业。立足于连锁的超市、大卖场,利用它已经存在的店面渠道,建立属于自己企业的配送网络。在此基础上,也可以开展增值的服务,像分类包装、为产品粘贴标签等。

就目前看,物流企业开展速冻食品物流业务的优势在于其市场需求持续增加,增值服务需求较多,行业利润较高而风险较小,行业发展潜力巨大;不足之处在于速冻食品对基础设施要求较高,客户渠道不畅通。

(三)冷饮物流市场营销

1. 市场规模

经济的飞速发展,人们的收入水平不断提高,消费水平也随之增加,消费群体范围不断扩大,我国冷饮业物流市场显示出了巨大的发展潜力。我国冷饮物流生产企业主要在华东、华北和中南地区,而广东、北京、上海、东北是销量最集中的几个地区,伊利、蒙牛占主导地位,其他品牌如和路雪、宏宝莱、雀巢、娃宝、晨晨等冷饮品牌销量不断增加。不同品牌之间竞争非常激烈,往往是零售店不大,却摆着两个乃至多个大冰柜,而且每个柜子里只放着一种品牌的冷饮,实行"专柜专放",各大品牌冷饮产品互不侵犯"领地",冷饮企业纷纷推出自己的主打新品抢占商机,各冷饮品牌间的竞争逐渐升级。

2. 营销对策

针对上述局面,首先,冷饮物流企业要有固定的大客户,如蒙牛、伊利等。锁定大客户的冷饮物流企业既要有先进的冷饮物流设备,也要具备质量管理意识。其次,开发个性冷饮产品物流业务。对于冷饮市场来说,人们消费的最重要因素是解暑、降温,因此中小冷饮企业并非没有竞争优势。中小企业的低端产品也有自己的市场,这些厂家的"老冰棍"等产品还是有很多的消费群体的,尤其是农村市场,都是以低端产品为主。最后,冷饮物流企业要紧跟冷饮产品的发展趋势,舍得投入才有产出。

目前,冷饮产品的较为主流的发展趋势是把休闲、大量健康食品进行转化,偏离原有的降温防暑的功能,消费周期也从夏季变换为一年四季常年消费。未来的冷饮市场上,真正能够达到解暑功效的凉茶、冰激凌等,将是盈利能力较好的产品。所以,冷饮物流企业要懂得产品发展趋势,抓住市场机遇,占领市场。

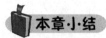
本章小结

本章主要介绍冷链物流企业运营与服务的相关知识,分别介绍了冷链企业运营的目标、内容及关键要素、冷链物流企业运营模式及优劣势比较、冷链物流产品运作服务模式及冷链物流企业市场定位和营销策略。

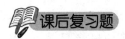
课后复习题

一、填空题
1. 冷链物流的运营目标不包括(　　)。
   A. 服务　　　　　B. 技术　　　　　C. 快速及时　　　　D. 低成本和质量
2. 以下哪种情况不属于长时间存储的产品。(　　)
   A. 国家战略储备产品　　　　　　　B. 依据产品特性进行储存的产品
   C. 商业储备产品　　　　　　　　　D. 以上都是
3. 肉禽类产品冷链物流操作不包括(　　)环节。
   A. 加工包装　　　B. 贮藏　　　　　C. 冷藏技术　　　　D. 冷藏运输

二、名词解释
1. 第三方冷链物流。
2. 批发市场冷链服务模式。
3. 冷链物流需求。

三、简答题
1. 冷链物流市场有什么特点?
2. 简述冷链干线运输服务的特点。
3. 简答冷链物流企业运营的基本内容。

四、思考题
怎样理解冷链物流市场的内涵?

拓展阅读 9.3　蒙牛的冷链物流运作

第十章

冷链物流标准化建设

学习目标

1. 掌握冷链物流标准化的内容及特性。
2. 熟悉冷链物流标准化构建与发展思路。
3. 了解我国冷链物流标准化建设的意义和存在问题。
4. 熟悉冷链物流标准化工作的主要任务、重点领域以及推进措施。

学习导航

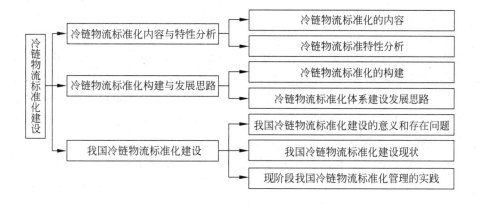

案例引导

麦当劳的冷链物流标准

"麦当劳不仅仅是一家餐厅。"麦当劳创始人雷·克洛克曾是一位奶昔机推销商,

54岁开始了经营麦当劳的传奇事业。多年后的今天,麦当劳已经在全球120多个国家拥有29 000多家餐厅,居全球知名品牌的前十位。在这个群体力量的成功故事中,物流伴随"我就喜欢"的火热节奏行遍全球,在麦当劳品牌的成长中扮演了一个不可或缺的角色。

当中国的第一家麦当劳餐厅在深圳开张,很多人还没听过"物流"这个词的时候,麦当劳已将世界上最先进的物流模式带进了中国。一整天的繁华喧嚣过后,来自麦当劳物流中心的大型白色冷藏车悄然泊在店门前,卸下货物后很快又开走。尽管一切近在眼前,但很少有人能透过这个场景,窥视到麦当劳每天所需原料所经历的复杂旅程。这些产品究竟如何保持新鲜,又是怎样在整条冷链中实现平滑无隙地流转呢?

餐厅与物流中心之间的精细对接是麦当劳冷链物流顺畅流转的前提,要在操作中保证一切不出纰漏,标准化和跟踪技术至关重要。在食品供应链管理中,安全性和稳定性日益受到企业的关注。供应链的链条越来越长,安全体系则越来越薄弱,在29 000多家麦当劳餐厅组成的大家族中,任何一家餐厅发生食品安全问题,对全球的麦当劳都会造成无可挽回的伤害。冷链物流中的标准化,正是麦当劳如履薄冰、力图将危机扼杀在萌芽之中而采取的手段。

麦当劳的冷链物流标准,涵盖了温度记录与跟踪、温度设备控制、商品验收、温度监控点设定、运作系统的建立等领域。即便是在手工劳动的微小环节,也有标准把关,如一台8t标准冷冻车,装车和卸车的时间被严格限制在5min之内,根据货品的需要,还会使用一些专用的搬运器械,以免在装卸过程中出现意外的损失。在我国,麦当劳还在考虑应用一些国家制定的物流业服务标准和技术标准,以便把工作细化到MRP或者VMI系统的各个节点,进而对整个流程实施控制和跟踪。

有了这些标准,麦当劳的下一项工作就是对所有产品实施在途跟踪。坐在办公室中的物流经理,怎么知道货车发出之后货物是否处在冷冻状态?身处在低价竞争的市场环境,这种担心并非多余。一台8t标准冷冻车的冷机价值48万元,经过500h之后就必须进行一次大修,不少企业在这种情况下选择了"偷工",货车从北京出发到上海,只有一头一尾冷机是开放的,中间则被关闭。由于唯一的证据就是油耗,几乎没人能知道中间发生的故事。可有了温度跟踪和货物跟踪的帮助,一切便变得完全透明。

夏晖公司在中国并没有使用昂贵的跟踪手段,而是选择了一种类似于民航飞机上黑匣子(blackbag)的技术。借助这些由清华大学开发的工具和技术,不仅可以记录车的位置,也可记录车的状态。只要在事后打开记录,有关车的发停时刻、温度变化等数据就会尽收眼底。

在不少企业还把标准化和跟踪系统当作一种技术来处理时,麦当劳已经利用它们构建起了一套有效的食品安全管理系统。在麦当劳看来,凡是在生产、储存中有要求的地方,不论普通食品还是冷冻食品,都应该设置这种标准。目前,麦当劳正在积极引入一套由美国食品物流协会开发的认证体系,并希望把这种适用于美国航天员的食品标准,逐步扩展到整个食品行业。

资料来源：找法网，http://china.findlaw.cn/info/wuliu/wlzs/20110309/225343.html。

案例思考

1. 麦当劳的冷链物流标准都包括哪些内容？
2. 请思考冷链物流标准对餐饮行业健康发展的重要意义。

第一节 冷链物流标准化内容与特性分析

一、冷链物流标准化的内容

根据现阶段冷标委的研究成果，整个冷链物流标准分为4个部分：服务标准、管理标准、技术标准和信息标准。其中，服务标准是核心，是其他标准发展的根据。因为物流本质是一种服务，标准都应该围绕物流服务展开，只有在确保服务质量前提下，才可能追求降低成本和提高效率。首先要有冷链服务标准，然后才有冷链的装备、人才、单证、操作等相应的标准。

1. 冷链服务标准

冷链服务标准分为两大类：一类是以单一温度为控制对象，目前，有冷冻和冷藏两个服务标准正在制定中；另一类是以商品为控制对象，如瓜果、水产品、冷冻肉等。这一类服务标准是以产品来命名，因为不同产品在不同的环节有不同的温度要求。这类服务标准主要说明不同产品在运输阶段、仓储阶段的温度控制范围(即允许偏离的温度范围)、控制、测量、配送、装卸的各项措施和技术要求。

冷链服务标准有以下3个要素。

（1）明确温度控制点

例如，冷标委规定了冷冻以－22℃为控制点，冷藏以8℃为控制点。

（2）规定物流过程中出现的温度误差

因为整个物流操作过程不可能始终保持恒温，在装卸、开门的时候都会出现一些偏差。只有规定好适宜的温差范围，才不会影响到产品的品质和服务质量。

（3）规定温度的测量和记录方法

包括规定测量温度的位置（表面温度还是中心温度）、测量时间间隔、测量工具和记录方法等。

2. 冷链管理标准

冷链管理标准分为安全标准（涉及人、设备设施和作业各方面的规定）、环保标准（涉及设备设施和作业环节的规定)和统计标准(涉及人员和业务口径统计的规定)。

3. 冷链技术标准

冷链技术标准分为设备与设施标准和冷链物流技术方法标准。设备与设施标准从设备设施配备角度对从事冷链物流的各主体提出相应的要求,物流技术方法标准主要涉及各作业环节的规范。

4. 冷链信息标准

冷链信息标准要求冷链物流信息管理应遵循实时性、准确性、可靠性、完整性和连续性原则,确保信息的有效传递和储存。

二、冷链物流标准特性分析

冷链物流本身具有对象产品特殊性、设备专用性、运作流程高度协调性、高成本性等行业特点,使冷链标准化体系的构建具有一定的特殊性。此外,冷链物流标准化分技术委员会成立较晚,冷链物流涉及的产品和设备等领域的标准化分技术委员会先于冷链物流标准化分技术委员成立,这也造成冷链物流标准呈现多维度交叉的特点。

1. 冷链物流标准系统性分析

我国冷链物流起步较晚,原来的冷链物流活动归属在不同的产业领域,根据我国的政府管理职能分工,这些冷链物流活动管理职能也分布在不同的行业管理部门。例如,生鲜农产品冷链物流活动归属农业相关部门管理,疫苗、血液制品等医药冷链活动归属医药监管部门管理,加工食品冷链物流活动属于食品工业管理部门等。

虽然我国成立了全国标准化技术委员会统筹管理标准化建设工作,但标准化技术组织与科研机构按照传统的分工在各自的产业领域进行标准化工作,按照冷链产品对象划分,水产、肉禽蛋制品、果品、蔬菜等标准化分技术委员会在冷链物流分技术委员会之前成立,这些大类商品标准化分技术委员会都参与所属行业部分产品冷链物流标准的制定工作。

从目前已颁布的冷链物流标准来看,尽管国家标准的行政主管部门是国家质量监督检验检疫总局,但标准的归口管理大多数设在各个部门的标准化技术委员会,物流标准化工作被人为地分散在各个不同的管理部门,使冷链物流标准的系统性较差。从冷链物流标准分类现状分析我们可以看出,目前冷链物流标准呈现出多维交叉的特点,给冷链物流标准体系的构建带来了人为障碍。冷链物流分技术委员会由于成立较晚,要整合冷链物流标准化建设工作需要整合目前分散的力量,统筹规划,同时,需要加强各相关分技术委员会之间的交流和合作,使冷链物流标准体系建设更具系统性,以推动冷链物流标准化工作向前发展。

2. 冷链物流标准规范性分析

规范性是冷链物流标准的基本要求。但是我国冷链物流标准化建设才刚刚起步,规范性是一个需要改进的工作方向。冷链物流概念的统一是冷链标准化规范性的一个重要体现。冷链物流概念的统一有利于人们对冷链物流认识的统一,也是标准化体系建设的基础工作。从我国目前已颁布的冷链物流标准来看,标准中引用或界定的概念统一性还不够。

例如,上海市地方标准《食品冷链物流技术与管理规范》(DB31/T 388—2007)中冷藏食品定义:"指食用农产品或加工食品,通过前处理或深度加工,产品在7℃以下(部分蔬菜、水果10℃以下)、冻结点以上贮藏、运输、批发、配送、销售。"而《冷藏、冷冻食品物流包装、标志、运输和储存》(GB/T 24616—2019)中对冷藏食品的定义:"在物流过程中,中心温度始终维持在8℃以下、冻结点以上,并最大限度保持原有品质和新鲜度的这类食品称为冷藏食品。"

此外,与国际冷链标准的接轨也是我国冷链标准化建设规范性的一大体现。国外冷链物流起步较早,一些管理规范或标准已经相当完善,我们可以采用一些适合国情的标准,既有利于我国冷链物流与国际企业的接轨,也可以使我国标准化建设工作少走弯路。但从我国冷链物流标准统计分析来看,我国采用国际标准的比例较低,冷链物流企业与国际冷链物流合作还存在一定标准障碍。

3. 冷链物流标准适用性分析

标准化建设工作是以制定标准、贯彻标准并随着发展的需要而修订标准的活动过程,是一个不断循环、螺旋上升的过程,而且冷链物流标准化的效果只有通过在社会实践中实施标准才能表现出来。在物流标准化活动中,贯彻实施标准是一个关键性环节。

首先,相关物流企业要提高贯彻执行物流标准的自觉性,企业应自我规范,根据国家标准来规范和发展。其次,冷链物流标准的适用性也是标准执行情况的基础。冷链物流标准化管理部门应组织相关企业和研究机构,重点抓好一批基础性的关键物流标准的制定和推广工作,有条不紊地建设我国冷链物流标准体系。

从已颁布的冷链物流相关标准的分类结构来看,已颁布的近200项标准中冷链物流基础标准仅有5项,"冷链物流作业技术与管理规范""冷链物流设施设备标准"和"冷链物流卫生标准"三类标准所占比例较大。从对企业的调研来看,已颁布的冷链物流标准执行情况普遍不够理想。我国已颁布的冷链物流标准企业的认可性较差,很多标准没有起到标准应有的作用。从企业对冷链物流标准的需求来看,存在着颁布标准与多数企业对冷链物流标准需求不匹配的情况,也从侧面反映出冷链物流标准存在适用性问题。

因此,我国冷链物流标准化建设过程中要关注标准适应性这一问题,加强企业实地调研,构建合理的标准体系框架,从企业需求出发,制定满足企业、政府等多方需求的实用标准。

4. 冷链物流标准科学性与先进性分析

冷链物流也是在我国不同产业物流领域不断分化和成长起来的专业物流领域。我国冷链物流标准体系的构建和冷链物流相关标准的制定都处于探索阶段,很多重要技术参数多引用国外研究或实验数据。从目前国外冷链物流标准现状来看,国外有许多先进的标准需要我们借鉴和参考。

目前,美国、加拿大、德国、意大利、澳大利亚、日本、韩国等国家已经形成了完整的农产品冷链物流体系,并且标准认证体系已经得到企业的认可。从目前我国已颁布冷链物流相关标准分析来看,在概念引用、内容协调和推广应用等方面还存在一定的不足。因此,需要标准化建设参与主体加强标准建设基础研究,统筹冷链标准化建设,科学有序地推动冷链标准化体系建设向前发展。

5. 冷链物流标准化与法律法规

(1) 冷链物流标准与冷链物流相关法律法规的关系

我国的国家标准按其属性分为强制性标准和推荐性标准。我国颁布的标准以及制、修订标准必须遵守国家的各项法律、法规,体现国家的政策,为生产者、使用者和消费者服务。

① 强制性标准与法律法规的关系

强制性标准具有明显的法律约束性,但其本身不是法律,其法律约束力来源于有关立法的确认。强制性标准与法律法规(技术法规)的差异如表 10-1 所示。

表 10-1 强制性标准与法律法规(技术法规)的差异

比较主体	行为主体	强 制 源	制定主体	制定程序	审 查	批 准
强制性标准	民间行为政府批准	法律、法规赋予	标准化主管部门	公议协商	专家相关方	标准化主管部门
法律法规(技术法规)	政府强制行为	法律自身性质决定	政府职能部门	立法程序	政府部门	政府职能部门、立法机构

② 推荐性标准与法律法规的关系

我国推荐标准具有指导意义,并不强制企业执行,也不具有法的约束性。但推荐性标准一旦被法律或强制性标准引用,也具有一定的强制性。

(2) 冷链物流标准化与相关法律法规关系

目前,我国涉及冷链物流法规的管理部门主要有卫生部、农业部、国家质量监督检验检疫总局、国家工商行政管理总局等有关食品安全管理部门。这些部门主要是从食品质量安全出发,为保障人民生活和促进社会稳定制定了一系列法规,构成了目前的冷链物流法规体系。

在冷链物流标准化建设过程中要严格遵循相关法律法规。同时,标准的制定、实施和执行情况的监督需要相关法律法规提供保证。冷链物流相关法律法规赋予冷链物流标准一定的法律效力,在冷链物流监管、安全等方面冷链法律法规以其法律权威性弥补标准的不足。冷链物流标准体系构建基本组成元素是标准,但相关法律法规也是冷链物流标准体系的主要支撑和补充,两者是管理冷链物流市场有序运行的两种必备的手段,两者之间在一定的范围和领域内是相互依存、相互渗透、相互交叉和相互支持的。

第二节　冷链物流标准化构建与发展思路

一、冷链物流标准化的构建

构建冷链物流标准化体系,需要从以下几个方面开展。

（一）运输标准

冷藏运输包括食品的中、长途运输及短途配送等物流环节的低温状态。在冷藏运输过程中,温度波动是引起食品品质下降的主要原因之一,所以运输工具应具有良好的性能,在保持规定低温的同时,更要保持稳定的温度。

冷链运输过程必须依靠冷冻或冷藏等专用车辆进行,在运输时,应根据货物的种类、运送季节、运送距离和运送地点确定运输方法。在运输过程中,尽量组织"门到门"的直达运输,提高运输速度,温度要符合规定。为保持冷冻货物的冷藏温度,可紧密堆码,水果、蔬菜等需要通风散热的货物,必须在货件之间保留一定的空隙,以确保货物的完好。

车辆运输途中应注意观察行车温度记录仪工作情况和货厢内温度变化情况,定期对冷藏设备进行保养。一些运输户为了节省成本,跑长途运输时会在半途关闭制冷设备或调高车厢温度,等接近目的地时再调整到客户要求的温度,这种对消费者不负责任的行为应当严令禁止。每天运输业务结束后车辆应进行清洁,定期或必需时,应进行车辆消毒,以确保卫生和安全。

（二）装卸搬运标准

装卸搬运是影响物流效率和冷链物流质量的重要环节。与人工作业相比,装卸搬运设备机械化、自动化的发展不仅可以提高作业效率,还可以更大程度上控制冷链食品在搬运过程中的温度变化和损耗问题。在作业过程中,充分并正确地使用叉车、平台搬运车、堆高车、自动导引搬运车(automated guided vehicle,AGV)等机械化设备。

车辆卸货时,在保证装卸的情况下,应尽量加快装卸速度,特别是分卸时,应随时关闭货厢门,以维持车厢温度。鼓励采用能实时监控温度、湿度及运输位置的行驶温度记录仪监控系统。

(三) 仓储标准

冷库主要用作对乳制品、肉类、水产、禽类、果蔬、冷饮、花卉、绿植、茶叶、药品和化工原料等的恒温贮藏。冷库设计要达到工艺要求,并配备自动温度记录仪和温度计,并且遵循以下出入库及在库管理原则。

(1) 只有合格的原料或成品才能入库存放;物料按先进先出的原则入库贮存和出货,避免长时间积压,影响品质;原料与成品分库存放,相互串味的产品不能贮存于同一个冷库内;成品库、冷藏库、包装间的温度符合工艺要求,成品冷藏库温度在 $-20 \sim -10℃$,速冻库温度在 $-30℃$ 以下,冷藏库温度由仓库管理员进行监控,定时记录。

(2) 库内产品需有完整的包装、禁止裸露堆放;库内物品与墙壁和天花板保持一定的距离并分垛存放,库内清洁,无霉、无鼠、无虫害;中间留通风道,不同品种产品分垛存放、批次清楚,每批每垛产品设有标记。

(3) 冷藏库、成品库定期清理消毒,定期扫霜,每年至少对冷库进行一次清洁消毒。冷库的卫生应有冷库的专门人员负责每天检查,所有进出库产品要每天进行盘点;应当禁止一个人进库作业,无进出库作业时必须关灯关门,应确认冷库内无人才锁门。

(四) 流通加工、包装标准

冷链物流中的流通加工主要包括为保护产品所进行的加工(如生鲜食品的冷冻加工、保鲜加工等)和为促进销售所进行的流通加工(如蔬菜、肉类洗净切块以满足消费者要求等)。在冷链物流中,这些活动都应在低温环境下进行,以保证产品的质量和安全性。在冷链物流的包装环节上,要针对农产品、食品、药品等的不同属性,设计符合要求、绿色环保的包装方法。

首先,要有能够完成全部或部分产品和商品包装过程的设备。在此过程中需要用到的填充机、封口机、真空包装机、贴标签机、清洗机、杀菌机等都需要达到相应的技术标准、安全标准和卫生标准。使用机械包装产品可提高生产率,减轻劳动强度,适应大规模生产的需要,并满足清洁卫生的要求。其次,应选择合适的包装材料。包装是产品的重要组成部分,它不仅在运输过程中起保护的作用,而且直接关系到产品的综合品质。包装容器应该有足够的机械强度,保护产品在装卸、搬运和堆码过程中免受损伤。水果、蔬菜的包装膜要有一定的通透性,利于排除产品中产生的呼吸热和进行气体交换。蔬菜水果采用保鲜膜,在冷藏温度下进行操作;肉类、水产品类要求在冷库中。

在流通加工、包装环节中,只有经上岗培训且考核合格的人员才可以进行操作。要严格做好从业人员健康管理和卫生知识培训工作,凡患有碍食品安全疾病者不得从事食品生产。从业人员应当做到工作前洗手消毒,勤剪指甲、勤洗澡、洗衣服,按照要求正确佩戴口罩,穿着作业服。应注意保持加工经营场所内外环境清洁,落实设备、工器具和容器等清洁消毒工作。

(五)配送标准

在冷链物流的配送环节,应做到以下几点。

1. 安全性

必须将产品完好无损地送达到指定地点,防止产品在搬运、运输过程中损坏,避免给厂家和消费者带来不必要的麻烦。

2. 沟通性(准确性)

配送属于物流末端服务,直接与客户接触,必须进行积极有效的沟通。比如,确认客户购买的产品、送货时间、送货地点等内容,配送货物由客户进行点货后完成验收。配送中的送达商品和用户交接非常重要,有效地、方便地处理相关手续,是大有讲究的末端管理,在此交接过程中卖场负责人应当做到生鲜产品优先过磅,并检查包装袋有无破损弄脏,生鲜肉类是否达到冻结标准等,尽量在较短时间内完成收货。

3. 经济性

物流必须要分析成本,以合理的成本为顾客提供最满意的服务,冷链物流配送也不例外。物流活动集中化,集中采购、集中储存和统一配送,以此降低经营成本。

4. 时效性

必须快速及时地响应顾客的需求。按订单进行配送,接到订单后制定高效的运输路线,选择合理的运输方式和运输工具,将产品及时、准确地送达卖场。

(六)零售冷藏货柜标准

冷链食品进入卖场后,要及时地摆放到冷藏货柜中,冷冻产品应包装完好地贮存在-18℃以下的环境中,冷藏产品贮存在-2~15℃的环境中。另外,需要进行保鲜的蔬菜、水果应当进行加湿处理。卖场应当对从事生鲜食品货柜操作的人员进行培训,考核合格后方可上岗。卖场应做到定期对冷藏货柜进行整理、清洗、消毒,并且按时进行货柜的温度检查,以保证能为消费者提供真正卫生、安全的新鲜食品。同时,卖场要有专门的冷藏货柜维修和保养部门,一旦货柜出现制冷故障等问题要及时排除。

(七)加强冷链物流信息标准化建设

信息技术在现代冷链物流中具有至关重要的作用,任何信息的疏漏或失误都有可能影响到冷链食品的质量与安全。因此,就需要将物流信息系统标准化,以实现数据交换,信息共享。冷链物流要实施全程温度控制管理,必须依靠先进的信息技术作为支撑。如可对冷藏车辆安装温度跟踪仪；通过温度跟踪仪反馈的数据，对产品在途温度控制做到全程监控；通过物流 ERP 系统、车辆 GPS/GIS，做到冷链物流科学管理，对冷藏车辆实时控制；运用条码、RFID、电子标签等技术对冷链产品进行在库管理，同时对库房进行全面的温湿度监控，全方位保证产品的安全和新鲜。

通过信息技术建立电子虚拟的冷链物流供应链管理系统，对各种货物进行跟踪、对冷藏车的使用进行动态监控，同时将全国的需求信息和遍布各地区的连锁经营网络联结起来，确保物流信息快速可靠地传递，从而实现对进入市场的冷链产品的备案和追溯，为提高政府监控和协调能力提供技术支持。

二、冷链物流标准化体系建设发展思路

（一）构建科学的冷链物流标准体系

从我国当前标准化建设现状来看，由于缺乏整体发展框架，标准之间协调性差，标准制定的口径和标准的管理较为混乱。因此，构建科学合理的冷链标准体系势在必行。其中一项重要的工作就是制定冷链物流标准体系表。通过制定标准体系表，明确标准之间的相互关系，增强标准整体的协调性，为完善冷链物流标准体系，有步骤地开展新标准的制定和旧标准的修订，以及为整合工作奠定基础。

（二）推进基础标准研究、制定工作

制定基础标准是当务之急。目前，我国冷链市场混乱的一个重要原因就是基础标准的缺失。例如，由于基础行业准入标准的缺失，企业采用的设备和技术参差不齐，一些企业投资建设冷链基础设施，以提供优质的冷链服务，但由于一些企业投机取巧，以牺牲服务质量，甚至不顾服务安全，采用价格手段争夺市场，使投资建设企业投资成本难以回收，挫伤一些正规企业的积极性。此外，由于基础标准的缺失，如术语标准，一些已颁布的标准对基本概念的界定不清或不同标准中同一术语相差甚远，使已颁布标准形同虚设，难以在企业中推广。因此，为了推进我国冷链标准化建设工作的有序开展，急需制定基础标准。

（三）明确冷链标准化工作的参与主体与分工

1. 企业

冷链相关企业是起草冷链标准的主体之一，包括相关的冷链物流服务商、冷链技术装备商。参与冷链物流标准的制定企业应该走出企业看企业，积极整合社会资源，这样才能够在制定标准的过程中"站得高，看得远"，制定出的标准才能得到多数行业企业的认可。

2. 政府部门

部门分割是目前亟待解决的问题,因为资源管理的体制性障碍直接造成了物流标准化管理工作的落后。尽管国家标准的行政主管部门是国家质检总局,但由于物流产业跨越了行业,标准的归口管理大多数设在各个管理部门的标准化技术委员会。而这些标准要达成统一,需要进行很多协调工作,衔接难度非常大。政府部门需在标准制定和推广方面加大协调力度,保证标准工作的有序推进。

3. 行业协会

标准的最终目的是推动行业有序发展,有了共同的目标,就应该有共同的行动。冷链物流标准的制定和实施需要多方努力方能发挥其作用,尤其需要充分发挥行业协会的组织、引导作用。企业的积极配合和支持也是协会开展工作的主要条件。

4. 科研机构和高校

一些院校和研究机构都已经参与到标准的起草中来,这些机构有一定的研究基础,在标准制定过程中起到指导作用,在思路和框架的构建中扮演重要角色。但是,制定标准要力求切合实际和操作性强的原则,高校和科研机构要深入一些企业去进行调查研究,收集这方面的意见,真正做到产学研结合,只有这样才能发挥科研机构和高校的科研优势,制定出适用、科学的冷链物流标准。

(四)引导企业积极参与物流标准化的制定与执行

根据我国的实际情况。首先,要对企业进行冷链物流标准化重要性的宣传和培训,让企业转变观念,自觉参与标准化的工作。企业可以提供自身物流运作中总结的经验,以及企业本身对标准化的需求,为国家标准的制定提供良好的素材。这样不仅可以使制定的冷链物流标准体系真正符合企业的需求,同时也可以采纳一些企业已经应用较好的标准,使冷链物流标准的应用率得到提高。其次,政府和行业协会也可以出台各种政策和措施引导和鼓励冷链相关企业参与冷链物流标准化工作。除了效仿国外在立法和政府采购中引用标准,还可以通过经费资助、税收减免、银行贷款优惠等多种方式鼓励企业积极参与冷链物流标准化制定与执行。最后,应该把标准化研究的成果首先用于一些企业的实践中,待取得良好效果之后,再进行大范围的推广。所以要选择好作为标准化切入点的核心企业,形成示范和连锁效应。

(五)协调冷链物流系统各分管部门关系

冷链物流标准化建设是一项涉及多部门的系统工程,理顺冷链物流系统内部管理部门的关系对顺利推进冷链物流标准化建设工作意义重大。尽管国家标准的行政主管部门是国家质检总局,但由于冷链物流跨越了行业,冷标委成立之前标准的归口管理大多数设在各个管理部门的标准化技术委员会,而这些标准要达成统一,需要进行很多协调工作,衔接难度非常大。

(六)提升社会冷链物流标准化意识

冷链物流在我国处于起步阶段,政府、企业、公众对冷链物流及标准化认识不足,这是冷链物流标准化建设起步阶段的一大障碍。冷链物流相关协会的宣传对提升企业和相关部门的冷链物流意识起到了很大的推动作用。但仅靠协会一己之力是难以持久推进我国冷链物流标准建设的。社会冷链物流标准化意识的提升需要政府从政策上支持、公众和企业的积极参与和贡献。

第三节　我国冷链物流标准化建设

一、我国冷链物流标准化建设的意义和存在问题

(一)我国冷链物流标准化建设的意义与作用

冷链物流对我国经济和社会具有重大意义,冷链物流的发展具有巨大潜力。但由于冷链物流是个庞大的系统,我国冷链物流业起步较晚,冷链物流标准化工作还处在起步阶段,这在一定程度上阻碍了我国冷链物流的进一步发展。

我国冷链物流标准化建设的意义和作用包括以下几个方面。

(1)冷链物流实践对冷链物流标准提出了迫切的要求。

(2)从维护人民权益、提升人民生活品质的角度也需要冷链物流标准的早日出台。

(3)促进冷链物流行业的健康发展,迫切需要明确统一的冷链物流行业标准。

(4)加强政府部门在监管时需要标准工具。

(5)冷链物流业与国际接轨的需要。

拓展阅读 10.1　不按温度储存药品提前失效

(二)冷链标准化建设存在的问题

1. 冷链标准化建设缺乏系统性

冷链物流标准化体系建设由部门、地区条块分割管理,缺乏统一性和协调性。现行的标准化体系以部门为主,制约了冷链物流各相关产业标准化之间的统一性和协调性。

目前,我国冷链物流管理部门除了国家统一的标准管理机构外,还有交通、铁路、民航、卫生、信息产业等代表政府的行业部门。而冷链物流行业涉及的各个产业技术组织、科研机构,则分散在各个政府部门、各个行业中,标准运作之间的政府部门缺乏协调机构,标准化技术组织与科研机构按照传统的分工在各自的产业领域进行标准化工作,相互之间难以交流和配合,形不成统一的规划。

尽管国家标准的行政主管部门是国家质量监督检验检疫总局,但标准的归口管理大多数设在各个部门的标准化分技术委员会,冷链物流标准化工作被人为地分散在各个不同的管理部门。比如,《香蕉包装、贮存与运输技术规程》(NY/T 1395—2007)由农业部热带作物及制品标准化技术委员会归口;《黄瓜贮藏和冷藏运输》(GB/T 18518—2001)由中国商业联合会提出并归口;《冷藏、冷冻食品物流包装、标志、运输和储存》则由全国物流标准化技术委员会提出并归口。

2. 冷链物流标准中概念缺乏统一性

已颁布标准中部分标准所涉及的同一概念不统一甚至矛盾。由于冷链物流基础术语标准还没有形成,不同起草单位在标准中对其中涉及的基本术语定义也不统一,使得标准之间缺乏统一性,不利于标准的执行和推广。例如,不同的标准中对冷藏食品的定义中涉及的冷藏温度不一致,内容表述上也有较大差别。

3. 冷链物流标准之间缺乏协调性

从目前已颁布的冷链标准可以看出我国冷链标准化建设中存在的一些突出问题:一是国家、行业和地方标准之间缺乏协调性;二是不同作业环节的标准内容衔接性和兼容性较差。我国冷链物流标准的混乱体系给我国冷链物流标准体系的构建增加了障碍,也是目前我国冷链物流标准在企业中推广的一大难题。

4. 社会冷链物流标准化意识淡薄

我国标准化建设工作虽然早已起步,但公众对标准化意识不强,对冷链物流标准化工作了解更是一知半解。公众没有认识到冷链物流标准化建设对冷链物流对象产品质量安全的重要意义,更认识不到标准化建设与其自身的健康息息相关,因此,标准化建设缺乏最根本的需求动力——公众对标准化建设的需求。

企业对冷链物流标准认知度不高。我国冷链物流相关企业发展水平处于不同的层次,其规模和管理水平也相差较大,很多中小冷链企业出于对成本的考虑,对一些标准执行的积极性不高。从我国国民经济的发展前景来看,我国冷链物流市场的潜在需求是巨大的,但冷链物流市场实际需求不足,这与物流市场的潜在需求和物流业的急速膨胀形成了巨大的反差,直接影响到物流标准化的应用与推广。当然,已经制定的冷链物流标准不完善,有些与企业实际脱节,不能满足企业实际操作需要,企业置换成本太高等,也是企业对冷链物流标准化需求不足的重要原因。

5. 冷链物流设施和设备标准化程度低

我国的冷链物流业起步较晚,市场需求还没有形成足够的规模,很多冷链物流企业都是从传统行业转型过来的中小企业,多数现有冷库和车辆是由原来的常规仓库和车辆改装而来,企业之间的设备参差不齐,难以实现行业标准化。此外,由于冷链物流服务需求企业对冷链物流运营特点缺乏全面认识,对冷链物流的运营的高成本性认识不足,冷链物流企业服务价格难以提高,冷链物流服务企业为了降低服务成本,而追求设施和设备的低成本化,甚至降低设施和设备的规格,从而造成物流设施和设备标准化程度低。

6. 冷链物流标准化基础性研究比较落后

在我国,冷链物流标准化建设刚刚起步,相关基础研究相对滞后,部分研究力量也分布在不同领域,如食品行业、医药行业相关科研机构和大学。冷链物流运营需要的专用设施设备技术参数技术含量较高,不同产品对象温度和卫生条件也需要根据专业研究和试验验证。标准化构成中制定的相关标准需要的条件都需要有科学的依据,虽然一些技术参数可以借鉴国外,但从长远发展和行业发展出发,需要构建系统的基础研究,以推动标准化建设科学、系统地向前发展。

7. 国际标准采用比例较低

随着经济全球化的发展,冷链物流面对的是全球化的市场环境。冷链物流标准化具有非常强的国际性,要求与国际物流标准化体系相一致。我国的标准包括物流相关标准在制定过程中较少考虑与国际标准的一致性。尽管权威机构制定了一些相应标准,以便与国际标准接轨,但是这些冷链物流标准所占比例很低,这必将为我国的冷链物流企业与国际企业接轨设下壁垒。

二、我国冷链物流标准化建设现状

物流标准化指以物流为一个大系统,制定系统内部设施、机械装备,包括专用工具等的技术标准,包装、仓储、装卸、运输等各类作业标准,以及作为现代物流突出特征的物流信息标准,并形成一个统一的标准化体系。和其他很多行业的标准化系统不同,物流系统的标准化涉及面更为广泛,其对象包括机电、建筑、工具、工作方法等许多种类。

由于各类对象之间缺乏共性,从而造成标准种类繁多,标准内容复杂,也给标准的统一性带来很大困难。同时,物流标准化有非常强的国际性。经济全球化的深入发展,使得国际经贸交往大幅度增加,而所有的国际贸易最终靠国际物流来完成,因此各个国家都很重视本国物流与国际物流的衔接。这些年来,随着物流产业市场的不断发展,我国的物流标准化工作已经启动并取得了较好成绩。

当然由于诸多原因,目前我国的标准化工作还存在一些问题。一是条块分割、部门分割问题;二是在货物的仓储、装卸和运输等过程中缺乏基本设备的统一规范;三是信息标准化落后；四是在物流标准的推广、执行上也存在不少问题。因此，要通过进一步完善体制机制，强化物流标准化意识，培育物流市场发育，培养现代物流标准化人才，推动我国物流业的标准化进程。

（一）冷链物流标准化组织建设现状

近年来，冷链物流标准化组织建设有质的突破。随着国内冷链物流市场的发展，冷链标准化建设工作被政府、协会和相关企业提上管理日程。上海、浙江等经济发达地区，相继制定或颁布了地方性冷链物流标准。由中国物流技术协会负责筹建的"全国物流标准化技术委员会冷链物流分技术委员会"（冷标委）于2009年9月11日经国家标准化管理委员会批复，于11月30日正式成立，标志着全国冷链物流标准化制定工作迈上了法制化建设轨道。全国物流标准化委员会冷链物流分技术委员会是冷链物流标准化领域的管理协调机构。

（二）我国冷链物流标准化现状

1. 冷链物流标准亟待完善

近年来，冷链物流在物流产业中迅速崛起，冷链基础设施不断完善，冷链运输、仓储技术相应提高，服务范围不断扩大，逐渐跻身为物流行业中极具发展潜力的专业物流。然而，综观我国整个冷链物流管理现状，却着实堪忧。据西安交通大学管理学院教授冯耕中调研的数据显示，在美国果蔬和肉类流通环节中，处于冷链控制的产品达到了95%和100%。在我国，只有5%和15%，更有大量的牛奶和豆制品还是在没有冷链保证的情况下进行运销。我国一年果蔬腐烂的直接损失高达1000亿元。而近年来不断发生的多起医药或食品变质伤人事件，如2010年发生的某省近百名儿童疑使用大量高温暴露下的疫苗导致的致死、致残事件，2011年多个国内速冻食品知名品牌相继被检出金黄色葡萄球菌超标事件，以及近些年来发生的多起乳制品变质危害消费者健康事件等，更是将冷链物流存在的问题集中暴露出来。冷链物流问题多发，这固然是由多方面因素造成的，而冷链物流标准体系未形成、标准缺失却是一个关键所在。

近年来，随着物流外包的比例增大，冷链物流服务企业作为第三方承担了食品的运输、仓储、装卸等作业环节，从而也承担了部分食品安全和追溯责任。一方面，物流环节是食品供应链的一部分，是食品链追溯的重要环节；另一方面，易腐食品物流过程中的温度保持也直接关系到食品的安全和质量。因此，物流过程中的温度控制记录也是食品安全追溯的重要内容。然而，在这方面，我国冷链物流却没有严格的标准，缺乏健全的追溯机制，以致食品安全很难保障。

另外，据不完全统计，近年来冷藏药品年度增长率均在15%以上，远高于其他药品7%的增长率。药品的冷链物流不仅仅是专业技术问题，更是关系药品安全、质量的问题。

可是在实际运行中,由于冷链物流装备不足、管理机制欠缺、忽视安全质量等原因,冷藏药品却经常会出现"冷链不成链"或"断链"现象,严重威胁到药品质量和公众的用药安全。

对冷藏药品的规范管理已经成为各级政府、药品生产企业、药品经营企业、使用单位高度关注的问题。所以,药品冷链物流的运作也亟须出台相关标准进行规范。标准化对冷链物流行业发展具有极其重要的引领作用。对内,可以构建冷链物流发展的制度环境、指导企业采用标准化管理、保护消费者合法权益和人民生命安全;对外,可以有效应对国际服务贸易竞争、提高国际竞争力。面对当前标准缺失、问题频发的现状,制定冷链物流标准、完善冷链物流标准体系迫在眉睫。

2. 我国的食品冷链标准体系

近年来,我国各级政府在食品流通方面做了大量工作。在源头上,制定了《中华人民共和国农产品质量安全法》《中华人民共和国食品卫生法》和《中华人民共和国食品安全法》,在食品生产、加工方面,制定了一系列详细的国家标准规范,对食品品质和生产加工企业做出了明确要求。如整个食品链方面的《危害分析与关键点控制(HACCP)体系及其应用指南》(GB/T 19538—2004)和《食品安全管理体系 食品链中各类组织的要求》(GB/T 22000—2006);针对食品生产企业的《食品安全国家标准 食品生产通用卫生规范》(GB 14881—2013)等;在食品包装方面,提出了《食品安全国家标准食品接触材料及制品卫生标准的分析方法》(GB/T 31604—2016)等一系列要求;在食品冷冻储存设备方面,我国制定了《制冷设备、空气分离设备安装工程施工及验收规范》(GB 50274—2010)等协议规定;就某些具体的农产品冷藏技术,也制定了相应规定,如《蒜薹简易气调冷藏技术》(GB/T 8867—2001)等;在冷链终端,对家用和类似用途电器的安全商用电热食品保温柜、冷藏冷冻箱、无霜冷藏箱、无霜冷藏冷冻箱、无霜冷冻食品储藏箱和无霜食品冷冻箱及冷藏箱均提出了强制性要求。但是也应看到,由于时间仓促,标准体系仍不完善,我国食品质量标准近3000个,与食品物流和流通有关的仅100多个,标准体系对食品冷链物流保障不足。

以广东为例,生鲜食品(蔬果、肉类、水产品)是粤菜的主要取材,也是广东饮食文化的精华。随着人民生活水平的提高,生鲜食品已经走入寻常百姓家,成为餐桌上的常客。而广东的气候条件,使得生鲜食品流通时易于腐烂变质引起食物中毒,这使它成为广东省食品安全放心工程关注的重点危险源。

广东地区还是我国亚热带水果的重要产区,据统计,2005年全省水果种植面积达1400余万亩,荔枝、龙眼、香蕉等特色水果的总产量达700万吨,占全国总产量的50%以上。仅以广州市为例,目前共有800余家肉菜市场和农贸市场,有全国第三大海鲜批发市场,其生鲜、易腐食品消费量巨大。但就目前而言,由于储藏、运输等方面技术条件运用不当,经常出现干耗及腐烂变质等现象(温度过低则易引起冻伤,过高则易腐烂;湿度过低干耗严重,过高则细菌滋生,易于腐烂等),给农业生产和食品安全带来极大影响。

近年来,我国开始建设食品安全放心工程。通过食品安全委员会的领导,由国家质量技术监督局、工商局、卫生部等部门联合监管,逐步建立食品安全检验检测监督体系,确保"从农田到餐桌"的全过程的食品安全。在食品安全放心工程中制定、实施了一系列的法规,取得了较好的成绩。

同时也应看到,生鲜食品进入市场后的食品安全控制主要集中在事后检验检测环节,但是从食品物流角度控制食品安全风险的体系仍然没有建立起来。食品物流存在着超标严重(食品卫生平均不合格率达8%,农药残留量超7%,瘦肉精检出率达1.2%)、安全法律法规缺失(食品物流法律条款粗糙、市场准入制度缺乏相关法律支持、食品安全管理主要依靠行政手段)、安全标准体系不完善(食品冷链物流标准缺乏)、安全信用体系不强等众多问题。

3. 我国已颁布的冷链物流标准

据不完全统计,分布在不同行业和部门的冷链物流标准已达近200项。根据标准的属性将已颁布标准划分为以下几类:冷链物流基础标准、冷链物流作业技术与管理规范、冷链物流服务质量管理标准、冷链技术方法标准、冷链设施设备标准、冷链物流服务信息标准,以及安全、环保卫生标准、其他相关标准(检验、实验),各类标准统计如表10-2所示。从已颁布的冷链物流标准数量来看,我国冷链物流标准建设工作已经迈出了坚实的一步。

表10-2 冷链物流标准分类统计

序号	标准类别	数目
1	冷链物流基础标准	5
2	冷链物流作业与管理规范	57
3	冷链物流服务质量管理标准	3
4	冷链技术方法标准	13
5	冷链设施设备标准	54
6	冷链物流服务信息标准	4
7	安全、环保标准	10
8	卫生标准	45

从已颁布标准的层次结构看(表10-3),国家标准有70项,地方标准有35项,行业标准有86项,行业标准所占比重最大,这主要和我国冷链物流发展现状有关。我国冷链物流起步较晚,之前冷链物流多分布在不同的产业领域,所属管理归口部门也相应分布在不同产业领域,因此,已颁布的冷链物流标准多是行业管理部门归口。

表 10-3　已颁布的冷链物流标准层次分类

标准类别	标准性质			
	国家标准	地方标准	行业标准	合计
冷链物流基础标准	2	1	2	5
冷链物流作业与管理规范	14	16	27	57
冷链物流服务质量管理标准	1	0	2	3
冷链技术方法标准	4	8	1	13
冷链设施设备标准	18	1	35	54
冷链物流服务信息标准	0	0	4	4
冷链物流安全、环保标准	3	1	6	10
卫生标准	28	8	9	45
合计	70	35	86	191

已颁布的冷链物流或与冷链物流有关的近 200 项标准中,涉及的冷链商品包括食品(果蔬花卉、水产品、肉及肉制品、奶及奶制品、速冻食品、冷饮、种子等)、医药(主要是生物制品)、其他产品(感光胶片、化工原料、化妆品等)。标准涉及的冷链过程包括采收、储藏、运输、冷加工、配送和批发、零售、信息等多个环节,同时还涉及冷链过程中采用的设施设备、作业技术方法、检测方法及卫生条件等。

从标准涉及行业的行政归属看,分别隶属于铁道部、交通部、民航局、工信部、商务部、农业部、卫生部、国家质量监督检验检疫总局等行业主管部门。这些部门根据其管理职能,从各自管理目标出发提出并组织制定了一系列冷链物流标准或相关标准。

从冷链起草单位来看,起草单位主要包括冷链过程中相关的企业(生产企业、物流企业和商业流通企业)、高校、相关行业协会、社会标准化研究机构、相关政府管理部门等。

三、现阶段我国冷链物流标准化管理的实践

(一)冷链物流标准化的组织机构

2008 年 6 月 2 日,全国物流标准化技术委员会冷链物流分技术委员会(以下简称"冷标委")正式成立。冷标委是我国在冷链物流领域国家标准的管理、规划、组织和审批机构。这个机构具有唯一性,日常工作由秘书处负责。秘书处承担单位是中国物流技术协会,机构的业务指导单位是全国物流标准化技术委员会和国家标准化委员会,行政领导单位是中国物流技术协会。

冷标委在成立之后确立了冷链物流标准工作的基本方向和目标包括以下几个方面。

(1)建立保障我国人民生命安全和身体健康的高效、节约、环保、节能的冷链物流体系。

(2)全面整理、了解国内外冷链物流相关标准工作现状,将与相关政府机构、企业、委

员单位做好摸底工作。

（3）组织好制定修订冷链物流国家标准发展规划和冷链物流标准体系表工作。

（4）组织重大冷链物流标准项目制定、修订准备工作。

（二）冷链物流标准化工作的主要任务

1. 建立和完善冷链物流标准化体系

当今，冷链物流企业正处于快速发展的关键阶段。标准化工作远远跟不上冷链物流发展的需求，特别是冷链物流标准体系的缺失，使冷链物流企业缺乏对物流标准化体系的系统认识，各冷链物流企业往往把精力集中在开展业务和硬件设施投入上，而在物流标准化体系的技术支撑方面关注不够。因此，如何在现有站场、仓储、人员、设施等基础上，通过建立和完善标准化体系来优化行业资源的配置、技术改造和功能调整，是目前冷链物流标准化工作的当务之急。

2. 建立冷链物流全流程标准

冷链物流由多个环节组成，从食品原料的种植、采购、加工、流通和配送，直至零售和消费的全过程，是一项复杂的低温系统工程，确保各环节的质量安全问题是冷链物流的核心。目前，欧盟各成员国均建立了产品追溯系统，加拿大、美国和日本也采用了全程标识追溯系统，从政府机构到消费者群体，都在食品生产和食品供应链中应用可追溯测量方式。制定一系列涉及农产品生产、加工、销售、包装、运输、储存等全流程有关标准和规定，确保物品冷链物流全流程安全是标准化工作一项紧迫和艰巨的任务。

3. 加强企业标准化工作实施力度

在标准化工作实践中，一个较突出的问题是标准化工作得不到足够的重视和推广。这种现象的广泛存在，从侧面也反映了我国冷链物流标准化工作滞后的现状。因此，通过建立科学的冷链物流标准体系，研制符合企业需求的标准，清理当前已颁布的不合理标准，是实施冷链物流标准化工作的一个重要前提，也是推进企业标准化工作的一项主要任务。

4. 加快标准化基础建设

全面清理现行标准，加强冷链物流标准化工作的统一领导和管理。冷链物流标准的制定和实施需要多方努力方能发挥其作用，尤其需要充分发挥行业协会的组织、引导作用。我国已经建立了一套以全国标准化委员会领导下的标准化研究管理机构体系，全国物流标准化委员会是专门负责物流领域标准化工作的机构，下设专业委员会，其中，全国物流标准化委员会冷链物流分技术委员会是冷链物流标准化领域的管理协调机构。冷标委需要从制度建设、标准化研究、标准宣贯等方面推进冷链物流标准化工作。

5. 加强标准化国际合作，扩大对外交流

加强标准化国际交流与合作，积极推动国内机构参与国际标准化活动。尽管一些机构制定了一些相应标准，以便与国际标准接轨，但是这些冷链物流标准所占比例很低，这必将为我国的冷链物流企业与国际企业接轨设下壁垒。因此，加强标准化国际合作，扩大对外交流也是我国冷链物流行业发展的需要。

（三）冷链物流标准化工作的重点领域

1. 生鲜、易腐食品冷链物流

生鲜、易腐食品物流环节多、作业复杂，包括食品原料的采购、运输、加工、贮藏、配送、销售等，各环节的技术、设备、能力、作业及其协调性对食品安全均有重要影响。从发达国家的经验可以得知，要解决上述问题，迫切需要有合理的食品冷链物流运作标准为其提供指导和规范，指导行业有序、规范发展，保障食品品质与安全，促进国民经济发展。

针对我国生鲜食品从供应商到消费者的流通过程中在保障食品安全质量上存在处理不规范、责任不分明的情况，必须依据供应链编制食品冷链物流的标准规范，对各环节的服务资格条件、服务规范和行为准则、工作流程和过程规范、质量控制和测量方法、服务质量要求、质量评价指标和评价方法等予以明确，使供应链相关各方在共同保证食品安全方面标准统一、依据明确、责任分明，以有效推动食品物流行业的行业规范、行业自律、行业发展，促进食品冷链物流行业健康发展。

2. 农产品冷链物流

重点制定和推广一批农产品冷链物流操作规范和技术标准，建立以 HACCP 为基础的全程质量控制体系，积极推行质量安全认证和市场准入制度。

（1）制定各类生鲜农产品原料处理、分选加工与包装、冷却冷冻、冷库贮藏、包装标识、冷藏运输、批发配送、分销零售等环节的保鲜技术和制冷保温技术标准，制定冷链各环节有关设施设备、工程设计安装标准。

（2）围绕生鲜农产品质量全程监控和质量追溯制度的建立和发展，制定数据采集、数据交换、信息管理等信息类标准。

（3）建立符合国际规范的质量安全认证制度和市场准入制度。

（4）对于肉类、水产品等密切关系居民消费安全的产品，执行国家强制性标准。

3. 医药冷链物流

目前，医药冷链物流标准化工作重点是制定和推广冷库、冷藏车的制冷效率、能耗标准，构建低碳、环保型冷链物流系统，进而提高我国医药冷链物流效率，降低运营成本。对于疫苗等温度条件要求高的药品制定全流程产品信息的公开、透明和可追溯标准，保证流通过程的安全。

(四)推进冷链物流标准化工作的主要措施

1. 加大宣贯力度

我国冷链物流才刚刚起步,管理部门、企业和公众对冷链物流的认识还不够深入,对冷链物流标准的认识更是一知半解,因此,冷链物流标准的宣传是冷链物流标准化建设的一项重要基础工作。推进冷链物流标准化建设,需要加大冷链物流标准的宣传贯彻力度,加强对标准管理人员以及相关从业人员的培训,提高管理部门、企事业单位对服务标准的认识,大力推进标准在行业的实施工作,推动冷链物流标准化工作的全面展开。

2. 完善运行机制

从我国冷链物流标准的现状看,参与标准制定的主体包括冷链物流行业管理部门、相关行业协会、冷链物流相关企业、高校和标准化科研院所等。我国冷链物流标准化分技术委员会刚成立不久,工作尚未全面开展。冷链物流标准化建设是一个不断完善的过程,需要发挥政府职能部门的统筹协调职能,充分发挥企业、科研机构、大专院校和中介组织的各自优势,共同做好标准的制(修)定工作。

3. 重视基础研究工作

冷链物流标准体系的建设是一项复杂的系统工程,冷链物流行业和涉及的技术设备专业性强,这些都给冷链物流标准化建设工作提出不少新的挑战。冷链物流涉及领域和行业较多,科研力量较分散,对冷链物流标准的制定缺乏基础研究支撑。冷链物流标准化管理部门应充分发挥组织协调职能,整合分散的科研力量,组织开展冷链物流标准基础研究工作,跟踪国际标准和国外先进标准的发展趋势,结合行业实际和发展需要,推进冷链物流标准化研究工作。

拓展阅读10.2　标准化对象范围应向冷链物流产业链两端延伸

4. 加强政策引导

政府和行业协会可以出台各种政策和措施引导和鼓励冷链相关企业参与冷链物流标准化工作。除了效仿国外在立法和政府采购中引用标准,还可以通过经费资助、税收减免、银行贷款优惠等多种方式鼓励企业积极参与物流标准制定与执行工作。

5. 注重体系维护

冷链物流标准化建设是一个逐步推进,不断完善的过程。冷链物流标准体系需要适应冷链物流不断变化和发展的需要,通过制(修)定机制的完善,实时跟踪、定期评估冷链物流标准体系的适应性,及时对体系进行维护和更新,保证冷链物流标准体系的科学性和系统性,以便更好地发挥体系表对冷链物流标准化工作的指导作用。

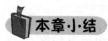

本章小结

本章主要介绍冷链物流标准化建设的相关知识,分别介绍了冷链物流标准化内容与特性分析,从系统性、规范性、适用性、科学性与先进性等方面进行详细归纳,阐述了冷链物流标准化构建与发展思路,并根据我国的实际情况提出冷链物流标准化建设的意义和存在的问题,指出冷链物流标准化工作的主要任务、重点领域,以及推进冷链物流标准化工作的主要措施。

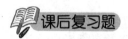

课后复习题

一、单选题

1. 冷藏车有非常大的市场需求和潜力,不包括以下哪一点。（　　）
   A. 国家相关部门近年出台了一系列政策,进一步拓展了冷链物流的市场空间
   B. 我国对高价值的易变质、需冷冻食品的生产和消费都在增加,加大了冷链市场的缺口
   C. 严禁"棉被车"运送猪肉和奶制品等措施
   D. 随着人们日常生活中物质条件的不断改善,对产品质量的要求也越来越苛刻
   E. 冷藏车运输成本较低

2. 信息技术在现代冷链物流中具有至关重要的作用,任何信息的疏漏或失误都有可能影响到冷链食品的质量与安全。因此,就需要（　　）。
   A. 将物流信息系统标准化,以实现数据交换,信息共享
   B. 冷链物流要实施全程温度控制管理,必须依靠先进的信息技术作为支撑
   C. 对冷藏车辆安装温度跟踪仪;通过温度跟踪仪反馈的数据,对产品在途温度控制做到全程监控;通过物流 ERP 系统、车辆 GPS/GIS,做到冷链物流科学管理,对冷藏车辆实时控制
   D. 运用条码、RFID、电子标签等技术对冷链产品进行在库管理,同时对库房进行全面的温湿度监控,全方位保持产品的安全和新鲜
   E. 以上都正确

3. 冷链管理标准不包括下面哪一项。（　　）
   A. 安全标准　　　B. 环保标准　　　C. 统计标准　　　D. 自我标准

二、名词解释

1. 标准化建设。

2. RFID。
3. 农产品冷链物流。

三、简答题

1. 简答冷链服务标准的三要素。
2. 构建冷链物流标准化体系需要从哪几个方面开展？
3. 简答我国冷链物流标准化建设的意义与作用。

拓展阅读 10.3　给集装箱装上"电子锁"——中国制定集装箱国际标准获准发布

第十一章

冷链物流新业态

学习目标

1. 了解冷链新业态的内涵与发展前景。
2. 掌握跨境冷链市场发展特点,了解其未来发展新趋势。
3. 掌握中央厨房的含义、特征、功能与运营模式。
4. 熟悉冷链无车承运人、无库承运人的含义与运作流程。

学习导航

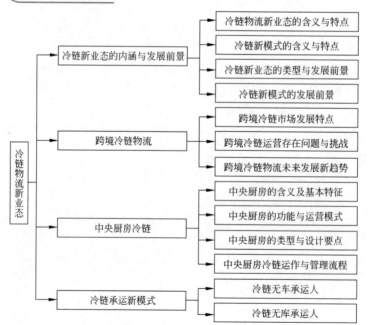

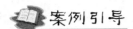 **案例引导**

基于供应链管理的"无车承运人"物流平台

1. 强大的互联网平台搭建

"无车承运人"的实现需要一个载体,这个载体是基于互联网平台构建的。要具备较为完善的互联网物流信息平台和与开展业务相适应的信息数据交互及处理能力,一是能够对实际承运人的经营资质、车辆行驶证和道路运输证,以及驾驶员机动车驾驶证和从业资格证进行审核把关;二是能够通过现代信息技术对交易、运输、结算等各环节进行全过程透明化动态管理。平台通过完善的会员管理体系、征信管理体系,对引进平台的各类会员:货主、承运商、司机等的资质材料上传电子稿,并进行严格审核。平台通过对合同、会员资质材料的验证、审核后,严格归档管理,确保有效。平台通过轨迹定位、状态实时跟踪对整个交易、运输、结算的全流程实行透明化管理。

2. 需要强大的货源保障

"货源"是物流业务的源头,这是需求方,只有拥有大量的货源需求才能实现物流交易和运输的实质业务。拥有了大量货源才有机会去整合"运力资源",要使平台企业发展壮大就必须需要大量的货源,这样才能优化出"无车承运"的线路,也才能充分整合资源。"远孚无车承运人平台"涵盖了合同物流、快运、冷链、大件运输、物流园区、供应链金融等各类物流业态,确保了平台的货源供应。平台通过与大型3PL、各类中小物流企业、个体运营车辆等深度合作,直接调度运营其所属车辆资源,实现了物流、信息流、资金流在平台的集约、高效运作。

3. 需要强大的运力资源作保障

"运力资源"是保障物流运输顺利完成。通过"远孚无车承运人平台"将所有的运力资源按照平台的标准流程、规范进行物流操作。集团内部业务全部移植进平台,通过平台的改造符合互联网的种子用户。与此同时,平台将通过"有货""有钱""有系统"的规范管理吸引大量社会用户。

4. 需要具备强大的质量与风控保障

需要具备健全的安全生产管理制度和较高的经营管理水平,能够实施对实际承运人在运输生产安全、服务质量、诚信考核、事故赔付能力等方面的管理。包括实名制认证、信用评价等级,不委托未取得道路货物运输相关经营资质企业的运输任务。需要具备较强的赔付能力,与实际承运人签订运输服务合同,建立相应的赔付机制,能够承担全程运输风险。

资料来源:中国物流与采购网,http://www.chinawuliu.com.cn/xsyj/201906/18/341386.shtml。

> **案例思考**
>
> 1. 无车承运与有车承运存在哪些区别与联系？
> 2. 无车承运人的实现需要什么样的条件？

第一节　冷链新业态的内涵与发展前景

一、冷链物流新业态的含义与特点

（一）冷链新业态的含义

关于冷链业态的概念，有学者将其定义为冷链物流服务提供商的全新组织形式和经营方式，简言之，即冷链物流服务商的经营形态。或者说是冷链物流企业为满足不同的客户需求，对相应要素进行整合从而形成不同的经营形态，能够直接反映冷链物流产业运行状况、服务社会经济及产业创新的能力。可见，冷链物流业态指冷链物流企业在产品服务、组织形式及经营方式等方面呈现出的行业形态，而冷链物流新业态则是在这些方面所取得的创新和发展。

随着社会经济的发展和科学技术的进步，在大众创业、万众创新及"互联网＋"的大背景下，各行各业都在谋求转型、升级，并由此呈现出一些新的行业形态。就冷链物流业而言，传统冷链物流模式已经无法适应越发广泛的社会需求，物流业的现代化改革势在必行，电子商务物流冷链、智能化物流及智慧冷链等新兴业态不断涌现和发展。

（二）冷链新业态的特点

1. 冷链新业态往往出现于冷链产业发展的早期阶段

一个产业的发展会经过萌芽期、发展期，最后再到成熟期或衰亡期。冷链新业态的出现往往会发生在产业发展的早期阶段，也就是萌芽期或发展期。在产业发展的萌芽期，刚刚兴起的新兴科学技术是驱动产业形成的推动力，新的产业链也会应运而生。

2. 冷链新业态具有跨界融合性

与传统冷链业态的单一发展方向不同，冷链新业态往往能将不同产业整合到一起，突破原有产业链的桎梏，形成优势互补。例如，"互联网＋冷链"通过互联网平台，让互联网与冷链进行深度融合。

3. 冷链新业态具有创新性

冷链新业态是原有产业不断发展与创新的产物，其生产和经营方式等会根据发展的要求不断吸纳新的资源和要素。

4. 冷链新业态呈现多元化发展

冷链新业态的发展趋势在未来呈现多元化的发展趋势，通过与一、二、三次产业的深度融合，发展多元化的新业态，如中央厨房、无车承运人、智慧冷链物流、无库承运人等新兴业态。

二、冷链新模式的含义与特点

（一）冷链新模式的含义

冷链新模式在国内外并没有明确的定义，而对于一般意义的冷链模式通常理解为冷链物流企业选择业务服务的方式，简单地说，即冷链物流服务商提供冷链服务方式或服务形式。因此，冷链新模式内涵是冷链企业根据客户需求的变化，提供冷链运输、仓储、加工包装及配送等业务，降低冷链物流成本，对原有冷链模式的技术、信息、管理模式、运营方式等相关要素进行创新，而形成的冷链新模式。

随着互联网等信息技术的进步，传统冷链物流模式已经无法适应越发广泛的社会需求，冷链物流行业的现代化改革势在必行，如生鲜电商冷链物流、跨境电商物流、高铁冷链物流及第四方冷链物流等新兴冷链物流模式不断涌现和发展。

（二）冷链新模式的特点

1. 注重质量和效益

质量和效益是经济发展追求的目标，物流供给侧结构性改革过程中，一方面要降低整条供应链的物流成本，提高物流的供给质量，满足现代供应链的物流需求，创造新的增长点，提高经济竞争力；另一方面必须创新技术、创新理念、创新经营模式，提高物流全要素的生产效率，推动物流行业新发展。

2. 智慧化

互联网与物流业深层次融合是发展趋势，要建立先进、互联和智能的供应链，新时代物流应该是智慧物流。智慧物流是把物联网、传感网和互联网进行整合，对物流全过程进行信息化管理，实现物流自动化、信息化和网络化，提高资源利用率，创造更高的价值。

3. 信息共享化

新时代的冷链物流应该是系统的物流，要打破不同行业的壁垒，突破不同企业的界限，发展现代供应链，实现物流系统资源共享，实现物流、商流、资金流、信息流的有机结合，强调系统协同发展，实现物流系统资源优化配置，从而提高物流系统效率，降低物流成本。

三、冷链新业态的类型与发展前景

(一)冷链新业态的类型

1. 中央厨房

中央厨房出现以前,餐厅的进货方式是,除了毛肚、鸭肠等干货外,所有新鲜蔬菜由直营店实行单店采购。国家食品药品监督管理总局在 2015 年颁布的《食品经营许可管理办法》中对其的定义为:"餐饮单位建立的,具有独立场所及设施设备,集中完成食品成品或者半成品加工制作并配送的食品经营者。"

2. 无车承运人

无车承运人是以承运人身份与托运人签订运输合同,承担承运人的责任和义务,通过委托实际承运人完成运输任务的道路货运经营者。无车承运人指不拥有车辆而从事货物运输的个人或单位。无车承运人具有双重身份,对于真正的托运人来说,其是承运人;但是对于实际承运人而言,其又是托运人。无车承运人一般不从事具体的运输业务,只从事运输组织、货物分拨、运输方式和物流运输线路的选择等工作。

3. 无库承运人

与普通的仓储代理模式不同的是,无库承运人一般只从事货物的货仓调配、货车调配、仓车调配及库存信息管理等任务,而不从事具体的货物仓储业务。他的收入来源主要是冷链中涉及仓储各方在无库承运人平台注册的费用及大量货物的仓储代理产生的服务差价费用。无库承运人的主要业务对象是实际承运人、委托人和第三方物流公司。

4. 基于电子商务的冷链物流

基于电子商务的冷链物流是指基于生鲜电商的发展而产生的冷链物流配送业务,将线上的商务活动和线下的物流服务有机结合。我国电子商务的发展尤其是网络购物的爆发式增长大幅促进了电子商务物流服务业尤其是快递服务业的发展,使其成为社会商品流通的重要渠道。电子商务的兴起对物流业影响是巨大的,无论是物流的信息化、网络化,还是配送的时效性、准确性,都要求传统物流业再度实现变革,此外还有电商企业自办物流的。

5. 冷链物流联盟

冷链物流联盟是介于独立的企业与市场交易关系之间的一种组织形态,是企业间由于自身某些方面发展的需要而形成的相对稳定的、长期的契约关系。物流联盟是以物流为合作基础的企业战略联盟,它指两个或多个企业之间,为了实现自己物流战略目标,通过各种协议、契约而结成的优势互补、风险共担、利益共享的松散型网络组织。

有学者认为,物流联盟是两个以上的物流企业为了满足客户对综合物流服务的要求,通过股权参与或契约联合,形成的风险共担、利益共享、优势互补、协同运作的集约化物流作业联合体。

(二)冷链新业态的发展前景

1. 平台冷链物流迅猛发展

平台冷链物流是指基于网络信息技术,搭建信息和交易平台,促进物流的业务活动。这里有两个方向的平台物流服务业务:一是指提供一个网络平台,将物流提供商、物流需求商、金融结算服务等整合在一起,建立虚拟的"物流市场",一些货运信息网就是这种模式的初级形态;二是进行跨界联盟,通过物流企业的信息平台和物流运作平台,为货物的供求双方提供无缝的传递平台,形成供应链上下游企业的虚拟联盟。

2. 加快产业融合,发展冷链新业态

产业融合是产业之间在边界划分问题上进行重划或者模糊的一种现象,即通过技术创新来模糊行业间的壁垒和关系,并加强产业融合中相关企业的竞争和合作关系,以此实现原有产业的延伸和发展。冷链物流产业融合是在冷链物流产业内部的不同行业,如医药冷链物流、生鲜农产品冷链物流等,或者是冷链物流产业与第一、第二、第三产业中的某个行业间,通过不同模式的交叉及某些要素的替代或互补,最终形成具有某个产业属性的新业态。冷链物流产业的融合是一个动态化的过程,是产业间技术、业务和市场的融合。

3. 冷链物流智能化

物联网、大数据、云计算等相关技术的深入发展与普及,为解决我国智能物流发展提供了新的机遇。"互联网+"背景下我国智能物流的交通基础、技术基础都已经具备。日益兴起的物联网技术融入交通物流领域,有助于智能物流的跨越式发展和优化升级。物流是最能体现物联网技术优势的行业,也是该技术的主要应用领域之一。

借助 GIS 运输导航和移动互联网等多种技术手段,对物流车辆和货物进行实时监控管理;通过电子标签和智能识别系统,增强货物识别和信息收集能力,从而提高运营效率,优化整体物流系统。

拓展阅读 11.1 冷链物流行业发展的五大趋势

四、冷链新模式的发展前景

1. 建立一体化冷链物流体系

为实现冷链物流一体化体系的建立,需要从加强对冷链企业的培养入手,加快培育第三方冷链物流企业。培育一批经济实力雄厚、发展潜力大、经营效益好、经营理念和管理方式先进、核心竞争力强、辐射带动能力强的大型冷链物流企业。创新物流服务模式,加强资源整合,拓展物流服务网络,强化资产重组与战略合作。鼓励大型零售企业开展生鲜食品配送中心建设,提供第三方冷链物流服务。

2. 冷链物流的发展离不开市场的发展,也离不开政策的推动

在实施相关规划的过程中,政府部门要扮演决策者、门槛制定者及市场督导者等角色,而具体的市场开发工作要交由企业来完成。我国冷链物流市场的整体发展尚不成熟,政府要行之有策、行之有法,而由于该市场的动态发展,更需要相关部门务实落实规划、政策的同时,做好和市场与企业的沟通及互动,进一步出台具体的配套措施和扶持措施,为切实营造健康的市场环境而服务。

3. 加强冷链物流基础设施建设

重点加强产地、批发市场、低温配送中心等物流节点的冷藏设施建设,我国冷链基础设施布局过于分散,全国冷库主要分散在各水果蔬菜主产区、大中城市郊区的蔬菜基地和满足城区冻肉储备任务的储藏基地,无法为易腐食品流通系统提供有效的低温保障,因此在冷库建设需求上仍存在很大缺口。加快冷库建设工程,鼓励企业在技术改造和充分利用现有低温储藏设施的基础上,加快建设一批设施先进、节能环保、高效适用的冷库,满足全社会对储藏设施的需求。

第二节 跨境冷链物流

一、跨境冷链市场发展特点

1. 全球性

跨境冷链市场具有全球性和非中心化等特征。由于经济全球化的发展趋势,商家依附于线上进行跨境销售,使得跨境销售也具有全球性和非中心化等特征。

2. 无形性

数字化跟踪订单及服务传输盛行,因货物在海上漂运,全程实现数据代替现场监控,所以是无形的。

3. 即时性

跨境冷链物流公司重视物流跟踪系统,其系统数据的传输速度与信息地理位置、距离无关。信息交流便捷,发送信息与接收信息几乎同步。

4. 快速演进迭代

跨境电商是一个新的模式,其网络设施和相应协议软件的发展尚具有很大的不确定性。对政策制定者来说,需考虑电子商务是在网上交易,很可能会以前所未有的速度和难以预知的方式不断演进。

二、跨境冷链运营存在问题与挑战

整体而言,我国在持续保持跨境冷链物流发展势头的同时,亟待提高对食品安全的质量把控,加强入关监管。

首先,从冷链管理来看,管理流程有待优化,"消毒消杀"环节监管有待加强。在我国目前的食品贸易监管方式下,客观上存在着各部门掌握的信息较为分散、部门间缺乏相互沟通的客观动力且工作内容重复等问题。新冠疫情暴发后,又暴露出冷链运输检疫及消毒问题,在进口三文鱼病毒污染事件发生后,海关严格监管进口水海产品的入关条件,水海产品进口量下降。这也反映出了我国冷链运输卫生安全、消毒消杀等环节的问题。要想提高冷链运输环节的把控效能,必须明确冷链物流信息报送和交换机制,提高政府监管部门的冷链信息采集和处理能力,加强行业监管和质量保证水平。

其次,从冷链物流的运营商来看,行业经营主体贴近客户需求的主动性有待增强。国内肉类进口需求增加,客观上迫使国内冷链运输体系水平向进口国运输系统中较为先进的形态靠拢。同时,也促进了国内肉类加工工艺全程控温技术的普及。但在前期,行业发展变革的主动性相对较差,造成部分问题暴露时,才开始引发关注并进行解决方案的梳理。因此,对于冷链物流行业,还应加强如前置思考、主动变革等思路的引导。

此外,全球食品贸易三大核心业务诉求,对我国跨境冷链建设提出了一系列挑战。

1. 货运周期长且须遵循国际贸易法则

针对全球食品贸易环节,由于涉及跨境操作,目前运输方式以海运为主,全链条周期时间较长。因为涉及多国联动操作,全程必须遵循国际贸易法则,确保货品品质和操作过程均可满足各方要求。

2. "三流"流程长

"三流",即为货物流、资金流和信息流。在食品贸易运作的全过程中,无论是货物流、资金流还是信息流,都存在较长的业务链条,且全链条中涉及的操作环节及操作主体繁多,各类操作要求也相对更加严格。

3. 链条各主体交互频繁

基于长链条运作的业务场景下,相关操作环节及各类资源投入相对较多,各类主体之间存在频繁或往复式交互的情况。在此场景下,对于全过程可实现有效、准确、及时的监控和可追溯体系提出了更高的要求。

综上所述,需要一个体系健全、具备高水平操作能力、能够实现全程监控的综合性冷链物流系统,方可支持全球食品贸易业务的有序开展。

三、跨境冷链物流未来发展新趋势

发展跨境冷链建设，对于我国国民经济转型升级有着重大意义。一方面，在于海外产品拥有规模巨大的国内潜在消费群，可满足多样化的食品需求；另一方面，由于部分国家农产品产业化程度高、标准化水平高，其产品即使加上运费仍具有相对国产同类冷链产品的价格优势，这些产品的进口对于平抑国内CPI及细分冷链产品的季节性波动可起到一定作用。

未来，中国冷链物流企业有望逐渐提升在海外的智能化、集约化优势，完善海外自动化仓储中心的布局、覆盖全球的高效服务网络搭建和国际智能物流管理体系建设。因此，针对跨境冷链未来发展诉求，需因时度势，制定应对策略。

1. 发展跨境冷链基础建设

提升跨境冷链物流能力的前提之一，即增强跨境冷链物流基础设施建设。而对于跨境冷链物流而言，除加强对于常规冷链物流环节的基础设施建设以外，还需加强港口、特殊监管区等相关进出口业务操作场所对于冷链物流基础设施的投入。并且在实际实施的过程中，还应加强整体的规划能力，确保投入及布局的合理性。

2. 优化国内冷链供应链发展

跨境冷链难度很大，主要体现在"冷链"叠加了"跨境"。而国内冷链物流环节更是跨境冷链物流环节的重要组成部分，国内冷链物流水平对于跨境贸易货品品质保证起到了至关重要的作用。而就目前国内冷链物流实际发展来看，虽然整体发展迅猛，但是由于系统性发展时间不长，因此过程中还存在冗余环节、参与主体较多、监控体系不健全及标准化程度不足等一系列问题。

加之目前国内外新冠疫情不稳定的情况，更是增加了跨境冷链物流的管控及运作难度，对国内冷链供应链的优化提出了更加迫切的需求。

3. 冷链枢纽功能仍需增强

目前，我国有多个港口增加了多条跨境冷链运输航线，增加了冷链食品流通渠道，形成小批量多频次的进口方式，大幅提高了港口冷链物流枢纽能力。未来需加快各类运输方式的联运模式发展，拓展冷链枢纽功能，充分发挥各类运输方式优势，实现海陆空流通之间的联动，在提升全链运输效率的同时降低物流成本。

4. 推动供应链延展

在跨境冷链中，已经有越来越多的企业渗透到了供应链上游，它们或入股或收购当地农场、牧场，或建设食品分级分类、食品保鲜及加工等"最先一公里"的设施设备，以保证稳定供应。未来企业应着力于全链条的打造，积极延伸服务链条，适应消费者和客户的个性化、多元化升级需求，打造一个覆盖冷链运输产业链上下游的生态圈，更好地实现冷链物流"快""好""准"目标,进一步降低成本、提高效率,从源头挖掘出更大的利润空间,增加营收。

5. 加大技术装备投入

在技术装备上,从托盘循环共用到全程温控,目的都在提高冷链品质、降低成本费用、提高时效。未来将以物联网、人工智能、大数据、区块链等新技术为依托加快装备升级步伐,甚至能够通过大数据对天气和产量进行预测,优化跨境冷链物流的运输作业。同时,一体化物流管控系统的发展,将有助行业实现全过程的数据采集、数据挖掘及决策支持,增强全程运作的透明化和可控性。

6. 构建全境物流体系

构建全境物流体系,实现跨国物流端到端无缝对接,构建一个真正意义上的全境物流体系,是整个行业的目标。未来中国冷链物流企业将更多涉足跨境冷链的投资与建设,逐渐提升在海外的智能化、集约化的国际竞争优势,完成海外自动化仓储中心的布局、覆盖全球的高效服务网络搭建和国际智能物流管理体系建设。

7. 标准化跨境冷链物流体系搭建

由于跨境冷链物流涉及主体与环节众多,因此全国标准化体系的推动搭建,对于实现冷链全环节的统一操作及管控,具有促进推动作用。目前,整体跨境冷链环节的标准化体系正在不断优化,未来将通过全程标准化体系建立,统一多方主体、推动先进技术应用、创新运作模式,提高和优化跨境冷链全链条运作效率。

第三节 中央厨房冷链

一、中央厨房的含义及基本特征

(一)中央厨房的含义

中央厨房(central kitchen),就是将菜品用冷藏车配送,全部直营店实行统一采购和配送。采用中央厨房运作方式,比传统的配送要节约30%左右的成本。中央厨房采用巨大的操作间,采购、选菜、切菜、调料等各个环节均有专人负责,半成品和调好的调料一起,用统一的冷链物流运输方式,在指定时间内运到各类销售点或餐饮分店及公共食堂。

中央厨房在《中央厨房许可审查规范》中被定义为"由餐饮连锁企业建立的,具有独立场所及设施设备,集中完成食品成品或半成品加工制作,并直接配送给餐饮服务单位的单位";在《食品经营许可管理办法》中被定义为"由餐饮单位建立的,具有独立场所及设施设备,集中完成食品成品或者半成品加工制作并配送的食品经营者"。

从上述两个定义可以看出,中央厨房的主要任务是将原料食材制作成半成品或成品,并通过全程冷链配送到最终销售端。中央厨房的客户类型如图 11-1 所示。

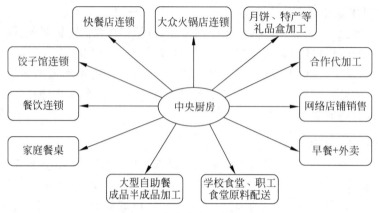

图 11-1 中央厨房的客户类型

通过对中央厨房的综合分析,我们对中央厨房的定义是,中央厨房(又称中心厨房),指由餐饮连锁企业建立的,具有独立场所及设施设备的工厂,其主要生产过程是将原料按照菜单制作成成品或者半成品,配送到各连锁经营店进行二次加热或者销售组合后销售给客户,也可以加工成成品或销售组合后直接配送销售给客户。

简言之,中央厨房依然应定性为食品加工厂房,只是由于其加工工艺不同于传统的功能相对单一、批量较大的食品加工厂,中央厨房直接面向供应商和客户,其产品直接配送给末端的销售端,是食品加工厂和冷链物流配送的结合体。

(二)中央厨房的基本特征

中央厨房的基本特征是根据需求,制定统一的采购标准来保证质量,通过大批量采购和流水化作业来降低成本,由符合食品卫生要求的加工场所来满足食品卫生要求,克服普通厨房的缺陷,最终将原料食材加工成成品或半成品。在基本特征上,中央厨房和常见的食品加工车间基本一致。但中央厨房的服务对象主要是连锁餐饮企业、超市门店或机关学校等场所,其采购原料也是多品种、小批量,因此与常见的食品加工车间的差异化也十分明显。中央厨房主要具有以下特征。

1. 配送的时效性和精确性

中央厨房的配送对象大多是最终的消费端,受食品的易腐性制约,从原料采购、运输、入库、加工,到出库、配送、销售的全过程,对每个环节的时效性和精确性都提出极高的要求,尤其在原料运输、产品加工和产品配送环节,对时效性和精确性要求更高。

在目前市场上,中央厨房产品一般每日采购或隔日采购,配送则采用每日凌晨配送的模式。高时效性和精确性要求,使中央厨房在规划设计阶段要了解场地周边的交通情况和场地内物流情况,合理的规划会使场地内交通通畅,使货流的及时性、准确性得到保证。

2. 品种多,批量小,工艺流程复杂

中央厨房的服务方一般为餐饮连锁企业、连锁超市或固定团体,因此要求加工的食品种类较多,口味要求也不尽相同,这就决定了中央厨房加工的品种多、批量小,而不同的口味和品种也要求加工工艺流程有所不同。以一般的中央厨房为例,其建筑面积约8000m^2,加工区分为猪肉生鲜加工区、猪肉熟食加工区、果蔬生鲜加工区、盆菜加工区、中式面点加工区、西式面点加工区、冷冻面团加工区、调料干货加工区、原料收货区、成品配送区等,其涉及的冷热食品加工品种 200 多种,配送食品的最小存货单位(stock keeping unit,SKU,可以以件、盒、托盘等为单位)可达 300 多种。

同时,由于每天各企业、超市对产品的品种需求和数量需求均不相同,虽然服务的门店有 300 多家,但每种产品的规模并不大。因此,在中央厨房的规划设计中,必须考虑其产品的复杂性,在设计时充分利用场地和加工设施。

3. 与传统厨房在食品卫生方面要求的差异

随着中央厨房的快速发展,对卫生的要求也越来越高,和传统厨房的差异也越来越大,尤其新食品法的实施和多次重大食品安全事故的发生,要求在中央厨房的规划设计中,必须严格按照规范进行,在中央厨房的运营管理中,也要严格控制各个环节,做到"全程冷链",确保食品卫生安全万无一失。

拓展阅读 11.2　中央厨房

二、中央厨房的功能与运营模式

(一) 中央厨房的功能

中央厨房能确保生产源头绿色安全,便于形成规模效益,有利于建立采购、储运、加工、配送、销售、外卖一条龙的信息管理系统和电子商务平台,有利于打通从田间地头、工厂到餐桌一体化产业链。建设中央厨房可以通过标准化、技术分解、流程化,保证产品安全、卫生、方便的特点,同时通过中央仓储加工配送,减少餐厨垃圾和油烟扰民,便于利用先进的环保处理工艺集中处理废料与废弃油脂,降低能源消耗,提高经营门店的环保指数。

综上所述,中央厨房具有如下主要功能。

1. 集中采购功能

中央厨房汇集各连锁提出的要货计划后,结合中心库和市场供应部制订采购计划,统一向市场采购原辅材料。

2. 生产加工功能

中央厨房要按照统一的品种规格和质量要求,将大批量采购来的原辅材料加工成成品或半成品。

3. 检验功能

对采购的原辅材料和制成的成品或半成品进行质量检验,做到不符合原辅材料不进入生产加工过程,不符合的成品或半成品不出中央厨房。

4. 统一包装功能

在中央厨房内,根据连锁企业共同包装形象的要求,对各种成品或半成品进行一定程度的统一包装。

5. 冷冻储藏功能

中央厨房需配有冷冻储藏设备,其作用一是储藏加工前的原材料,二是储藏生产包装完毕但尚未送到连锁店的成品或半成品。

6. 运输配送功能

中央厨房要配备运输车辆,根据各店的要货计划,按时按量将产品配送到消费终端的连锁门店(或公共食堂)。

7. 信息处理功能

中央厨房合格连锁店之间有通信网络,及时了解各店的要货计划,根据计划来组织各类产品的生产加工。

(二)中央厨房产销运营模式

为贯彻 2017 年中央一号文件《中共中央、国务院关于深入推进农业供给侧结构性改革加快培育农业农村发展新动能的若干意见》提出的关于"大力推广'生产基地＋中央厨房＋餐饮门店'、'生产基地＋加工企业＋商超销售'等产销模式"的要求,农业部农产品加工局根据当前中央厨房产业的发展趋势和企业实际运营状况,总结了典型的中央厨房产销模式,分别是餐店自供型、门店直供型、商超销售型、团餐服务型、旅行专供型、在线平台型、代工生产型、特色产品型、配料加工型九大类型,如表 11-1 所示。

表 11-1　中央厨房产销运营模式

类　　型	运　营　特　点	代表性企业
餐店自供型	以具有一定规模的区域性连锁餐饮店为主体,中央厨房集中完成产品或半成品加工制作,并直接配送到其餐饮门店	北京嘉和一品企业管理有限公司
门店直供型	企业自行建立社区便利店或商超内设店,形成较大规模的区域性销售体系,主销内部品牌产品。产品类型多以熟食、半成品、早餐类主食为典型	上海清美绿色食品有限公司
商超销售型	按商超经营规范要求进行生产加工,产品依托大型连锁商超企业进行销售。产品进驻商超的渠道有多种形式,如经销商代理、直接合作或开设店中店等	上东迪雀食品有限公司
团餐服务型	客户消费以团体形式上门服务为主,为群体消费者提供集体就餐服务。中央厨房以批量形式进行主食的加工制作,并配送至特定地点进行售卖	天津月坛学生营养餐配送有限公司
旅行专供型	主要为乘坐飞机、火车等交通工具的旅客或旅游景点的游人提供主食产品。中央厨房展品以冷餐盒饭、套餐盒饭和速冻方便食品为主	南京味洲航空食品有限公司
在线平台型	以互联网、物联网技术为基础,建立在线的 B2B 或 B2C 客户端销售平台。中央厨房以单品加工、套餐配装为主要功能	深圳中央大厨房物流配送有限公司
代工生产型	中央厨房与餐饮企业发挥各自优势进行分工协作,建立长期稳定的合作关系。餐饮企业负责主食产品的开发设计和销售,提出产品质量标准并进行监督;中央厨房按订购合同要求负责主食产品原料采购和生产加工	河北固安县兴芦绿色蔬菜种植有限公司
特色产品型	一般以某种具有独特生产工艺或地域特征的产品为核心。中央厨房设备配置专业性较强,并对原料基地有明确要求	扬州冶春食品生产配送股份有限公司
配料加工型	加工生产净菜、料理包、调味料等主食配料产品。以半成品、预制品形式供给下游主食企业、餐饮店或家庭厨房	山西田森农副产品加工配送有限公司

从现有的中央厨房发展方向及未来趋势来看,中央厨房有向城乡社区延伸的趋向,即出现社区定制型、养老服务型等模式,以及中央厨房向产业园区方向发展趋势,说明中央厨房需要多元化、多样化和差异化的发展模式。

三、中央厨房的类型与设计要点

(一)中央厨房策划的类型

从国内外中央厨房发展的方向来看,餐饮企业自建的中央厨房,尽管其部分业务也承接社会的餐饮半成品或成品的外包业务,但总量较少,主要是为其自身的连锁门店服务,而在冷链物流行业中分离出来的具有第三方冷链物流服务属性的社会化中央厨房,这种类型是目前发展的主流,但随着市场的日益成熟,也出现了冷链物流园区内配套的中央厨房基础设施及设备,甚至在一些超大型的食品产业园区内也有配套的中央厨房体系,说明中央厨房也是根据社会及市场的需求而不断延伸与渗透。由此,中央厨房策划的类型也趋于多样化、多元化和差异化,具体有以下类型。

(1) 餐饮企业自建的中央厨房冷链系统。

(2) 第三方中央厨房冷链系统。

(3) 嵌入冷链物流园区综合服务配套的中央厨房冷链系统。

(4) 作为食品产业园区(也包括食品或旅游特色小镇内)内配套的中央厨房冷链系统。

(二)中央厨房策划设计的要点

1. 中央厨房的规划设计要充分考虑客户的需求

由于中央厨房的产品直接面向市场端,市场需求的不确定性决定了中央厨房的规划设计必须坚持面向终端。在规划设计开始前,应充分和使用者进行交流,了解客户的市场定位和客户群定位,确定生产的品种、产量,透彻理解客户的特殊加工工艺要求,并将之融入标准化生产工艺中。

在实际运营中,中央厨房的产品种类和数量会随着订单的不同而进行调整,在不同时期,产品也需要随着市场进行变化,因此规划设计不能生搬硬套预测的产品种类和数量,要给实际运营预留一定的灵活性和未来发展空间。这就需要解决食品工艺标准化和实际生产多样化、个性化之间的矛盾。

2. 食品安全控制是规划设计的基础

《中央厨房许可审查规范》和《食品经营许可管理办法》的实施,为中央厨房在规划设计中的食品安全控制提供了法律依据,审查规范对中央厨房的选址、用材、功能区域设定、采购到配送全过程管理等均提出了规范性要求。

规划设计人员除应该对规范进行深入透彻理解外,还应了解经营管理方的习惯和要求,从而在规划设计中提出其风险管理项,将食品安全控制着眼点放在从原料到销售的全过程,通过对中央厨房生产场所的高起点控制,为经营者全过程控制提供发展空间。

3. 重视全程冷链

全程冷链要求食品从采摘到餐桌的全过程温度均保持在低温状态,这是食品质量的保证。对中央厨房而言,指在采购、生产、配送、销售环节实现全程冷链。在规划设计中央厨房时,重视全程冷链既要使原料暂存、产品加工、产品包装、成品(半成品)暂存保持在适当的温度下,又要为加工间外原料卸货、成品装货做好物流和回车规划,使食品尽量短时间暴露在非要求温度下。

中央厨房常见的温度控制要求如图11-2所示。在全程冷链的运输过程中,常使用全球卫星定位系统(GPS)、运输管理系统(TMS)和物流管理终端(EDI)的对接。

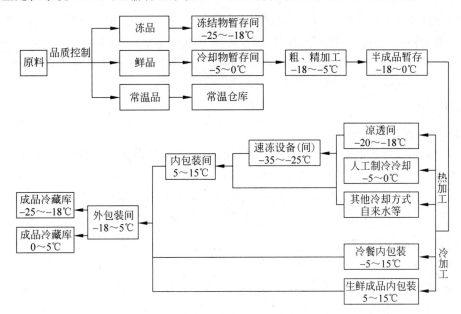

图 11-2　中央厨房常见的温度控制要求

四、中央厨房冷链运作与管理流程

(一)中央厨房冷链业务运作流程

中央厨房冷链物流运作管理是由中央厨房特性和行业特点所决定的。通用干货物流中心运作管理所包含的内容,在中央厨房冷链物流中同样包括。中央厨房冷链的运作管理包括接货、存货、分拣、装车等环节的日常管理内容;也包括库房盘点、防虫防鼠、坏货处理等定期实施的作业内容。

中央厨房冷链的库房管理所遵循的原则与其他物流中心并没有大的差别。库位安排要遵循 ABC 分类的货品移动距离最短原则,货品要按照类别、形状、相似性原则摆放,拣货位的安排要按照出货频率来设计。中央厨房生产运作流程如图 11-3 所示。

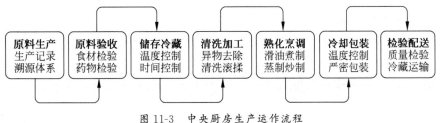

图 11-3　中央厨房生产运作流程

1. 温度控制与记录

中央厨房冷链物流中心的温度控制与记录是管理的重要一环。物流中心各功能区域的温度设定和控制方法是根据产品要求、作业模式和设备类型等因素来决定的。随着制冷技术的发展,温度控制实现了自动化,为节省人力、节约电力提供了很大的帮助。温度记录是管理控制的手段,是中央厨房内部管理不可缺少的环节,也是保证中央厨房产品质量可追踪的必要条件。

2. 作业安全与作业效率

中央厨房冷链物流中心必须有一套完整的安全管理体系才能保证运作的平稳运行。安全体系应包含组织机构、责任划分、人员培训、应急预案处理程序等。冷库的安全问题是由它的设施设备和作业环境所决定的,包括冷媒泄漏可能引起的事故,地面结冰引起的人员伤害,长时间冷库作业可能引起的人员伤病和设备在冷环境下所出现的事故等。

3. 冷链物流应急系统

中央厨房冷链的应急系统是它的特点所决定的。冷库可能出现的问题有电力系统中断、冷媒泄漏和运营中造成的事故等。一般冷库有双回路电力系统支持,以最大限度减少单一线路停电带来的影响。在没有双回路电力系统的地方,应自备发电机以防万一。

冷媒泄漏可能造成长时间的停止运作,冷库员工的操作也可能造成库板、散热器等部位的损坏,快速补充和修复泄漏系统是冷库正常运作的保证。另外,在系统出现故障的情况时,停止出入库作业,防止冷散失,最大限度延长库内低温环境是必要的营运应对措施。

(二)中央厨房冷链管理流程

根据时间和工作性质的不同将中央厨房运作管理流程划分为前端、中端、末端3部分,具体如图11-4所示。

1. 中央厨房运作前端

中央厨房运作前端主要由原材料供应商组成,其主要功能是为中央厨房供应食材原料。在选择适当的供应商时,食材的质量、价格、品种、冷链配送等是中央厨房运营商关注的重点。

2. 中央厨房运作中端

中央厨房运作中端是中央厨房运营的核心部分。其主要涉及销售管理、生产计划、生产管理、仓储管理、发货管理等。在内部生产环节中,食品安全、营养配餐、食材采购管理、成品半成品加工、成品半成品配送等是工作的重点。中央厨房管理业务流程如图11-5所示。

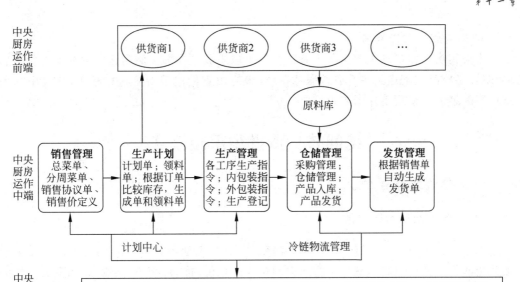

图 11-4 中央厨房运作管理流程

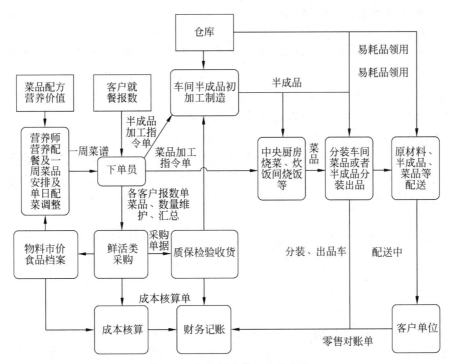

图 11-5 中央厨房管理业务流程

3. 中央厨房运作末端

中央厨房运作末端主要由各个餐饮服务单位组成。在中央厨房运营中端加工包装后的成品、半成品被配送到各个餐饮服务单位，最终由它们向消费者进行销售，所以中央厨房运行的最后一步就落在了末端。

第四节　冷链承运新模式

一、冷链无车承运人

（一）冷链无车承运人的含义

无车承运人由"货车经纪人"一词汇演变而来，是无船承运人在陆地的延伸。无车承运人指的是不拥有车辆而从事货物运输的个人或单位，称为社会车辆的"总调度员"。"无车承运人"的收入来源主要是规模化的"批发"运输而产生的运费差价。

（二）冷链无车承运人模式运作流程

1. 冷链无车承运人流程设计要求

（1）基础保障

实现多个城市冷链物流信息中心的网络布局，为导入货源、对接运力提供基础设施保障。依靠强有力的物流信息技术、信息平台支撑，提供统一规范的操作模式、可视化的追踪，根据客户的个性化需求，灵活地设计满足客户供应链流程中所需要的物流服务。真正做到帮客户解决问题，帮客户节省物流成本，提高供应链运作效率。

（2）优化配置

通过联手冷藏运输企业、培育车队，提升运力资源优化配置，能够满足大型货主网络化、规模化、标准化服务的能力。让承运商理解客户需要的东西，帮客户做最优化的流程。通过科学的计算方法，结合实时的路况信息，帮助客户决策最优化路径。

（3）一站式服务

精确满足货主需求，匹配运力，优化路线，打造从货主端到运力端的一站式服务。货主只需要接触无车承运人，就能协商好运输相关各项事宜，最大限度地减少中间冗余环节。

2. 冷链无车承运人流程框架结构

（1）基础设施层

该层处在逻辑构架的最底层，进行基础的数据传输和交换任务。分为网络设施、感知设施和其他基础设施。其中，网络设施指的是数据传输网络，主要包含移动、无线、专用网络及互联网等。感知设施指的是收集物流信息数据的设施，重点包含 RFID 设施、GPS 设施、摄像机、温(湿)控仪、传感器等。冷链物流其他基础设施包含的范围较广,重点包含数据库管理系统、服务器、操作系统等。

(2) 数据库层

该层是对各种货运相关数据进行采集、组织、共享和存储,能够提供需求的数据给应用服务层。把数据库层划分为5个数据库,分别存放不同种类的数据,包含货运基本信息数据库、货运资源信息数据库、货运增值服务数据库、车辆运营信息数据库及交换和共享数据库等。

(3) 应用服务层

该层以基础设施层和数据库层为基础,针对各类客户提供不同的物流服务功能,它重点展现平台的各方面功能需求,是平台功能模块设计的依据。

(4) 用户展示层

该层是一种面向用户对象展示功能的前端层,将其划分为平台的用户层和用户使用平台的渠道层,前者包含货运供给方、货运需求方、货运监管方及货运支持方;后者是为用户提供不同的服务入口,主要包含Web浏览器、车载移动终端App等入口。

(5) 标准规范体系

对平台构建过程当中的标准化和规范化给予保障,按照标准模型来产生和维护工具管理,实现平台贯标,有标可依;安全保障体系应构建安全的平台运行环境,按照各层级的安全体系构架进行分层评估,从而对平台使用中的安全问题进行解决;运维保障体系为平台搭建智能化的环境保障体系,实现可运维、可管控,使得平台的运营管理更为科学、务实。

3. 冷链无车承运人运作流程

传统冷链物流信息平台重点实现货主企业与运输企业的对接并完成货运工作,通过平台,货主与运输企业首先发布货运信息,通过查询,货主申请中意的车主进行委托货运,并与无车承运人平台签订电子合同,运输企业即实际承运人收到货主的申请并通过平台进行配货确认,随后安排货车司机配送货品,最终抵达客户手中,在此过程中无车承运人平台将进行全程监控,以确保货物的安全运输。冷链无车承运人的运作流程如图11-6所示。

(1) 冷链物流信息采集

冷链物流交易的首要阶段是进行物流信息收集。车主、货主、物流经纪人三方的信息采集内容包含货主、货源、车驾、司机、物流经纪人等的基本信息。收集的信息会放入物流基本信息数据库,进行智能匹配。

(2) 车货智能供需匹配

对于智能供需匹配部分,以货源方和车源方(物流经纪人、车主)为需求申请对象,以货源方为主导研究智能供需匹配问题。每位货源方可以选择多位车源方,平台将在大量信息中遴选符合条件的车源方,根据符合程度进行排序并输出,物流经纪人接到匹配成功通知进行标价,货源方按照输出的物流经纪人所给价格进行选择并交易。

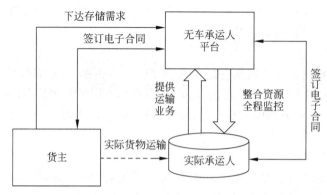

图 11-6 冷链无车承运人的运作流程图

(3) 冷链物流交易

冷链物流交易环节需要通过智能供需匹配后,匹配成功的物流经纪人进行公平竞价,被货主选择的物流经纪人与之进行物流交易,交易产生订单、合同和信誉信息等。

(4) 冷链物流运输

在物流运输环节应实时跟踪货物车辆的在途状态和更新货车的运营状态。通过 GPS 和 RFID 的采集方式进行信息采集,收集的信息将直接存入车辆运营信息数据库中。

(5) 信用评价

当接收方对货品进行接收之后,在信誉评价环节需要车、货、物流经纪人各方通过诚信模型指标对运输过程进行评价,收集的信息录入物流资源信息数据库中,并将评分显示在各方信誉信息中。

二、冷链无库承运人

(一) 冷链无库承运人的含义与特点

冷链无库承运人是指不拥有冷库而从事货物存储的个人或组织。无库承运人重点关注订单的执行状态,管理难点则在于货仓匹配的效率和货物调配中的监控及相关费用的结算。它在组织形式上具有互联网化的属性;在运营管理上具有平台化特点;服务管理方面具有实时可控化;服务管理上实现实时监控化等。

(二) 冷链无库承运人模式运作流程

1. 冷链无库承运人流程设计要求

(1) 平台规模化与冷链一体化

无库承运人在构建过程中,会涉及货主、实际承运人、货运公司和第三方支付等,所以无库承运人在市场中生存需要不断扩大市场规模，整合社会资源，为客户提供一体化的物流服务。要想拓展平台规模，则需要加大宣传力度，发挥品牌效应，不断推广平台，获得稳定的货源。除此之外，还要与供应链中的上下游企业建立良好的合作伙伴关系，并且要拥有长期稳定的客户，扩大品牌影响力。

无库承运人在未来可能面临的一个难点是费用的结算，由于涉及多方合作商，费用的结算方法和方式都会变得十分复杂。为了减少支付过程中的不便，应推广使用第三方支付，使交易变得日趋高效、便捷，在一定程度上降低企业的成本，交易双方形成良好的合作关系。

（2）产品及服务多元化

无库承运人作为互联网企业，其核心能力是提供信息服务，其收入来源主要是会费、仓储差价及提供增值服务的收入。在运营中，采取合乎未来市场发展的定价方式，扩大其服务范围，寻求固定客户，优化模式架构，降低物流成本，获得稳定的基本收入来源。提供增值服务的无库承运人重要的盈利方式，包括保险理赔、收放贷款、信息咨询等。为了提高无库承运人的资金周转和优化现金流结构，通常还会采取联盟盈利模式。

联盟盈利模式指无库承运人借助信息平台与供应链上下游企业或者其他相关企业形成合作关系，在自己专业区域内垂直化发展。通过联盟盈利模式，可以降低风险，共同承担责任，加快资金周转。

（3）构建"互联网＋无库承运人"冷链模式架构

无库承运人冷链物流模式的架构在未来不仅仅局限于平台的建设，而是结合互联网，从供应链的角度，设计优化无库承运人的物流模式架构，联合上下游企业，建立合作伙伴关系，提供冷链物流一体化服务，为客户提供个性化的供应链解决方案。

2. 冷链无库承运人流程框架结构

（1）设施层

该层处在逻辑构架的最底层，进行基础的数据传输和交换任务。其分为网络设施、感知设施和其他基础设施。其中，网络设施指的是数据传输网络，主要包含移动、无线、专用网络及互联网等。感知设施指的是收集物流信息数据的设施，重点包含 RFID 设施、GPS 设施、摄像机、传感器（温控仪、湿控仪）等。物流其他基础设施包含的范围较广，重点包含数据库管理系统、服务器、操作系统等。

（2）平台数据库层

该层是对各种货运相关数据进行采集、组织、共享和存储，能够提供需求的数据给应用服务层。该平台层主要包括物流基础信息平台、数据交换平台、Web 门户平台、互联网等，针对各类客户提供不同的物流服务功能，它重点展现平台的各方面功能需求，是平台功能模块设计的根据。

（3）系统层

该层主要是专门为平台开发的相关系统，这些系统包括接口管理系统、互联网系统、数据交易展示系统、智能分单系统等。

(4) 用户层

该层是一种面向用户对象展示功能的前端层,将其划分为平台的用户层和用户使用平台的渠道层,前者包含货主、实际承运人、仓储监管方及仓储支持方;后者是为用户提供不同的服务入口,主要包含 Web 浏览器、仓储移动终端 App 等入口。

3. 冷链无库承运人运作流程

无库承运人作为冷链物流中仓储服务的第三方物流公司,面对不同货主的需求提供不同的解决方案,不断优化供应链流程,具有强大的信息资源整合能力,主要包括三大模块:信息发布、信息收集和信息管理,如图 11-7 所示。

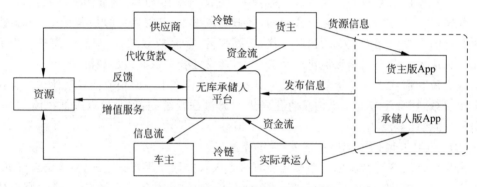

图 11-7 冷链无库承运人运作流程

无库承运人冷链物流信息平台在供应链中的作用主要是和货主签订合同,根据货主需求寻找合适的仓库,并与实际承运人签订合同,进行货物仓储管理。无库承运人平台对整个流程进行实时监控,并承担一定的责任。

(1) 用户结构

无库承运人面向的用户主要包括存货方和实际承运人(仓储的实际拥有者),存货方通过无库承运人输入仓储需求,平台根据存货方发布的信息,提供解决方案供用户选择。同时实际承运人也要进行实时的信息反馈,与存货方进行线下联系,做好货物的存储准备。此外,随着无库承运人业务的拓展,在提供多元化服务时,它面临的用户结构也会发生调整。比如,它在协调货物运输时用户增加了承运人,在提供金融服务时,便会与银行等金融机构展开合作。

(2) 业务模式

无库承运人的业务模式,是独立于实际承运人之外的第三方获取货源信息,并掌握实际承运人的仓储服务信息和服务能力,进行合理的货仓匹配。它具有统一的价格体系、服务标准和统一结算。无库承运人对外主要提供冷藏冷冻仓储服务。

无库承运人和其他仓储代理服务商一样，必须有能力在市场上获得货源，与货主签订仓储服务合同，无库承运人平台则依靠订单进行运作。同时，无库承运人又根据货主要求选择具有优先承运能力的实际承运人，与实际承运人签订合同。无库承运人平台对整个订单的实际执行情况进行监控，承担责任。

（3）无库承运人平台开发

无库承运人平台是以互联网、大数据等信息技术为基础的物流信息平台，具有明显的信息时代特点，需要强大的网络支持。对于各商家来说，要想在市场上获得较强的竞争力，必须加大对平台的研发和投入。因此，无库承运人和平常的仓储代理商不同，其平台的开发建设需要强大的互联网技术的支持。

（4）平台管理

无库承运人平台要完善涉及冷链各方的信息，尤其是货主、实际承运人的信息，完善信用评估，防止违约行为的发生，制定相关的政策和规章制度，营造良好的发展环境，并且完善风险监管体系，提高平台的营运能力。

本章小结

本章主要介绍冷链物流新业态的相关知识，分别介绍了冷链新业态的内涵与发展前景、跨境冷链市场发展特点及存在的问题与挑战，详细介绍了中央厨房的功能与运营模式，分别从流程设计、流程框架结构、运作流程等方面介绍了冷链无车承运人和冷链无库承运人模式。

课后复习题

一、单选题

1. 冷链新模式的特点不包含下面哪一点？（　　）
   A. 注重质量和效益　　　　　　B. 智慧化
   C. 信息共享化　　　　　　　　D. 简约化
2. 跨境冷链市场发展特点不包含下面哪一点？（　　）
   A. 全球性　　　B. 无形性　　　C. 即时性　　　D. 更新较慢
3. 中央厨房的基本特征不包括下面哪一项？（　　）
   A. 配送的时效性和精确性　　　B. 品种少
   C. 批量小　　　　　　　　　　D. 工艺流程复杂

二、名词解释

1. 冷链新模式。
2. 冷链无车承运人。

3. 冷链无库承运人。

三、简答题

1. 简答冷链新业态的发展前景。
2. 中央厨房具有哪些主要功能？
3. 简答冷链无车承运人流程设计的要求。

拓展阅读11.3　阿帕数字 NTOCC 网络货运平台——打造数字物流发展引擎

参考文献

[1] 翁心刚,安久意,胡会琴.冷链物流[M].北京:中国财富出版社,2016.
[2] 谢如鹤,刘广海,刘志学.冷链物流[M].武汉:华中科技大学出版社,2017.
[3] 王海兰,张帅.物流标准与法规[M].2版.上海:上海财经大学出版社,2018.
[4] 叶健恒.冷链物流管理[M].北京:北京师范大学出版社,2018.
[5] 李学工.冷链物流策划实务[M].北京:清华大学出版社,2019.
[6] 汪利虹,冷凯君.冷链物流管理[M].北京:机械工业出版社,2019.
[7] 张晓明,孙旭.物流信息化与物联网发展背景下的农产品冷链物流优化研究[M].北京:经济管理出版社,2019.
[8] 李联卫.物流案例精选与评析[M].北京:化学工业出版社,2019.
[9] 柳荣.新物流与供应链运营管理[M].北京:人民邮电出版社,2020.
[10] 交通运输部公路科学研究院.中国冷链物流发展典型案例[M].北京:人民交通出版社,2020.
[11] 赵群海.某冷链园区投资项目定位分析与研究[J].中国水运,2020,20(6):46-48.
[12] 李洋,刘广海.冷链物流技术与装备[M].北京:中国财富出版社,2020.
[13] 孙红霞,李源.冷链供应链管理[M].北京:清华大学出版社,2020.
[14] 李学工,李靖.冷链物流管理[M].2版.北京:清华大学出版社,2020.
[15] 白世贞,曲志华.冷链物流[M].2版.北京:中国财富出版社,2020.
[16] 双全,夏亚男,杨杨.食品冷链加工与包装[M].北京:清华大学出版社,2021.
[17] 宁鹏飞,刘华.冷链物流管理[M].青岛:中国海洋大学出版社,2021.
[18] 陈静,刘玨玨.生鲜农产品冷链物流的研究与探讨[J].中国储运,2021(7).
[19] 田长春.冷链装备与设施[M].北京:清华大学出版社,2021.
[20] 谢如鹤.农产品冷链物流与政府扶持[M].北京:社会科学文献出版社,2022.
[21] 陆国权,霍艳荣.食品冷藏与保鲜技术[M].北京:清华大学出版社,2022.
[22] 谢如鹤,王国利.冷链物流概论[M].北京:中国财富出版社,2022.
[23] 中国物流与采购联合会冷链物流专业委员会.中国冷链物流发展报告(2022)[M].北京:中国财富出版社,2022.
[24] 陈久梅,但斌.生鲜农产品冷链物流管理决策与优化[M].北京:科学出版社,2023.

教师服务

感谢您选用清华大学出版社的教材！为了更好地服务教学，我们为授课教师提供本书的教学辅助资源，以及本学科重点教材信息。请您扫码获取。

▶ 教辅获取

本书教辅资源，授课教师扫码获取

▶ 样书赠送

物流与供应链管理类重点教材，教师扫码获取样书

 清华大学出版社

E-mail: tupfuwu@163.com
电话: 010-83470332 / 83470142
地址: 北京市海淀区双清路学研大厦 B 座 509

网址: https://www.tup.com.cn/
传真: 8610-83470107
邮编: 100084